商标财产化研究

张惠彬 著

SHANGBIAO CAICHANHUA YANJIU

知识产权出版社
全国百佳图书出版单位

图书在版编目（CIP）数据

商标财产化研究/张惠彬著. —北京：知识产权出版社，2017.5
ISBN 978-7-5130-4974-0

Ⅰ.①商… Ⅱ.①张… Ⅲ.①商标法—研究 Ⅳ.①D913.04

中国版本图书馆 CIP 数据核字（2017）第 126878 号

内容提要

本书以"商标财产化"为研究对象，采用历史分析方法、比较分析方法、案例分析方法，通过考察商标法律制度的起源与发展，全面阐述了商标从"识别工具到私人财产"的演变历程。

责任编辑：崔 玲	责任校对：潘凤越
封面设计：SUN工作室 韩建文	责任出版：刘译文

商标财产化研究

张惠彬 著

出版发行：知识产权出版社有限责任公司	网 址：http://www.ipph.cn
社 址：北京市海淀区气象路 50 号院	邮 编：100081
责编电话：010-82000860 转 8121	责编邮箱：cuiling@cnipr.com
发行电话：010-82000860 转 8101/8102	发行传真：010-82000893/82005070/82000270
印 刷：北京科信印刷有限公司	经 销：各大网上书店、新华书店及相关专业书店
开 本：720mm×1000mm 1/16	印 张：15.5
版 次：2017 年 5 月第 1 版	印 次：2017 年 5 月第 1 次印刷
字 数：210 千字	定 价：48.00 元
ISBN 978-7-5130-4974-0	

出版权专有　侵权必究
如有印装质量问题，本社负责调换。

摘　　要

　　商标是经营者用于识别商品或服务来源的标记。市场经济的发展一方面不断放大商标的功能与作用，另一方面逐渐疏远商标作为识别来源的基本含义，进而出现一种商标向财产转换的趋势。由此，以财产为基础的"新"商标理论对以防止混淆的传统商标理论提出挑战，并已经开始向立法与司法渗透。商标财产化是否与其功能相适应，是促进还是消减商标法的意旨，争议不断。有学者提出，将商标视为财产将背离商标法对消费者保护的目的；也有学者认为，视商标为财产会割裂商标与商品或服务之间的联系，易生欺诈的嫌疑；更有学者指出，商标财产化所促使的商标权扩张将严重危害社会公益。总览上述争点，本书以"商标财产化"为研究对象，通过考察商标法律制度的起源与发展，全面阐释商标从"识别工具到私人财产"的演变历程。

　　除了引言和结语外，本书尚有五章。在第一章，笔者对英国假冒之诉进行考察，探讨财产语言在普通法商标案件中是如何生成的。假冒之诉可回溯至1584年的"JG 诉山姆福特案"，四位主审法官之一的安德森认为：被告使用原告标记的行为构成了对消费者的欺诈，应当承担普通法上的责任。虽然没有史料记载安德森的意见是否被采纳，但后世法院纷纷引入"欺诈"作为判案基础。"欺诈"随后逐渐淡出假冒之诉，原因在于普通法院与衡平法院的管辖权冲突。在普通法院审理的假冒案件中，商标所有人可以得到损害赔偿，但无权申请禁令救济，无法制止假冒行为。衡平法院可以颁布禁令，却无法管辖假冒案件，因为侵权人实施的是欺诈行为，而非侵害财产权。为了获得假冒案件的管辖权，衡平法院将商标解释为一种财产，这样它就有权对假冒之诉进行管辖。在1838年，韦斯特布里法官开启了衡平法院以财产权为基础审理假冒案件的先河。对于商标财产本质的认识，韦斯特布里法官仅仅是模糊地提及了"侵害他人排他性的财产权"，至于是怎样的财产，并未细说。他的见解也没有获得同行的一致认同。20世纪初期，帕克法官将"商誉"概念引入假冒之诉，并区分了商誉与其他财产的区别，即商誉是商标所有人在商业活动中产生的，它的存在依靠他人的感知。对于假冒之诉而言，商誉的引进为其确立了独立的保护对象，使其在商标成文立法日益昌盛的今日，仍保持了旺盛的生命力。观察古今普通法对假冒案件的判决，商标只是作为识别工具存在，其本身并无任何财产价值。

假冒之诉开启了商标保护的先河，现代商标制度从中得到启发，并确立架构。在第二章中，笔者分析现代商标法是如何加入知识产权法大家庭，又怎样从假冒之诉中独立出来，将商标作为财产进行保护。从知识产权的发展史得知，当专利法、著作权法纷纷制定之时，商标法仍处于"拖沓而杂乱不堪"的状态，从未被考虑可以纳入现代知识产权法的范畴之中。在19世纪下半叶，由于诸多因素的推动，商标法成了一个独立的知识产权法法域。首要的原因便是社会环境的变化。工业革命的开展，为市场的崛起提供了动力。市场活动的日益繁荣，商标在商业实践中得到越来越多的使用与价值认可。商人团体利用政治话语权向政府施压，要求进行商标立法以保护他们的商标财产。1860年，英国谢菲尔德商会的议案代表了商人对政府保护商标财产的强烈诉求。他们要求政府建立商标注册制度，允许自由转让商标。这类型的呼吁为后来注册制度的建立埋下了伏笔。其次，将商标法纳入知识产权法最大的问题是缺少理论支撑。在19世纪，人们的财产观念停留在布莱克斯通的理论，即财产是对"物"的绝对控制。根据当其时假冒之诉案件的判决，商标并非是什么物，它只是一种识别工具。商标案件的判决基础是"欺诈"，脱离了"欺诈"无任何侵权可言。后来，法院在实践中逐渐对布莱克斯通理论感到困惑。他们发现，财产并非限于"物"，许多非物质的具有重大财产价值的利益也应受到保护。学者们逐渐意识到，财产权并非是人与物的关系，而是人与人之间的关系。并且在当时"自由与财产福音"的洛克理论影响下，认识到"使用创造财产"，而这种财产就是商誉。商誉在化解了商标作为"物"的尴尬之同时，也符合了知识产权法客体的无形性特征，为商标立法扫除了理论障碍。最后，注册制度为商标财产保护的关键一环，如果商标获得注册，则自发出注册证的那一刻起，它就当然成为该注册证上列明者的财产了。不过，在使用取得商标权制度的国家中，注册的意义仅仅是对在先权利的确认，而非授权。在注册制度的保护下，商标也只是发挥着识别工具的作用，商标侵权仍以依消费者混淆之虞为判断标准。直至后来，反淡化立法的出现，法院关注的焦点已不是消费者是否混淆，而是将重心放在商标本身的财产价值。

在商标财产化观念影响下，法院在实践中不断加大了对商标权人的保护。在第三章，笔者首先探讨了商标财产化的表现，阐明商标权人的利益如何在"财产"的庇护下得到加强。传统的混淆之虞,向来是以消费者购买商品或服务之时为判断基点。近年来,由于商标财产化的观念不断蔓延,特别是商标广告功能被强化之后,美国等国家将传统混淆之虞的判断时间提前或挪后,不断扩大了商标权的保护范围。其次是商标的自由转让和许可。传统上认为,商标与其商誉具有不可分离的关系。除非企业与商誉一起连同转让,否则商标转让无效。而现代将商标视为一种财产,自由处分就成为应有之义。所以,TRIPS协定清晰地说明,无论是否连同所属企业,商标均可以单独转让。美国法院也放宽了对转让的限制。联邦最高法院马丁法官说到,对商标单独转让的有效性不能一概认为无效,只要受让人制造的商品与让与人先前生产的产品具有相同品质且为相同种类,就可认定有效。商标是否可以许可,之前在理论上也存在障碍。法院认为,商标只是识别工具。如果商标由许可人拥有,但商品却由被许可人提供,则割裂了商标与商品之间的来源指示关系。法官后来意识到,商标不只是一种识别工具,还具有财产价值;只要被许可人的品质能够与许可人保持一致,不仅商标所有人能够获利,消费者利益也没受到损害。最后是商标商品化。商标商品化的提出,引起众多学者的反对,理由在于商标只是识别的工具,商标法的首要目的是保护消费者,商标商品化无疑是赋予了商标权人对商标拥有一个无限扩展的权利。尽管出现这种反对的声音,美国国会和法院通过引入赞助或者关联混淆,逐渐扩大了对商标商品化权的保护。

将商标视为财产,并不是没有争议的。晚近商标财产化的话题牵扯到商标权的宪法基础以及商标权与人权、言论自由的关系。在第四章,笔者首先对美国商标法的宪法命运进行描述,揭示出商标权虽然与著作权、专利权并列为知识产权。实际上,商标法的宪法基础并不是"知识产权条款"，而是"贸易条款"。建立在此基础上的商标法一方面要保护商标权人和消费者的利益，另一方面要从国家贸易政策出发维护市场的公平竞争。其次，通过分析2007年欧洲人权法院审理的"商标与人权第一案"，笔者认为商标权在国际人权公约中没有合适的地位，商标权本身不是人权，但可以依据《欧洲人权公约第一议定书》的"财产权条款"获得人权公约的保护。最后，与其他财产不同，商标（特别是驰名商标）往往蕴含着特殊的社会属性。一方面，商标具有文化价值，特定的商标形象成为消费者之间分享的语言；另一方面，商标属于一种"商业言论"。法律在保护商标财产时，要防止权利人垄断符号、压制公众言论空间。商标的社会属性孕育了商标权与言论自由的内在冲突，也决定了言论自由成为商标权的限制因素，其中商标戏仿和比较广告是限制商标权的最典型情形。

在考察完商标财产化的起源、表现与争议后，笔者在第五章对商标财产化进行反思。针对商标财产本质的讨论，笔者依照"信息说"的进路，认为商标只是信息的传播媒介，标记本身不能被当做财产。相比之下，商标的财产本质是商誉的观点与信息说的理论较为吻合。但是，将商标财产本质界定为商誉，并不是没有问题的。商誉作为财产不仅面临定义的问题，而且与传统的有形财产或者知识产权相比，其具有存在时间非确定性、存在地域非确定性以及存在价值非确定性等特点。并且，商誉与商标常常重叠、交织。商誉不等于商标，甚至意味着更多。可以说，商标的财产价值离不开商誉，商誉的财产价值却不限于商标。针对商标立法目的的讨论，笔者认为必须厘清一组概念：宗旨与目的。宗旨，是宏观的、长远的、相对静态不变的。目的，是具体的、可以变化和调整的。默察商标法的发展史，维护"公平竞争"是商标法恒久不变的宗旨。保护"商标权"与"消费者利益"则是一体两面的目的。针对商标侵权责任的探讨，笔者认为赔礼道歉不应适用于商标侵权纠纷。因为商标权不具有人身权的内容。而且，从对象上看，商标权人一般为法人，法人在遭受商标权侵害时，并无"精神损害"也无需"精神抚慰"。最后，从功效上看，在商标侵权案件中，赔礼道歉无法发挥引导侵权人真诚悔过的道德功能。鉴于赔礼道歉的局限性，笔者认为"消除影响"更契合商标侵权案件的需要。

关键词：商标财产化　假冒之诉　淡化理论　单独转让

目 录

引 言 ·· 1
  一、问题及其意义 ·· 1
  二、商标财产化的难题与已有的研究成果 ················ 4
  三、研究方法 ·· 10

第一章 假冒之诉：商标保护的开端 ······················ 12
  一、假冒之诉的起源 ··· 12
  二、假冒之诉的展开 ··· 34
  三、假冒之诉的基础 ··· 52
  四、假冒之诉与不正当竞争 ································ 62

第二章 从工具到财产：现代商标制度的产生 ········· 68
  一、商标财产化的社会背景 ································ 68
  二、商标财产化的理论支撑 ································ 82
  三、商标财产化的立法历程 ································ 97

第三章　商标财产化的表现 ··· 113
一、商标混淆理论的扩张 ··· 113
二、商标的自由转让与许可 ··· 122
三、商标的商品化 ·· 133

第四章　商标财产化的争议 ··· 141
一、争议之一：美国商标法的宪法命运 ····························· 141
二、争议之二：财产化的商标与人权 ································· 154
三、争议之三：财产化的商标与言论自由 ·························· 170

第五章　商标财产化的反思 ··· 191
一、反省：商标与商誉 ·· 191
二、反驳：商标法的目的 ··· 196
三、反应：商标侵权责任 ··· 202

结　　语 ··· 207

参考文献 ··· 211

后　　记 ··· 235

引　言

一、问题及其意义

　　知识产权法的研究并非一成不变地遵循某一特定的路线，但是围绕无形财产的本体性问题，以及法律对自身形式理性的关注始终伴随着法律变迁的每一个阶段。恰如晚近才被纳入知识产权法名目之下的商标法，商标是否具有财产地位，时至今日仍争论不止。但是，我们看到，这些争议的存在并不影响商标法的持续发展与前行。在这个鲜活而富有生命力的王国里，伴随着这些延绵的讨论与争议，商标法走向了一个独立的、自我指涉的体系。在回溯商标本体性问题时，商标法有着通往未来的无限动力。

　　"商标财产化"（Trademark Propertization），是近来广受争议的话题。尽管讨论很多，对其定义却众说纷纭。美国学者柯恩（Felix Cohen）在1935年的文章中提到，法官根据自身的价值判断，不断在商标案件中使用一种"财产"的语言，将商标当做一种"物化的财产"。按柯恩的解释，商标财产化就是法院通过设立一组法律权利，即授予一种排他性的使用权，将某些本来没有价值的东西（如抽象的词汇或者符

号）转换成有价值的财产。❶

斯蒂芬·卡特（Stephen L. Carter）认为，商标财产化就是给予商标权以专利权和著作权类似的保护。这种模式意味着商标也是"心灵的知识产品"❷。根据这种思路，某人拥有商标权，不是因为他在商业中的使用，而是因为他首先想出来的❸。斯蒂芬·卡特还对《兰哈姆法》在注册中引入的"意图使用"进行抨击，允许"意图使用"等于授予商标创造者一种保留的权利，即他已经想出来了，但还没想好怎么用，法律就得对他进行保护。

彼得·卡罗尔（Peter J. Karol）则从符号学角度对商标财产化进行分析，将商标的"能指"作为财产，割裂了商标与相关商品或服务的联系。❹ 马克·莱姆利（Mark Lemley）教授将"商标财产化"解释为，"越来越多人将商标作为一种财产看待，而不是作为一种手段。"❺ 马克·麦肯纳（Mark P. McKenna）教授则认为，"商标财产化"指的是商标法的保护模式从以"欺诈"为基础转向以"财产"为基础。❻ 冯晓青教授提出，商标逐渐远离作为商品的识别来源之基础性含义，而被转化成一种财产。❼

---

❶ Felix S. Cohen. Transcendental Nonsense and the Functional Approach [J]. Colum. L. Rev., 1995 (35): 809-816.

❷ Stephen L. Carter. Does it Matter Whether Intellectual Property is Property? [J]. Chi.-Kent L. Rev., 1993 (68): 715-721.

❸ 原文是：A's ownership rights in a mark come because she has thought it up and not because she has used it to distinguish her goods in commerce.

❹ Karol P J.. The Constitutional Limitation on Trademark Propertization [J]. Available at SSRN 2358506, 2013: 1-13.

❺ Mark A. Lemley. The Modern Lanham Act and the Death of Common Sense [J]. The Yale Law Journal, 1999, 108 (7): 1687-1715.

❻ Mark P. Mckenna. The Normative Foundations of Trademark Law [J]. Notre Dame Law Review, 2007, 82 (5): 1839-1915.

❼ 冯晓青. 商标的财产化及商标权人的"准作者化"——商标权扩张理论透视 [J]. 中华商标, 2004 (7): 7-11.

如上观之，学者们对"商标财产化"理解各异。有的从商标权的权利性质切入，反对给予商标权如著作权、专利权一样的对待。有的从商标的符号意义出发，反对将商标本身作为一种财产。有的从商标法的保护模式出发，反对颠覆以"欺诈"为基础的判案思路。而本书试图通过对假冒之诉的溯源探究，从更为宏观的角度，剖析商标如何从"识别工具到私人财产"的转变历程。

从假冒之诉的梳理中可见，商标保护历程并不如著作权、专利权般顺畅。商标保护的理由并不在于其对精神创作或科学之发展有任何贡献，而在于其作为一种工具，起到维护市场交易秩序与消费者保护的目的。当下，商标已经渐渐完成从"识别工具"到"私人财产"的转型，并且从与商誉密不可分演变为独立的交易客体。最具代表性的就是淡化立法的引入，驰名商标权人甚至不必证明他人的使用可能造成混淆之虞，只要他人使用相同或相似的商标可能弱化或污损原商标的显著性，就可以禁止非竞争领域的他人使用相同或相似的商标。此外，商标转让限制的松动等于无形中承认商标本身就是一种财产。而商标商品化的发展，昭示着商标可以不用依附在商品或服务上，而是依靠其本身的图案或文字，就可以作为商品销售。因此，考察商标的财产本体问题，目的不在于纯粹的逻辑思辨，而有其现实指向。当下商标权扩张背后是什么力量在推动？其合理性何在？❶ 当商标财产化成为一种无可返回的倾向时，❷ 我们该如何正确地看待它？法律如何适应它？

---

❶ 威廉·费萨尔（William W. Fisher）教授在探讨知识产权的发展时提及，虽然知识产权各个制度的历史发展，如同大多数纷繁复杂的法律领域一样，都有一个共同的倾向——扩张。See WILLIAM W. FISHER. The growth of intellectual property: A history of the ownership of ideas in the United States [M]. Göttingen: Vandenhoeck & Ruprecht, 1999: 265-291.

❷ 休斯（Hughes）教授认为，知识产权的财产化，指的是知识产权的权利范围与保护期间趋向于几乎无限制的范畴。虽然知识产权的财产化是一可悲的事实，但根据他的观察以及先进美国诸多发达国家的知识产权制度的发展来看，这一事实已经不可改变。See M.A.CARRIER. Cabining intellectual property through a property paradigm [J]. Duke Law Journal, 2004 (54): 1-14.

二、商标财产化的难题与已有的研究成果

商标可以作为财产？从 19 世纪起人们就对此展开了激烈的争论。在当时，著作权和专利权已经完成了现代化的转型，成为一个独特的法律领域。虽然我们将商标权与著作权、专利权称之为"知识产权"，从历史上看，它一开始是被放逐在知识产权家庭之外的。商标权与专利权、著作权有本质的区别，后者之所以受到法律的认可与保护，是因为他们发明了一些技术或创造了一些作品，而这样的发明或者创作对人类的科学文化事业是有贡献的。但是商标则不同，商标并非发明或创造，它只是在商业中使用的一种标记，而标记本身是没有任何价值的。正如当时的英国律师约瑟夫·史密斯（Joseph Smith）所言，"商标并未被承认具有任何法律上的有效性或者效力。在商标的对象上并没有任何成文法，没有任何定义可以说明什么是商标，也因此无法确定哪些特定标记构成一个商标，并且现有法律对于一个实际的假冒行为并未给予任何的救济，而只能反对那些欺诈性使用商标的人。"❶ 美国商标法的坎坷命运也说明了商标法并不能与专利法、著作权法同等对待。1870 年，美国国会通过第一部联邦商标法，但该法在 1879 年被联邦最高法院判决违宪。❷ 因为国会制定该商标法系以美国宪法的"知识产权条款"作为立法基础，联邦最高法院认为，商标权的保护基本上与奖励科学及实用技艺的发展无关，其得到普通法保护的缘由系因经过商标权人一段期间的"使用"而产生的价值，并非突然的

---

❶ 布拉德·谢尔曼，莱昂内尔·本特利. 现代知识产权法的演进：英国历程（1760—1911）[M]. 金海军，译. 北京：北京大学出版社，2006：232-233.

❷ 这三个案件包括：United States v. Steffens, United States v. Wittemean, and United States v. Johnson，后世称这三个案件为"the Trademark Cases"。

发明或创作。❶

除了创新性外，反对商标作为财产保护的理由还在于公众利益的考量。传统上，法院以"欺诈"作为判案的基础。如果赋予商标财产地位，允许其转让或许可的话，等于让商标失去了来源指示功能，构成了对公众的欺诈。1862年，谢菲尔德商会向英国下议院提交了一份商标法议案，主题是：将商标视为个人财产，允许商标在财产法规则下进行转让。❷ 英国下议院随即设立了一个特别委员会对此进行调查，大多数的参会代表认为，如果将商标视为财产对待的话，潜在的后果就是商标具有可转让性，而这种可转让性将对社会大众构成欺诈。伦敦商人约翰·狄龙（John Dillon）的观点代表了当时人们的见解，商标意味着"一种特殊的事实，那就是商品产自某地之某个人或某个公司，（如果允许商标转让）那就等于毁了这个商标，（这种行为）无异于士兵将他的徽章进行贩卖。"❸ 同时期的法官也反对将商标作为财产对待。在1842年的"佩利诉特鲁菲特案"（Perry v. Truefitt）中，❹ 朗德里（Langdale）法官说道，"我认为，不管普通法院还是衡平法院，在处理这一类型案件中所秉持的基本原则是很好理解的。即一个人不应以自己的商品假冒他人的商品出售。他不准以任何的方式实施这种欺骗。"

19世纪中叶开始，在普通法院与衡平法院的管辖权冲突中，假冒

---

❶ 原文是：The ordinary Trademark has no necessary relation to invention or discovery. The Trademark recognized by common law is generally the growth of a considerable period of use, rather than a sudden invention.

❷ 本部分1862年谢菲尔德商会议案的探讨参见 Lionel Bently. "From Communication to Thing: Historical Aspects of the Conceptualisation of Trade Marks as Property" in Dinwoodie, Graeme B., and Mark D. Janis, eds. Trademark law and theory: a handbook of contemporary research. Edward Elgar Publishing, 2008: 3-41.

❸ 原文是：A mark implied a certain fact, that it is an established manufacture by a certain man or firm, at a certain place. If you alter the place or the person, that destroys the mark. I have heard of people attempting to sell their trade marks, but I should as soon think of a soldier selling his medal.

❹ Perry v. Truefitt, 49 ER 749 (1842).

之诉的判决逐渐摆脱了"欺诈"的束缚。为了扩大对商标案件的管辖权，衡平法院将商标解释为一种财产。❶ 但这种财产权的本质是什么？衡平法院始终难以自圆其说。在1915年的"斯伯丁诉伽马戈案"（Spalding v. Gamage）中，帕克（Parker）法官将"商誉"概念引入，确立了商标的财产本质在于商誉，而非标记本身。❷ 将商标理解为一种商誉的财产，调和了"欺诈"与财产权保护的矛盾。一方面，商誉的存在依靠消费者的感知，保护商誉的同时，消费者的利益也得到了兼顾；另一方面，在市场崛起和广告业兴起的年代，法官也逐渐认可了商标具有重要的财产价值，必须对其进行保护。而后，商标与商誉成了人们眼中的"连体婴"，不可分离。直到后来，淡化理论的出现，商标权人可在无消费者混淆的情况下主张侵权之诉；混淆理论扩张到售前混淆和售后混淆时，我们不禁要问究竟消费者混淆了没？转让和许可的松动，更让人们重新思考，难道商标与商誉并非是水乳交融，而是若即若离？

笔者翻阅国内外材料发现，当我们还在认识商标财产是什么时，西方学者已经开始在反思商标财产化的弊端了。马克·莱姆利教授是其中的代表人物。1999年，他在《耶鲁法律评论》上发文质问，❸ "为何法律要在商标上创立财产权？当前的商标作为财产的概念中，潜藏着一种无比强烈、无拘无束的财产权。但是，我们找不到任何的合理化依据。因为，商标与其他知识产权不同，它并非是出于激励发明创造的。"❹

---

❶ Robert G. Bone. Hunting Goodwill：A History of the Concept of Goodwill in Trademark Law [J]. B. U. L. REV., 2006 (86)：547-570.

❷ AG Spalding and Bros v. AW Gamage Ltd., (1915) 84 LJ Ch 449.

❸ Mark A. Lemley. The Modern Lanham Act and the Death of Common Sense [J]. The Yale Law Journal, 1999, 108 (7)：1687-1715.

❹ 原文是：Why should the law create property rights in trademarks, particularly the strong, unfettered property rights that seem to underlie the trademarks as property's concept? Any rationale for treating trademarks as "property" is difficult to find. We don't protect trademarks as we do other forms of intellectual property, in order to encourage new creations.

马克·莱姆利教授认为,商标的保护目的只有一个:便于公众识别商品来源。因此,"视商标为财产,并且赋予其某些有形财产的特征,例如自由转让,将会撼动商标保护的目的。"❶ 他还以美国淡化法为靶子,批判淡化法正在侵蚀掉商标保护的基础。"淡化法直接针对商标显著性的削弱之可能,即使有些商标使用在不相关的商品上,如柯达钢琴或者别克阿司匹林。但是在这种情况下,消费者不会混淆。淡化法代表了商标保护基础的转向。"❷

肯尼斯·波特(Kenneth Port)教授的观点则更加直白,❸ "将商标作为无形财产保护,仅仅是授予它的使用者在某些商品上的排他权,商标本身并无任何的财产权属性。"❹ 因此,"与其他有形财产和无形财产不同,商标不能归属于所有权,严格来说,'商标所有人'这个概念是不正确的,应该称之为'排他权的所有人'。"❺ 彼得·卡罗尔(Peter J. Karol)则认为商标财产化,即把原本作为能指的商标转化为对象,混乱了符号学的三重结构。等于说,法律对"Nike"商标的保护,并不是因为它与商品的联系,而仅仅是因为这个商标的本身。商标财产化意味着:商标无须使用,也不必与任何商品或服务相关,单凭其固有显著

---

❶ 原文是:Vesting trademarks with the mantle of property-and giving them some of the indicia of real property, such as free transferability defeats the purpose of linking trademarks to goods in the first place.

❷ 原文是:Dilution laws are directed against the possibility that the unique nature of a mark will be destroyed by companies who trade on the renown of the mark by selling unrelated goods, such as Kodak pianos or Buick aspirin. But because consumers need not be confused for dilution to occur, dilution laws represent a fundamental shift in the nature of trademark protection.

❸ Port K L. Illegitimacy of Trademark Incontestability [J]. The. Ind. L. Rev., 1992 (26): 519-540.

❹ 原文是:Trademarks are intangible property rights which grant the holder the right to exclude others from use of a mark on certain products. There are no property rights in the mark itself.

❺ 原文是:Trademarks differ from other tangible and intangible things that are subject to ownership. Because trademarks themselves are not subject to ownership, strictly speaking, there is no "trademark owner" but rather the "owner of the right to exclude others."

性，就可以获得法律保护。❶

对商标财产化的见解也并非是一面倒。支持者如马克·麦肯纳教授就认为，传统商标制度本身就不是旨在保护消费者的，其目的就是对生产者进行保护。事实上，早期的很多案例都已表明，即使存在消费者混淆，原告都未必能胜诉。原因在于，原告并不能证明自己的贸易受到了转移❷。达斯丁·马兰（Dustin Marlan）的论述则更为深入❸，他以《美国宪法第五修正案》的征收条款为视角，❹ 认为商标不仅是一种私人财产，更是一种宪法性的财产。而且他提到，"商标法一直在保护商标权与消费者利益的夹缝中生存。商标应被看做是一种独特的私人财产。当然，很多人担心商标的财产化会导致垄断。不可否认，垄断的可能性是存在的。然而，无论从历史还是从理论上看，过去或者现在的商标法都应该将商标作为一种私人财产看待。此外，商标还应受到宪法征收条款的保护。"❺

---

❶ Karol P J. The Constitutional Limitation on Trademark Propertization [J]. Available at SSRN 2358506, 2013: 1-13.

❷ Mark P. Mckenna. The Normative Foundations of Trademark Law [J]. Notre Dame Law Review, 2007, 82 (5): 1839-1915.

❸ Marlan. Dustin. Trademark takings: trademarks as constitutional property under the fifth amendment takings clause [J]. University of pennsylvania journal of constitutional law, 2013 (15): 5-30.

❹ 《美国宪法第五修正案》规定，任何人的生命、自由或财产非经正当法律程序不得被剥夺；私有财产只有在为公共利益且经合理补偿方可征用。

❺ 原文是：An intellectual property regime caught between two competing aims—the rights of mark owners and the protection of consumers—trademarks now amount to unique private property interests in the value of brand-name goods and services. Certainly, many fear that the "propertization" of trademarks breeds monopolies. This argument is not without merit and, on a practical level, perhaps aspects of trademark law should be reined in. However, the history, doctrines, and aims of trademark law support the claim that trademarks are currently legal private property. In addition, trademarks now possess the qualities necessary for constitutional protection. For these reasons, the existing trademark regime is subject to the Takings Clause. The realization that trademarks amount to constitutional property exemplifies the present broad scope of trademark law, and sheds additional light on the issue of intangible takings.

与国外的热闹相比，国内对商标财产化的讨论则相对沉寂。究其原因在于商标权取得制度的差异。在注册取得商标权的国家，商标申请人只要通过行政主管的确认就可以获得商标权，这种权利不仅较稳定，而且公示力强。而在使用取得商标权的国家中，由于商标权的权利边界较为模糊，商标权与反不正当竞争法往往交织在一起，法院对商标财产的认识并不一致。

在我国，冯晓青教授对商标财产化问题深表忧虑。在《商标的财产化及商标权人的"准作者化"——商标权扩张理论透视》一文中，冯晓青教授认为在商标制度中的历史发展中，人们对商标的价值虽然有所争议，越来越多的判例和理论都倾向于认可商标已经从一种依附于产品的标记转化为财产。相应的，在商标财产化的基础上，商标权人的法律地位有"准作者化"的倾向。现代商标权的权利扩张正是奠基在这两种观念之上，对传统商标法赖以为继的混淆理论带来了挑战。如果建立在混淆理论基础之上的竞争性平衡被打破的话，不仅会造成商标垄断的危险，也会对社会福利造成消极影响。❶

如果说冯晓青教授是从宏观上分析了商标财产化的趋向的话，那么李士林博士的《商标财产化的符号学评析》一文，则从一个具体的角度用符号学的模型批判商标财产化对商标符号运行规律的背离。他认为，淡化理论抛弃了消费者混淆的判断标准，而只着重考虑权利人的私权，长此以往将在商标上创设一种绝对的排他权。单独转让的潜在逻辑就是，符号本身就是财产。这些做法都背离了商标作为"能指"的角色，导致了符号被占有，异化了商标法的目的。❷

---

❶ 冯晓青. 商标的财产化及商标权人的"准作者化"——商标权扩张理论透视 [J]. 中华商标，2004（7）：7-11.
❷ 李士林. 商标财产化的符号学分析 [J]. 广西政法管理干部学院学报，2012（3）：60-64.

三、研究方法

用一篇文章回溯一个绵延数百年的商标财产化史，并非一件容易的事。尽管如此，对商标如何从"识别工具到私人财产"观念的演进做总体性考察，确实越来越值得去做。因为，这样一种基础性概述的缺乏，对学习商标法的学生们来说是一种严重的障碍。为此，本书依据以下研究方法，致力于将这种尝试往前推进几分。

1. 历史分析方法

霍姆斯有言，"历史研究之一页当抵逻辑分析之一卷。"❶ 商标法律制度虽然滞后于专利法和著作权法，然而，商标的历史却源远流长。可以说，商标与商业相伴相生。本书将商标的起源追溯至中世纪，大量搜集和分析中世纪商业状况、商人使用商标之情形、英格兰国王颁布的法令、普通法院与衡平法院冲突与协调的史料，力图通过这些资料还原出商标保护的早期形态。而后，通过对19世纪工业革命和市场的崛起进行考究，工业革命带来的运输业革命与机械化生产，为商品的规模化制造提供了可能。商标的识别作用日益凸显的同时，商人对商标财产保护的诉求也越发强烈。到了当代，每一次商标立法或修法背后，都意味着不同的利益集团的博弈。对政府、商人、消费者在商标法发展的各个阶段所表达的不同见解的分析，则为我们复活了商标历史观念变迁背后的真实图像。

2. 比较分析方法

比较分析，主要是针对各国学者剖析商标财产化问题之不同观点，

---

❶ 原文是：A page of history is worth a volume of logic. See New York Trust Co. v. Eisner-256 U. S. 345（1921）.

解读不同司法管辖区域的法院在裁判案件时适用不同的规则，并分析其中的合理与不合理之处。对于商标财产化的研究，我国的文献寥寥无几，加上商标法制本身深受全球化影响，我国商标法制几乎完全受外国法牵引的特性。因此，本书将大量引用外国法的讨论。而由于语言限制，外文以英文为主，讨论的主轴也将是英美的发展，未能深入研究大陆法系（德国、法国等），深以为憾。不过，目前美国作为世界商业的霸主，对商标权的相关法制也有着领导地位，以美国法为本的讨论仍有相当的研究价值。

3. 案例分析方法

商标法起源于普通法之假冒之诉，对于假冒之诉的研究，案例分析是必不可少的。商标法律的各种基本规则与理论阐释，最早都是源于普通法院和衡平法院在判例中的见解，又基于商标的实务性操作之特点，法院在不同时期因应社会环境之变迁而对商标规则有不同的诠释。本书从1584年"JG诉山姆福特案"讨论至2007年欧洲人权法院的"安海斯布斯公司诉葡萄牙政府案"，分析跨越400多年的200多个商标案件，希冀通过对这些案件的挖掘，窥探出法院对商标判决理念之演进。

第一章

假冒之诉：商标保护的开端

一、假冒之诉的起源

(一) 作为工具的商标

商标的历史源远流长。《创世纪》中记录了标志的描述，该隐（Cain）种田，亚伯牧羊，上帝接受亚伯的贡物而不选该隐的贡物，该隐发怒而杀亚伯。于是上帝将该隐从定居地赶走。该隐害怕在流离飘荡中被人杀害，因此上帝给他身上留下记号以保护他，并说凡杀该隐的必遭报七倍。在史前时代，古代的埃及、希腊、罗马等地出土的陶器、砖瓦、动物的蹄角上发现刻有各种标记，人类在那时已经使用标记表示"我"的东西。到了黑暗时期，除少数的刀刃或其他武器还使用标记外，标记几乎绝迹。其原因一直是个谜，困惑着商标史学家。[1] 尽管学者们对商

---

[1] Gerald Ruston. On the Origin of Trademarks [J]. Trademark Rep., 1955 (45): 127-144.

标的缘起、早期商标与现代商标之间的传承发展关系有所分歧,但大都认可中世纪是商标发展的黄金时代。❶ 自中世纪起❷,欧洲的社会环境产生了巨变,封建制度逐渐瓦解,自由城市不断兴起。❸ 获得自主权的城市,商品经济得到了较大的发展。政府和行会为了维持产业与商业的交易秩序而建立各种管理制度,商标就是其中之一。

所有权标记(Proprietary Marks),指凡印有某一特定标记的牲口、工具、货物都是属于所有权人的,他人不得有非分之想。如遗失或被盗,所有权人可以依据标记请求返还。❹ 斯凯特(Schechter)指出,中世纪商标的法律意义并非是在于表彰或者识别商品来源,而是仅仅作为证明商品所有权归属的证据。❺ 例如,在爱德华三世(1327—1376年)

---

❶ Sidney A. Diamond. The Historical Development of Trademarks [J]. Trademark Rep., 1983 (73): 222-247.

❷ 中世纪(Middle Ages)(约 476—1453 年),是欧洲历史上的一个时代(主要是西欧),自西罗马帝国灭亡(公元 476 年)到东罗马帝国灭亡(公元 1453 年)的这段时期。另有说法认为中世纪结束于文艺复兴时期。"中世纪"一词是 15 世纪后期的人文主义者开始使用的。这个时期的欧洲没有一个强有力的政权来统治。封建割据带来频繁的战争,造成科技和生产力发展停滞,人民生活在毫无希望的痛苦中,所以中世纪或者中世纪早期在欧美普遍被称作"黑暗时代",传统上认为这是欧洲文明史上发展比较缓慢的时期。参见布莱恩·蒂尔尼,西德尼·佩因特. 西欧中世纪史 [M]. 袁传伟,译. 北京:北京大学出版社,2011.

❸ 在城市兴起之前,西欧的土地已为教俗封建主所瓜分。城市多兴起在封建主的领地上,因而受到领主的盘剥。城市必须向领主缴纳实物和货币,服劳役或军役,还要缴纳各种苛捐杂税。因此城市在兴起以后采取各种形式(公开的或隐蔽的)、各种手段(暴力的或赎买的)与领主进行斗争,有的城市取得某种程度的自由与特权,成为"自由城市"。一部分自由城市又取得选举市政官员、市长和设立城市法庭的权利,因而成为"自治城市"。城市的自由和自治的取得,一般都以从领主和国王处取得特权证书作保证。这种证书一般赋予城市以人身自由和司法审判等特权。有关中世纪城市的兴起,可参见亨利·皮雷纳. 中世纪的城市 [M]. 陈国樑,译. 北京:商务印书馆,2006.

❹ Sidney A. Diamond. The Historical Development of Trademarks [J]. Trademark Rep., 1983 (73): 222-247.

❺ F. I. SCHECHTER. The Historical Foundations of the Law Relating to Trademarks [M]. Columbia: Columbia University Press, 1925: 20-21.

期间，英国法律规定：船舶遭遇意外而货物被冲上海滩且没有一个幸存者的情况下，失事的船舶（Wreck）以及货物是属于国王（国家）的。除非，能够通过货物上的标志辨认出所有权人，所有权人可以通过普通法院请求返还财产。1353年，英国政府为了推动航海运输，更好维护商人的利益，以立法形式规定商人的货物在运输途中出现了上述意外，可以通过货品上的标记提出返还财产的要求，而不用到法院去提起诉讼。该法案的内容如下：

> 我们将允许任何人，如果他的货物在海上或者在我们领土范围内被盗了，可以通过货物上的标记、单证（Chart）或者海关印章（Cocket），证明他对这些货物拥有所有权。那么他不用通过普通法诉讼，这些货物都应该返还给他；如果船只在我们的海域范围内，遭遇暴风雨或其他天灾而搁浅，船上的货物被冲到了海滩。货物的所有人可以在提供上述三种证据的前提下，要求拿回这些货物。❶

当时，负责处理这类财产请求的是海事法院（Court of Admiralty）。海事法院起源于经营海运业和海外贸易的沿海港口城市，海事法院的主持人原是出现于13世纪的商船队队长（Admiral）。最初，港口城市的商船队是各自为政的，后来为了加强行业保护和国际竞争力，才走上联营之路。进入16世纪，普通法院为维护自身的司法主导地位，借口海事法院"篡夺"了许多本来不属于它的司法权，不断签发令状干涉海

---

❶ 原文是：We will and grant, That if any Merchant, Privy or Stranger, be robbed of his Goods upon the Sea, and the Goods so robbed come into any Parts within our Realm and Lands, and he will sue for to recover the said Goods, he shall be received to prove the said Goods to be his own by his Marks, or by his Chart or Cocket or by good and lawful Merchants, Privy or Strangers; and by such Proofs the same Goods shall be delivered to the Merchants, without making other Suit at the Common Law. See 27 Edward III, c. 13.

事法院的诉讼活动。直到17世纪后期,普通法院在司法权的竞争中获得了胜利,船只租赁、货物装运、海上保险、在外国签订的商务契约等案件都落入普通法院的手中。❶ 在1771年普通法院审理的"汉密尔顿和斯迈思诉戴维斯案"(Hamilton and Smythe v. Davis)中,当事人双方对因船舶遇难而漂浮到岸上的货物所有权产生争议。曼斯菲尔德(Mansfield)法官以上述法案为根据,要求双方提出对货物所有权的证明。最后,在原告顺利举证所有权的标记、相关单据的前提下,曼斯菲尔德法官支持了原告的诉求。换言之,直到17世纪后期,货物上的标记仍主要作为证明所有权的证据使用。❷

中世纪,行会开始强制成员使用商标。早期的工商业集中在伦敦及其他大城市,这些城市的商人及工匠们会自组行会(Guild)。行会基于国王授予的行会特许状(Guild Charters)成立为法人团体,这种法人团体在某一区域对某一行业拥有垄断性的权利,并且可以制定章程,用于监管成员的买卖及制造的手工艺。行会章程连同特许状、权力机关的立法构成了中世纪的"城市法",❸ 规定了许多关于适用商标的条文。

爱德华四世期间(1442—1483年)的一个法案规定,❹ 布料生产者必须在其生产的棉绒衣服的边角上加盖印章(seal)。这种强制性的使用使得这种类型的标记如同一种"警察标记"(police marks),如果出

---

❶ 程汉大,李培峰.英国司法制度史[M].北京:清华大学出版社,2007:85-86.

❷ F. I. SCHECHTER. The Historical Foundations of the Law Relating to Trademarks [M]. Columbia: Columbia University Press, 1925: 31.

❸ "城市法"是指中世纪西欧城市中形成、发展、适用的法律体系,其内容一般涉及商业、贸易、征税、城市自治及城市居民的法律地位等。它不是统一的国内法,也不是统一的国际法。参见德全英.城市·市场·法律——西方法律史中的城市法考察[J].法律科学,2000(2).叶秋华.资本主义民法的摇篮——修中世纪城市法、商法与海商法[J].中国人民大学学报,2000(1).

❹ 4 Edward IV c. 1.

现他人假冒或者生产者自身的手艺缺陷,则可能构成一种"警察罪行"(police offence),受到严厉的惩罚❶。1303 年,伦敦市长法院审理了一起食品质量案件。❷ 案件中,面包店老板斯蒂芬(Stephen)由于涉嫌制作一种劣质的褐色面包被捕(劣质指的是面包的重量比行会要求的要轻)。虽然斯蒂芬在法庭上郑重宣誓,一再声称面包并非其生产的,但看到面包上标注的是自己商标时,百口莫辩。后经法院调查,原来是面包店的工人托马斯(Thomas)悄悄制作面包,并偷偷标注斯蒂芬的商标在市场上销售。法院最终判决,斯蒂芬无罪释放,没收托马斯所获的不当利益,而这已经算是最轻的处罚。❸

强制性使用商标的规定,无疑是一种有效的市场规制手段。中世纪的社会阶层中,手工劳动已经不是卑贱的代名词,而是得到了社会公众的高度尊重。行会集体声誉是通过成员们向社会提供优质产品而获得的。如工匠们所制作的东西,必须是符合规范的;手艺工人用的材料,必须非偷工减料的;制作的面包必须质量有所保证等。成员们都必须要以高度的责任心,对自己的产品质量负责,一旦出现技术上的瑕疵,就会破坏行会的集体利益。❹ 在这种情形下,集体的利益得到了保障,个体的发展却受到了压抑。事实上,行会内部成员之间的竞争是严厉禁止的。强制性使用商标的行为,并非是为了发展个体声誉,而是一味追逐

---

❶ F. I. SCHECHTER. The Historical Foundations of the Law Relating to Trademarks [M]. Columbia: Columbia University Press, 1925: 38.

❷ 市长法院(Mayor's Court),某些城市的名义上由市长主持的法院,主要审理市区内发生的违警或其他轻微违法案件(如违反交通法规、市政法规的案件)和轻微民事案件,也得行使其他法定权力。

❸ 在金银饰品制造行业,假冒商标的行为,早期是处以死刑,而后逐步放宽,但也要判处在军船的厨房上服役 5 年之刑期,累犯者则终身在军船上服役。参见 Gerald Ruston. On the Origin of Trademarks [J]. Trademark Rep., 1955 (45): 127-144.

❹ 克鲁泡特金. 互助论 [M]. 李平沤, 译. 北京: 商务印书馆, 1963: 175-177.

集体声誉。❶

  与行会强制性使用的标记不同，证明商标在强制性的基础上，增加了检验的要求。商品生产者必须在满足检验要求的前提下才能标示此类商标。贝尔森（Belsen）教授是这样定义证明商标的：由对某种商品或服务具有检测和监督能力的组织所控制，而由其以外的人使用在商品或服务上，以证明商品或服务符合某些特定标准的商标。❷

  以金银饰品行业为例，在 13、14 世纪，金银饰品都是由合金制成的，一般百姓很难判断其纯度。为规范市场生产和保护消费者利益，1300 年英国政府首次立法规定：只准金匠公会的会员从事金饰行业，所有金饰制品在销售前必须送到行会的地方分馆中检验、标记。❸ 通过检测的制品上注有两种标记：其一，制造者的个人标记；其二，国王的标记，即一颗带着皇冠的豹头（详见下图）。未经检验私自销售或者生产不合格者，早期是处以死刑，而后逐步放宽，科以罚金。曾经，一位金匠就因生产了不合格的勺子而被处以 5 天监禁并罚款 20 先令。❹ 尽管有如此严格的立法和执法，金银饰品的假冒仍屡禁不绝。为此，1423 年，英国政府制定了更为严格的法律。❺ 该法律的要点包括：第一，将类似的规定适用于银饰品。第二，在加注豹头标记和工匠的标记之前，产品不能出售；违反者，处以所得利益的双倍惩罚。第三，治安法官在处理此类问题时，可以行使自由裁量权，无须考虑行为人的主观是否具有犯意。

---

  ❶ F. I. SCHECHTER. The Historical Foundations of the Law Relating to Trademarks［M］. Columbia：Columbia University Press，1925：23.
  ❷ BELSON J. Certification Marks：Special Report［M］. London：Sweet & Maxwell，2002：1.
  ❸ 28 Edward I，c. 20.
  ❹ BELSON J. Certification Marks：Special Report［M］. London：Sweet & Maxwell，2002：16-24.
  ❺ 2 Hen. VI. c. 14.

英国早期金银器印章示例

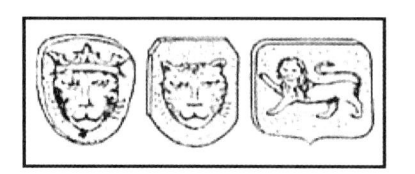

自1478年至1822年戴皇冠的狮头一直被作为伦敦的城市印章使用，1822年以后开始使用不戴皇冠的狮头，一直沿用至今。

1560年约克生产的银器就开始使用这印章，一直沿用到1858年停止生产银器。

在1478年，为了便于追究责任与提高检验标准，英国政府再次对金银行业颁布了新的法案。[1]该法案规定了另一种证明标记：检验标记（Assay Mark）。用以规范检验人员的工作，如经检查发现有不合格的金银饰品被标为合格，将对检验者施以惩罚。至此，英国政府对金银行业的质量控制体系基本完成。通过这三种标记，一方面政府控制了金银市场的生产质量标准与维护了社会公众的利益；另一方面使得生产者、工匠、化验人员的责任更为明确，确保在出现问题时，能第一时间追查到相关责任人。

（二）源究：欺诈之诉

令状，指由文秘署（Chancery）以国王的名义签发给郡长、法庭或政府官员，要求接收令状的人作为或不作为的命令。起初为了行政管理和司法而签发，后仅为司法目的签发，尤其是在国王和王室法庭干预地方法庭或领主法庭时使用。令状制度产生后，普通法的诉讼逐渐演变为

---

[1] 17 Edward IV, c. 1.

必须使用令状进行。❶ 按照密尔松的说法，普通法是英格兰逐渐走向中央集权和特殊化的进程中，行政权力全面胜利的一种副产品。❷ 而这个进程中，令状制度（Writ）成为国王争夺国家司法权力的利器。

英王通过令状扩大了王室法院的司法管辖权，王室法院则通过审理案件发展出全国统一适用的法律。从这个意义上说，令状制度的发展史就是普通法的发展史。即使令状制度彻底从历史舞台消失后，它仍然通过普通法在英国的社会生活特别是法律实践中起着不可忽视的作用。"尽管我们已经埋葬了诉讼形式，但它们依然从坟墓中统治着我们"。按照梅特兰的论述，❸ 没有令状，就没有权利。在中世纪的英格兰，当事人如果要到法院起诉，他和律师首先要选择诉讼形式。诉讼形式的选择将直接决定当事人的合法权益能否得到保护以及得到怎样的保护。作为诉讼形式的载体，令状所涉及的事由千差万别，种类也多种多样。

欺诈令状（Writ of Deceit），是指在诉讼开始前颁发的，针对被告的欺诈行为所导致的损害赔偿之起始令状（Original Writ）。❹ 作为历史最久远的令状之一，欺诈令状可以追溯到1201年，针对的行为是使他人因不明事实真相而受骗上当，并遭受损失的虚假陈述或手段。❺ 欺诈

---

❶ 有关普通法令状制度的研究，可参见屈文生. 普通法令状制度研究 [M]. 北京：商务印书馆，2011. 郑云端. 英国普通法的令状制度 [J]. 中外法学，1992（6）：69-78. 项焱，张烁. 英国法治的基石——令状制度 [J]. 法学评论，2004（1）：118-122.

❷ S. F. C. 密尔松. 普通法的历史基础 [M]. 李显冬，等，译. 北京：中国大百科全书出版社，1999：5.

❸ 梅特兰. 普通法的诉讼形式 [M]. 王云霞，等，译. 北京：商务印书馆，2010：18.

❹ 起始令状（Original Writ）：起始令状是启动司法程序的必备要件之一，国王通过自己的文秘署签发令状，当事人需要花钱购买，因此它成为王室收入的主要来源之一，但其意义并不限于或主要在于财政收入方面，而主要在争夺案件的司法管辖权方面。控制司法管辖权的制度就是令状制度。原则上，它只不过是中央集权化过程所需的行政管理实务的一部分。参见钱弘道. 英美法讲座 [M]. 北京：清华大学出版社，2004：33.

❺ Curtiss, W. David. State of Mind Fact or Fancy [J]. Cornell LQ, 1947 (33)：351-359.

令状的适用范围，起初限制在双方当事人有直接契约关系的行为中，如一些故意的违约行为。后来，由于"欺诈"内涵的不确定性，欺诈令状的适用范围逐渐扩大。

"欺诈"一词，或许是法律名词中最难以捉摸、定义的。现实生活中构成欺诈的因素林林总总，涉及的手段更是千变万化。为了应对这种情况，法院逐渐认可了欺诈之诉并不限于当事人之间有直接的交易行为，也不在乎被告实际上做了些什么事，而是要看他做出来的事情的属性以及是否有侵害他人权利的结果发生。这种判断，可以概括称为"不诚实"（Dishonest）。不过，"不诚实"一词的法律概念本身也是很复杂的，要从客观和主观方面衡量。从客观方面，按照明理而诚实的人的一般标准，看被告的所作所为是否不诚实。从主观方面，因为被告必须明白以这些客观的标准来看，他正在做的事情是不诚实的。❶ 简而言之，普通法上的欺诈可以概述为，任何人不诚实地导致另一人蒙受或可能蒙受经济不利，而使得自己或他人从中获益。

在普通法僵化的背景下，欺诈令状展现出难得的灵活性。进入14世纪以后，大法官创制新令状的权力受到严格的限制，既有的令状不可能将纷繁多样的诉讼都囊括，更不能满足时刻变化的社会需要，致使某些正当的权利得不到法律的保护。因此，1285年的《威斯敏特Ⅱ号法令》规定，"若对某个案子运用了某一令状，类似的案件就应使用相似的法律，并给予同样的救济。"❷ 也就是说，大法官在遇到"类似案件"时，可以适用某一相似的令状。此时，"欺诈"一词的不确定性使得欺诈令状在面对市场上"类似欺诈"的行为时展现了灵活性，为假冒等行为提供了及时的救济。❸

---

❶ ARLIDGE A. Arlidge & Parry on fraud [M]. London: Sweet & Maxwell, 1996: 1.
❷ 程汉大，李培峰. 英国司法制度 [M]. 北京：清华大学出版社，2007: 55.
❸ 假冒，是自中世纪重商主义抬头时就已存在的老伎俩。从最早的古币、古董、邮票等的假冒，到晚期针对法国、意大利的名牌服饰、名酒厂牌的剽窃。只要是具有品牌信誉和市场

对于法院运用欺诈令状审理的第一个商标案件，史学界存在诸多争议。在早期的一些判例和著作中，❶ 1618 年的 Southern v. How 案被认为是普通法开启商标保护与反不正当竞争的第一案。在 Southern v. How 案中，原告从被告的代理人处购买了价值 800 英镑的珠宝，并将这些珠宝转卖给南非的国王。在发现珠宝是赝品后，原告在王座法院（King's Bench）提起了欺诈之诉。德布瑞吉（Dodderidge）法官在判决中援引了早期的一个无名案件。这个无名案件的原告是一名布商，其制造的布料上标有"JG"标记，该布料因品质优良而受到消费者青睐。被告为了掠取原告的利益，在自家生产的劣质布料上标上原告的标记，导致原告遭受了严重的损失。在缺乏专门的"假冒令状"的情形下，德布瑞吉法官对这两个案件进行了类比，认为销售假冒货物的行为构成了欺诈，应承担普通法的责任。

对于 Southern v. How 案的价值，史学界一直存在诸多的质疑。以斯凯特为代表的学者，认为 Southern v. How 案并不能作为普通法商标保护的起源❷。原因在于：第一，记录这个案件的五个判例汇编中，有三个并没有提到德布瑞吉法官曾经引用过这个无名案件；第二，对于 Southern v. How 案发生的时间，存在 1616 年、1618 年、1619 年三种不一致的记录；第三，对于这个无名案件的当事人，有的认为是由受到侵害的布商提起的，有的认为是受到欺诈的消费者提起的。基于此，斯凯

（接上注）
价值的商品，无一不是被假冒的对象。随着国际贸易的流通，商品的销售范围逐步扩大。假冒品所造成的危害日益严重，深受被害人的痛恨。See JONATHAN FENDY. Piracy and the Public: Forgery, Theft, and Exploitation [M]. London: Frederick Muller Limited, 1983: 12-33.

❶ Dawson N. English Trade Mark Law in the Eighteenth Century: Blanchard v. Hill Revisited-Another "Case of Monopolies" [J]. Journal of Legal History, 2003, 24 (2): 111-142.

❷ Schechter 在其名著《商标法的历史基础》中专门用了 7 页来讨论这个案件并无任何价值。F. I. SCHECHTER. The Historical Foundations of the Law Relating to Trademarks [M]. Columbia: Columbia University Press, 1925: 9-12, 123-126.

特认为 Southern v. How 案对商标法的发展并没有多大贡献，真正的普通法商标第一案应该是发生在 1824 年的"赛克斯诉赛克斯案"（Sykes v. Sykes）。❶

20 世纪 70 年代，英国的法律史学者对斯凯特的怀疑进行了考证，并解开了他的迷惑。在说出谜底之前，有必要对英国早期的判例汇编进行说明。英国早期是通过《年鉴》的方式记载判例的，但记载的内容无非是案件中法官和律师的辩论。《年鉴》由谁编纂、最早编纂于何时尚不可考，但一些判例表明可以追溯至 13 世纪 70 年代。随后，几乎无间断地持续至 1535 年才不知何故而终止。此后，一些私人机构和非官方组织陆陆续续进行着一些判例集的汇编工作。但各个汇编的风格、内容以及质量都有极大差异。❷ 许多判例的记载含有不相关的内容，有些甚至为了刻意描画法官与律师的机智辩论而出现诸多错误。

1979 年，贝克教授（Baker）对 Southern v. How 案现存手稿进行考证，认定 Southern v. How 发生在 1618 年❸，这个著名的无名的案件是 1584 年"JG 诉山姆福特案"（JG v. Samford）。案情是：原告是一名布商，其在英格兰西南部的城市——格洛斯特郡生产销售羊毛衣服已经 12 年了，在其制作的衣服上标有"J. G"字母以及一个被称为"塔克"（Tucker）的手柄标记。由于物美价廉，原告的产品在格洛斯特郡和英格兰其他城市都享有良好的信誉。顾客只要通过衣服上的标记就能习惯性地购买原告的产品，而不需要仔细地检查。近两年来，被告在制造的质量低劣的衣服上也同样标注了"J. G"字母和"塔克"标志。被告的

---

❶ F. I. SCHECHTER. The Historical Foundations of the Law Relating to Trademarks [M]. Columbia: Columbia University Press, 1925: 137.

❷ 翟建雄. 英国判例法文献与判例查找方法介绍 [J]. 法律文献信息与研究, 2000 (2): 49-52.

❸ BAKER J H. An Introduction to English Legal History [M]. London: Butterworths, 1979: 385.

行为一方面混淆了消费者，降低了原告的销量；另一方面，原告收到众多投诉，消费者因为购买了这种劣质衣服而改变了对原告之前的良好印象。因此，原告对被告的行为提起诉讼。

不过，原告是否依据"欺诈令状"以及法院的最后判决，贝克教授未能查清。只知当时审理该案的四名法官对此有不同的看法。彭晏（Peryam）法官和米尔德（Mead）法官认为，任何人都可以自由使用标记，这种行为属于"无不法行为的损害"（Damnum Absque Injuria），即双方对事故的发生都没有过错，因而遭受损失的一方不能对造成损失的一方提起诉讼要求获得赔偿。维德汉姆（Wyndham）法官支持原告的请求，原因在于被告的行为违反了当地布料行业协会的章程。仅有安德森（Anderson）法官认为被告的行为构成了欺诈，应当承担普通法的责任。❶ 显然，德布瑞吉法官在后来的 Southern v. How 案引用的是安德森法官的观点，成为后世描述的"商标保护来源于欺诈"之源头。

历史的真相我们无从考证，假设贝克教授对这个案件的探究都是真实的，那么该案无疑为现代商标法和反不正当竞争法提供了一个绝佳的范本。从这个案件，我们可以找寻到写作现代商标法与反不正当竞争法所需的所有素材：（1）原告商品的广泛分布（在本地与外地都有销售）；（2）标记具有显著性（"J. G""塔克"手柄）；（3）长时期的商标使用（12 年）；（4）商标凝聚了良好的商誉（无论是本地还是在外地）；（5）产生了消费者混淆的后果；（6）造成了实际的损害（销量的降低、商誉的损害）；（7）被告的不当得利；（9）被告故意的行为；（10）假冒行为的存在。

---

❶ WADLOW CHRISTOPHER. The Law of Passing-Off: Unfair Competition by Misrepresentation [M]. Lodon: Sweet & Maxwell, 2011: 25.

(三) 普通法与衡平法的冲突与协调

历经数百年的发展后,令状制度促成了普通法体系的形成。然而,法律模式的形式并非仅仅是法学家研究的成果,人们的思维和活动部分取决于他们对社会的认识,法律不仅可以消极地适应社会变化,还可以积极促进社会变革。❶ 随着英国经济的发展,代表着王权利益的令状制度逐步僵化,为衡平法的产生提供了机遇。从功能主义的角度,衡平法的产生与发展正是为了弥补普通法令状制度的缺陷。但是,衡平法的出现并非意味着普通法的消亡。两者的关系,如梅特兰所言,是"文本"与"注释"的关系;如英国比较法学家韦尔的论述,衡平法是对普通法这座古老大厦的修饰与增建。❷ 所以说,作为以令状制度为核心的普通法而言,衡平法不过是以自身独有的方式来帮忙延长其寿命而已。

两种法律制度的并存带来了许多现实问题。17世纪初,衡平法院与普通法院在一系列欺诈的案件中针锋相对、互不相让。一方面,衡平法院禁止在普通法院获得胜诉的当事人执行判决。而当事人拒绝服从时,衡平法院就下令将其监禁。另一方面,普通法院也毫不示弱,下令将该当事人释放,同时颁布人身保护令。到了1616年,普通法院与衡平法院的冲突进入白热化。司法界的两位代表人物,衡平法院院长的埃尔斯米尔(Ellesmere)爵士与普通法院首席法官科克(Coke)爆发了直接的冲突。冲突的焦点是:衡平法院的判决优先还是普通法院的判决优先?双方在争执不下的情况下,将案件交由国王詹姆斯一世裁决。詹姆斯一世出于政治上的考虑,裁决衡平法与普通法冲突应以衡平法为

---

❶ S. F. C. 密尔松. 普通法的历史基础 [M]. 李显冬, 等, 译. 北京: 中国大百科全书出版社, 1999: 156-157.

❷ 沈宗灵. 论普通法和衡平法的历史发展和现状 [J]. 北京大学学报: 哲学社会科学版, 1986 (3): 43-51.

准。❶ 此后虽有不少的普通法院提出质疑，总的来说，衡平法院判决的优先地位并未受到挑战。沿着普通法与衡平法的轨迹，假冒之诉也从曾经的双轨制进化为以衡平法为准的单一制。

假冒之诉的早期判决，不管是普通法院还是衡平法院都以"欺诈"为基础，强调的是一种过错责任。1742年的"布兰查德诉希尔安案"（Blanchard v. Hill），❷ 是第一个衡平法院审理的由商标所有人对假冒者提起诉讼的案件。原告认为，"Great Mogul"标记是由他首先使用的，并经过伦敦扑克牌行会的核准。根据查理一世颁发给行会的特许状，其对该标记拥有排他性的使用权。❸ 被告在其销售的扑克牌上加印"Great Mogul"的行为损害了他的利益。汉德韦克（Hardwicke）法官援引"JG诉山姆福特案"的观点，认为被告虽然使用与原告相同的标记，但是不能证明被告的行为具有欺诈性，驳回了原告的诉讼请求。相似的衡平法案件还有1783年的"辛格尔顿诉博尔顿案"（Singleton v. Bolton）。❹ 原告的父亲发明了一种药膏，名为"Dr. Johnson's Yellow Ointment"。在其父亲去世以后，原告继续在市场上生产这种药膏。后来，原告发现被告也在市场上以同样的名称生产和销售功效相似的产品，于是提请衡平法院颁布禁令。但是，曼斯菲尔德法官驳回了原告的请求，理由同样在于，没有任何证据显示被告的行为具有欺诈性。在普通法院，被告主观上具有"欺诈的故意"一直是审理假冒案件的必要因素。1824年，在"赛克斯诉赛克斯案"❺，这个被斯凯特誉为"普通法商标保护第一案"

---

❶ 钱弘道. 英美法讲座［M］. 北京：清华大学出版社，2004：60-63.
❷ Blanchard v. Hill, (1742) 2 Atk. 484, 26 Eng. Rep. 692 (Ch.).
❸ 在那个年代，国王的特许状一直是王权与国会权力斗争的核心议题。有关讨论可以参考 Nachbar, Thomas B. Nachbar, Thomas B.Monopoly, Mercantilism & the Politics of Regulation［J］. VA. L. REv., 2005（91）：1333-1340.
❹ Singleton v. Bolton, (1783) 3 Dougl. 293, 99 Eng. Rep. 661 (K. B.).
❺ Sykes v. Sykes, (1824) 3 B. & C. 541, 543, 107 Eng. Rep. 834, 835 (K. B.).

的案件中,原告声称:被告制造劣质的枪带(shot belts)和散装弹(powder flasks),并在产品上未经其同意使用"Sykes patent"标记。被告的行为明显属于欺诈,造成原告损失。被告抗辩"Sykes"是他的姓名,他有权使用。但是,法院驳回被告的抗辩,认定被告行为属于欺诈,被告的目的是为了通过吸引原告潜在的消费者,获得原本不属于他的利益。

19世纪初期,商标财产权的观念在衡平法院萌发,假冒之诉的归责原则开始转向一种严格责任。❶引领这个历史性变革的人物是衡平法院的韦斯特布里(Westbury)法官。在1838年的"米林顿诉福克斯案"(Millinton v. Fox)❷,韦斯特布里法官依据财产权理论,颁发禁令制止被告之侵权行为。他认为,纵使被告没有欺诈故意以及善意不知悉原告商标,其在产品上使用了与原告相同商标的行为侵犯了原告的财产权。这个案件不仅推翻了之前以"欺诈"为基础的判例,还确认了商标在衡平法上具有财产性质。但对于商标财产权的认识,此时仍然属于萌芽阶段,韦斯特布里法官在判决中也仅仅是笼统地提到了"侵害了他的排他性财产权",至于是何种财产,财产的性质为何,并未仔细论述。这种认识在当时也并未得到同行一致认同。

不久,在1842年衡平法院审理的"佩利诉特鲁菲特案"(Perry v. Truefitt)❸ 中,朗德里(Langdale)法官仍坚持以"欺诈"为基础来判断假冒案件。值得注意的是,在"佩利诉特鲁菲特案"中,朗德里法官首次对假冒之诉(Passing off)进行了解释,这段经典的语言也为后

---

❶ 英美法的无过错原则可参考彭诚信,罗萧.英美侵权法中严格责任的源起与实践应用[J].社会科学战线,2009(3):183-190.

❷ Millington v. Fox, (1838). 3. My. & Cr. 338, 40 Eng. Rep. 956 (Ch.).

❸ Perry v. Truefitt, 49 ER 749 (1842).

世众多著作所引。❶

我认为,不管普通法院还是衡平法院,在处理这一类型案件中所秉持的基本原则是很好理解的。即一个人不应以自己的商品假冒他人的商品出售。他不准以任何的方式实施这种欺骗;他也不准使用这个名字、标记、字母或者其他标记,因为这样做,很可能会诱使购买者相信他出售的商品是其他人生产的。虽然,我不认可一个人能够对名字、标记拥有财产权,但是我认为,不管一个人对此是否拥有财产权,没有人可以为了自身的贸易利益而去实施这种欺骗的手段。一般而言,如果没有这种不正当的行为,这些利益将会归于第一次使用者或者一直以来独自使用该特定名称或标记的人。❷

商标是否可以视为财产?对此不仅在法院之间存在争议,在政府内部也进行过激烈的辩论。1862 年,英国政府成立了一个特别委员会,就商标的财产问题进行讨论。经过激烈的交锋后,在赞同派与反对派僵

---

❶ WADLOW CHRISTOPHER. The Law of Passing-Off: Unfair Competition by Misrepresentation [M]. Lodon: Sweet & Maxwell, 2011: 28.

❷ 原文是: I think that the principle on which both the courts of law and of equity proceed, in granting relief and protection in cases of this sort, is very well understood. A man is not to sell his own goods under the pretence that they are the goods of another man; he cannot be permitted to practice such a deception, nor to use the means which contribute to that end. He cannot therefore be allowed to use names, marks, letters, or other indicia, by which he may induce purchasers to believe, that the goods which he is selling are the manufacture of another person. I own it does not seem to me that a man can acquire property in a name or mark; but whether he has or not a property in the name or mark, I have no doubt that another person has not the right to use that name or mark for the purposes of deception, and in order to attract to himself the course of trade, or that custom, which without the improper act, would have flowed to the person who first used, or was alone in the habit of using the particular name or mark.

持不下的情况下，直接导致保护商标财产权的《谢菲尔德法案》流产❶。紧跟政府的风潮，韦斯特布里法官在1862年的"艾德利斯腾诉艾德利斯腾案"（Edelsten v. Edelsten）❷，1863年的"霍尔诉巴罗斯案"（Hall v. Barrows），❸ 以及"皮革布料公司诉AM皮革布料公司案"（Leather Cloth v. Am. Leather Cloth）❹，不仅再次批判普通法院以"欺诈"为基础审理商标案件，还针对衡平法院内部，特别是朗德里法官的观点进行了驳斥。他强调，商标权是一项排他性的权利，是基于某个商人在特定的商品上使用而获得的，这种排他性的权利就是财产权。公众是否受到欺诈是测试被告是否侵犯了原告财产权的标准，法院判处假冒案件的基础是基于财产权。❺ 韦斯特布里法官的判决对假冒之诉和商标成文法的影响意义深远。第一，被告主观是否具有欺诈的故意，已不再是法院关注的重点。换言之，法院对假冒案件的侵权归责演变为一种严格的责任。第二，衡平法院强调这类型案件的判决目的是保护原告的财产权，法院更为关注的是被告客观上是否有虚假陈述的行为，并通过这种虚假陈述行为使得原告的财产权受到了损害。一些学者甚至认为从韦斯特布里法官开始，假冒之诉就已经成为反不正当竞争法的一部分，目的是防止他人的商誉被盗用。❻ 第三，作为商标注册制度的先

---

❶ LIONEL BENTLY. From Communication to Thing: Historical Aspects of the Conceptualisation of Trade Marks as Property [M] // DINWOODIE, GRAEME B., MARK D. JANIS, eds. Trademark law and theory: a handbook of contemporary research. Edward Elgar Publishing, 2008: 3-41.

❷ Edelsten v. Edelsten. (1863) 1 De G. J. & S. 185.

❸ Hall v. Barrows. (1863) 4 De G. J. & S. 150.

❹ Leather Cloth Co. v. Am. Leather Cloth Co., (1863).

❺ 原文是：The exclusive right to use any particular mark or symbol in connection with the sale of some commodity was property, and the act of the Defendant is a violation of such right of property, corresponding with the piracy of copyright or the infringement of the patent. I cannot therefore assent to the dictum that there is no property in a trade mark.

❻ DAVISON M J, MONOTTI A L, WISEMAN L. Australian Intellectual Property Law [M]. London: Cambridge University Press, 2008: 21.

导,假冒之诉强调保护原告"财产权"的观点也深刻影响着后续的商标立法。

从上述的考证,我们可以看到,普通法从12世纪到19世纪中叶经历了一个持续发展的时期。霍姆斯法官认为:"法律蕴含着一个国家数个世纪发展的故事,我们不能像对待仅仅包含定理和推论的数学教科书一样对待它,要理解法律是什么,我们必须了解它以前是什么,以及它未来会成为什么样子。在任何特定时代,法律的内容,就其本身而言,都完全可能与世人所以为便利的东西严丝合缝;但是它的形式和机理,以及它在多大程度上能够导致我们所希望达到的效果,则极大依赖于过去"❶。早期英王为了中央集权以令状的方式建立适用于全国的普通法。当令状制度因本身的刻板与粗糙而不能对快速变幻的社会作出反应时,衡平法成了延续普通法生命的一剂良方。然而,两种不同的司法系统始终存在着矛盾与冲突。因此,1873年《司法制度改革法》从形式上取消了普通法院与衡平法院之间的区别,改为在高等法院设立三个法庭,每一个法庭都有权运用普通法和衡平法的规则进行审判。实践中,如果同一个案件运用普通法规则和衡平法原则会得出相互矛盾的结果时,衡平法优先。从此,普通法与衡平法真正融合在一起。

(四) 现代形式的确立

自19世纪中叶起英国商标保护进入了一个新时代。作为世界上第一个工业化的国家和当时全球最强大的国家,随着国际贸易的发展,商标权成为英国各界关注的对象。1862年,英国国会制定《商品标记法》以打击"意图欺诈或使人欺诈"他人商标的刑事罪行。1875年,英国国会通过第一部《商标注册法令》,并于来年的6月在伦敦建立了最早

---

❶ 小奥利弗·温德尔·霍姆斯.普通法[M].冉昊,姚中秋,译.北京:中国政法大学出版社,2006:1.

的商标注册处。该法令设置的"法定商标注册簿"至今仍在使用。注册簿能够证明谁是注册商标的合法所有人,并保护该所有人在注册的商品上排他性使用商标。此外,这个法令也规定了商标的法律定义,为司法人员提供了标准,确认什么样的商业标识可以注册,注册了之后可以享受怎样的法律保护。

很大程度上,英国建立商标注册制度的动因就是为了克服普通法假冒案件的取证缺陷。❶ 但是,商标成文法的出现并不意味着假冒之诉的消亡。这部《商标注册法令》无论是从标题还是从条文内容看,仅仅对商标注册作了规定,阐明了注册与不注册对于商标所有人的权利造成的后果,详细说明了商标所有人的救济途径。特别是这部法令本身并没有给商标增加财产权的内涵,解释、适用这部法令必须参照之前普通法中关于商标的内容。❷ 从此,商标便得到成文法和普通法的双重保护。注册了商标的被侵权人既可据商标法提出侵权诉讼,也可据普通法提出假冒之诉。未注册商标的被侵权人,则依旧可以通过普通法保护自身的合法权益。❸

19世纪后期,也是假冒之诉发展的关键时期,当时的很多判决对今天仍然影响深远。在"辛格尔诉罗格案"(Singer v. Loog),法官认为被告客观上的虚假陈述行为是假冒之诉的判断基础。"蒙哥马利诉汤普森案"(Montgomery v. Thompson)则确认了地名能够具有显著性,受到假冒之诉的保护。"利达威诉巴汉姆案"(Reddaway v. Banham)开启了法律对"第二含义"商标的保护先河。法院认为,纯粹的描述性词

---

❶ 当时普通法与衡平法已经融合,此处"普通法"的表述,包括了"衡平法"与之相关的原则。

❷ 对于1875年《商标注册法令》与假冒之诉的关系,参考Diplock法官在G. E. Trade Mark [1973] RPC297案的陈述。

❸ Rembert Meyer-Rochow. Passing Off: Past, Pesent and Future [J]. Trademark Rep., 1994 (84): 38-63.

汇,只要在使用中获得了显著性,可以得到假冒之诉的保护。从这个案件之后,假冒之诉的适用也不仅仅局限在竞争者之间,即使被告与原告没有直接的竞争关系也可以适用。"李维诉古德温案"(Lever v. Goodwin)是法院首次运用假冒之诉对商业外观(Get-up)进行保护,并发展成为当今商业外观保护的范例。❶

到了20世纪初期,"斯伯丁诉伽马戈案"(Spalding v. Gamage)标志着假冒之诉现代形式的建立。❷ 在这个案件中,原告是一家知名的足球生产厂家,它从1907年开始生产一种新型的足球。足球的特别之处在于,外壳是用模具制作而非是传统的手工缝制。制造完成后,原告会在足球上标上"Orb"或者"Improved Orb"的名称。在1910年,由于制造工艺的缺陷,大批足球的质量不符合要求。原告随即将这批质量低劣的产品封存,后转卖给一家废品站。废品站在回收这批产品后,又转售给本案的被告。在1912年年初,原告推出一批质量上乘的新产品,并在产品和广告宣传中使用"Improved Sewn Orb""Improved Orb"或者"Specially Tested Orb""Patent 15,168"的标语,每个足球的零售价是10先令6便士。不久后,也就是1912年8月,被告将从废品站买回来的足球进行微加工,以相当于原告一半的低价出售(每个4先令9便士)。并在广告宣传中使用了与原告一样的"Improved Orb"和"Patent No 15,168"标语。8月29日,原告在发现被告的这种行为后,立即向法院提起了诉讼。在提请诉讼后的第二天,原告随即接到了被告的解释信。被告在信中解释,他们并不是故意使用与原告一模一样的广告语,并且承诺会马上停止这种不恰当的广告行为,希望原告能够谅解及撤回诉讼。但是,原告仍然继续诉讼,要求法院颁布禁令停止被告

---

❶ WADLOW CHRISTOPHER. The Law of Passing-Off:Mainwork:Unfair Competition by Misrepresentation [M]. London:Sweet & Maxwell, 2011:35-36.

❷ AG Spalding and Bros v. AW Gamage Ltd.,(1915)84 LJ Ch 449.

的销售行为和广告宣传行为，并要求赔偿自己的损失。这个案件在初审法院和上诉法院都充满了争议，最后一直上诉到上议院（House of Lords）。❶

上议院的合议庭是由霍尔丹子爵（Viscount Haldane LC）、阿特金森法官（Lord Atkinson）、帕克法官（Parker）、萨姆纳法官（Sumner）和帕尔默（Parmoor）法官组成。最后，帕克法官的论述令其他同仁信服，并为假冒之诉的现代形式奠定了基础。帕克法官的陈述重点在：首先，在回顾以往判例的基础上，认为假冒之诉的欺诈要件不是必需的。法官在假冒之诉中关注的是被告的虚假陈述（misrepresentation）。在以前的判决中，虚假陈述被描述为：任何人都不能将自己的商品假冒成他人的商品出售。帕克法官则认为，对于虚假陈述的解释应该更进一步表述为：任何人不仅不能将自己的商品假冒成他人的商品出售，而且也不能以明示或者暗示的方式对广大消费者或特定消费者作虚假陈述，使他们把假冒者的货物误认为是他们心目中与这些标记有联系的货物。❷ 其次，帕克赞同衡平法院对于假冒之诉保护的是财产的见解。但是保护的是怎样的财产？他强调，标记、名称、商业外观本身并非是财产。假冒之诉保护的财产是一种商誉。与传统的财产权不同，这种财产权的存在是依靠他人的认知。财产所有人拥有商誉财产权的期间，取决于公众或者一部分公众对他的标记显著性的感知时间。一旦标记的显著性在公众

---

❶ 指英格兰、威尔斯及北爱尔兰的终审法院。直到1948年，所有向上议院作出的上诉在上议院内庭进行聆讯。由五位上诉法院常任高级法官组成的上诉委员会进行聆讯。上议院具有更正因其较早时所作出的命令而引致的不公正情况的权利。

❷ 原文是：The proposition that no one has a right to represent his goods as the goods of somebody else must, I think, as has been assumed in this case, involve as a corollary the further proposition that no one who has in his hands the goods of another of a particular class or quality has a right to represent these goods to be the goods of that other of a different quality or belonging to a different class.

心中消逝了，这种财产权就不复存在。❶

作为英国法院在商标法通过后最权威的假冒之诉判决，"斯伯丁诉伽马戈案"的重要性体现在：第一，它再次确认了假冒之诉中，被告人主观上的欺诈并不是主要关注对象，进一步确认了假冒之诉的严格责任的规则。第二，帕克法官扩展了虚假陈述的解释，使得虚假陈述的内容不局限于将自己商品假冒他人商品的情况，还应该包括各种虚假表示产品质量、联系等不正当竞争行为。如此，为假冒之诉的发展注入了新的活力。后世法院通过虚假陈述的包容性内涵，让假冒之诉从容地穿梭在商标法与反不正当竞争法的缝隙之中。第三，也是最为重要的，帕克法官揭示了假冒之诉保护的财产是商誉。虽然这时的商誉已经在其他普通法领域被认为是财产权。但是，帕克法官在假冒之诉领域引进这一概念的重要性是不言而喻的。一方面，它使得假冒之诉具有独立的保护对象，以使它与商标成文法区分开来，在普通法体系中占有一席之地。另一方面，将一种与社会大众的认知密切相关的财产权引入，使得假冒之诉的目的定位更为明确。即假冒之诉是一种主要保护商人利益的诉讼，但也兼顾消费者利益的保护。❷

---

❶ 原文是：Some authorities say property in the mark, name, or get-up improperly used by the defendant. Others say property in the business or goodwill likely to be injured by the misrepresentation, I think, strong reasons for preferring the latter view. Even in the case of what are sometimes referred to as common law trade marks the property, if any, of the so-called owner is in its nature transitory, and only exists so long as the mark is distinctive of his own goods in the eyes of the public or a class of the public.

❷ WADLOW CHRISTOPHER. The Law of Passing-Off: Mainwork: Unfair Competition by Misrepresentation [M]. London: Sweet & Maxwell, 2011: 32-33.

二、假冒之诉的展开

(一) 传统的假冒之诉

从历史上看,假冒之诉就是一种普通法上控告他人商誉侵权的诉讼形式。假冒之诉的内涵可以描述为,假如一名商人把自己的商品、服务及相关业务,虚假陈述为另一名商人的,或者是与该商人的商品、服务及相关业务有密切联系,从而导致后者的商誉实际受损或者存在受损的可能性,受损害方便有权控告前者假冒,申索赔偿。❶ 目前在普通法国家对假冒之诉一般称为"passing off",在美国有时还称其为"palming off",二者意义并无太大差异。

"palming off"一词最早出现在17世纪中期,美国法官承袭了英国普通法的传统,将其作为"passing off"的同义词使用在商标与反不正当竞争的案件中。在"奥斯古德诉艾伦案"(Osgood v. Allen)的判决书中,❷ 法官交叉重复使用"passing off"与"pamling off",针对的法律问题是被告对商品来源的虚假陈述。在美国众多的"pamling off"案件中,不得不提1935年的"谢克特家禽集团诉合众国案"。❸ 这个案件不仅对美国违宪审查制度有重要意义,❹ 主审法官休斯(Hughes)还在有

---

❶ 需要指出的是,下文所论述的"假冒"包括了仿冒和假冒两种。
❷ Osgood v. Allen, Fed. Cas. No. 10, 603. (1872).
❸ A. L. A. Schechter Poultry Corp. v. United States, 295 U. S. 495 (1935).
❹ 20世纪30年代,罗斯福总统实施新政,不断扩张行政权力,颁布了众多法案,《国家产业复兴法案》就是其中之一。1935年5月,该案的原告向法院起诉,认为联邦政府无权规定其工资和工时限制,《国家产业复兴法案》授予行政部门的权力超出宪法规定的范围。联邦最高法院的大法官们以9:0的投票结果宣判,该法违宪。最高法院的这个判决,在制度框架内对罗斯福新政发起挑战,避免了行政权力的过度扩张,迫使人们对罗斯福的新政进行反思。该案的详细介绍,可见斯坦利·I. 库特勒. 最高法院与宪法——美国宪法史上重要判例选读[M]. 朱曾汶,等,译. 北京:商务印书馆,2006.

关不正当竞争的论述中，阐述了"palming off"的含义：

> 众所周知，"不正当竞争"在普通法上是一个限制性的概念。严格意义上来说，它往往与假冒竞争对手商品的行为相关联。"pamling off"在法律上体现为一种虚假陈述，即一个生产劣质产品的人向公众表示他正在销售的产品是来自一个生产优质产品的人或者与这个人的产品有密切联系。❶

为了说明这个概念，休斯法官提到了"固特异橡胶制造公司诉固特异橡胶公司案"（Goodyear's Rubber Mfg. Co. v. Goodyear Rubber Co）❷，该案对"pamling off"的描述为：被告通过产品标记或者其他的方式向公众表示，他销售的商品是由原告生产的。这种行为一方面使得自身获利，另一方面却损害了原告的利益。休斯法官还指出，不正当竞争行为层出不穷，假冒行为已不单单是一种虚假陈述行为，还与挪用行为（misappropriation❸）越来越相似。

随着判例逐渐增多，学者们一般将假冒之诉分为传统的假冒之诉与扩展的假冒之诉。传统的假冒之诉（Classic Trinity），指的是以商誉、虚假陈述和损害为构成要素；扩展的假冒之诉（Extended Form Passing off），以20世纪70年代开始的一系列的"酒类案件"为开端，法官在三要件基础上对假冒之诉进行的扩大化解释。❹需要强调的是，尽管学术上对假冒之诉进行类型区分，并不代表这是两种不同的侵权诉讼。相

---

❶ 原文是："Unfair competition" as known to the common law, is a limited concept. Primarily, and strictly, it relates to the palming off of one's goods as those of a rival trader. In recent years, its scope has been extended. It has been held to apply to misappropriation as well as misrepresentation, to the selling of another's goods as one's own—to misappropriation of what equitably belongs to a competitor.

❷ Goodyear's Rubber Mfg. Co. v. Goodyear Rubber Co., 128 U. S. 598 (1888).

❸ Misappropriation：挪用，指私自、非法将某种款项或财产移作他用或予以侵占。

❹ DAVID KITCHIN et al. Kerly's Law of Trade Marks and Trade Names [M]. London：Sweet & Maxwell, 2005：431.

反，这只是法官在实践当中针对不同的案情，对假冒之诉的传统判例进行新解说，赋予其新的生命。

最早对传统的假冒之诉进行阐释的是奥利弗（Oliver）法官。在1990年的"雷利和科尔曼公司诉博登公司案"（Reckitt & Colman Products Ltd. v. Borden Inc.）❶ 中，他指出当事人要想在假冒之诉中获得胜诉，必须证明：第一，原告必须（在有关国家或地区）在提供商品或服务的业务中建立商誉或声誉，而该业务是以其向公众提供特定商品或服务时所采用的名称或标记作为区别的。第二，原告需要证明被告向公众虚假陈述（无论有意或无意），导致或很可能导致公众相信被告人提供的商品或服务是原告的。第三，原告必须证明其因为被告的虚假陈述而蒙受或很可能蒙受损害。简而言之，要成功控告别人假冒，原告必须证明三项元素存在：商誉、虚假陈述及损害。❷

"雷利和科尔曼公司诉博登公司案"除了第一次阐述传统三要件外，还强调了假冒之诉的构成要件不是机械性的，法官应该根据案件的实际情况和具体证据进行解释、判定。假冒之诉的主旨很明确，一个人不应以自己的商品假冒他人的商品出售。但是，被告实施的假冒行为是

---

❶ Reckitt & Colman Products Ltd. v. Borden Inc. [1990] 1 All E. R. 873. 被后世称为"Jif lemon"案，是由于该案的原告Reckitt，生产一种名为"Jif lemon"的柠檬汁饮料，饮料的瓶子是一种柠檬形状的黄色塑料瓶。本案的被告Borden，也是一家生产柠檬汁的商家，他在其产品上使用了与原告极为相似的包装瓶，于是，原告以假冒之诉向法院寻求救济。

❷ 原文是：First, he must establish a goodwill or reputation attached to the goods or services which he supplies in the mind of the purchasing public by association with the identifying "get-up" (whether it consists simply of a brand name or a trade description, or the individual features of labelling or packaging) under which his particular goods or services are offered to the public, such that the get-up is recognised by the public as distinctive specifically of the plaintiff's goods or services. Second, he must demonstrate a misrepresentation by the defendant to the public (whether or not intentional) leading or likely to lead the public to believe that goods or services offered by him are the goods or services of the plaintiff. Third, he must demonstrate that he suffers or…that he is likely to suffer damage by reason of the erroneous belief engendered by the defendant's misrepresentation that the source of the defendant's goods or services is the same as the source of those offered by the plaintiff.

错综复杂的。特别是，如何界定被告使用的名称、标记或者图片的范围构成了虚假陈述？往往越是简单的标记、名称、图片，被告就越有可能以描述性的使用作为抗辩，假冒行为就越难以成立。❶ 因此，要获得胜诉，原告必须对假冒之诉的"三要件"提供充足的证据。这当中，虚假陈述的证明是最为困难的。

帕克法官在 1915 年"斯伯丁诉伽马戈案"中也提到❷，假冒之诉最关键的就是被告的虚假陈述。在任何假冒之诉里，必须证明被告事实上已经实施了虚假陈述的行为。当然，虚假陈述的方式可以是言词明示。但明示的虚假陈述比较罕见。较普遍的是采用隐晦的方式，在假冒他人商标、商号或装潢的过程中，对广大消费者或特定消费者作虚假陈述，使他们把假冒者的货物误认为是他们心目中与这些标记有联系的货物。在这种情形下，判定是否虚假陈述，需要考虑案件的所有情况。被告使用商标、商号或者装潢的方式是否明示、暗示商品来源于原告或者与原告具有某种特定联系。

奥利弗法官在"雷利和科尔曼公司诉博登公司案"中承继了帕克法官的观点，强调要对案件的来龙去脉进行全盘把握，深刻分析每一个要件背后的证据是否充分，而不要仅从主观上判断被告是否具有欺诈的故意。因为，在他的经验当中，"主观上的判断并不总是可靠的，案件的胜负取决于证据"。❸ 并且，要重视权威判例的作用。在引用之前判例时，需要同时考察案件发生的现实语境，关注法官在诠释构成要件时所用之推理方法。因此，每一个假冒之诉判决的出现，与其说是产生新的分支，不如说是后来者对先前判例的归纳使用，是一种对传统假冒之诉的注释。

---

❶ DAVID KITCHIN et al. Kerly's Law of Trade Marks and Trade Names [M]. London: Sweet & Maxwell, 2005: 435.

❷ AG Spalding and Bros v. AW Gamage Ltd., (1915) 84 LJ Ch 449.

❸ Reckitt & Colman Products Ltd. v. Borden Inc. [1990] 1 All E. R. 873.

(二) 扩展的假冒之诉

20世纪70年代,英国法院陆续审理了一系列"酒类案件",假冒之诉进入了新的发展阶段。"酒类案件"包括:"香槟案"(Bollinger v. Costa Brava Wine Co. Ltd.)❶、"苏格兰威士忌案"(John Walker & Sons v. Douglas McGibbon)❷、"雪利酒案"(Vine Products Ltd. v. Mackenzie & Co. Ltd.)❸、"荷兰蛋黄酒案"(Erven Warnink BV v. J Townend & Sons (Hull) Ltd.)❹。这类案件的共同特点是,产品的商誉是由某个地区某个行业的商人共同创造、共同享有的。消费者在看到某种产品的时候,很容易与他们心目中的某一个地区联系起来。如法国的香槟、西班牙的雪利酒、苏格兰的威士忌等。这类产品的商誉不属于任何特定的某个商人,而是由生产这一类产品的商人共享。❺ 如果商品并非来自法定的原产地,而是其他国家或地区的商家生产,并在商品上使用诸如"Cham-

---

❶ Bollinger v. Costa Brava Wine Co. Ltd. [1961] 1 WLR 277. "Champagne"产区位于法国巴黎的东北部的Rheims和Epernay的葡萄酒产区,当地的寒冷气候赋予了香槟酒别样的清新之感。自1927年,法国就以法律规定只有特定的区域产的酒才能称为"Champagne",此种酒在香槟产区需要一个特别的双重发酵的过程,需要符合法定的生产规范。

❷ John Walker & Sons v. Douglas McGibbon 1972 SLT 128. "Scotch Whisky",一种只在苏格兰地区生产的威士忌。特别的是,苏格兰威士忌在制造过程中使用了泥炭这种物质。1909年,英国政府明文规定,必须在位于苏格兰的蒸馏厂里,使用水与发芽的大麦作为原料制造的威士忌才能称为"苏格兰威士忌"。苏格兰威士忌的生产者们有权采取法律行动禁止他人假冒。

❸ Vine Products Ltd. v. Mackenzie & Co. Ltd. [1969] RPC 1. "Sherry"雪利酒是一种由产自西班牙南部安达卢西亚赫雷斯-德拉弗龙特拉(Jerez de la Frontera)的白葡萄所酿制的加强葡萄酒。在欧洲,"Sherry"是一个专用于原产地的受保护名称,在西班牙法律中,所有标识为Sherry的葡萄酒都必须产自雪利三角洲地,这是加迪斯省(Cádiz)Jerez de la Frontera,Sanlúcar de Barrameda,和El Puerto de Santa María之间的一块区域。

❹ Erven Warnink BV v. J Townend & Sons (Hull) Ltd. [1979] AC 731. "Advocaat"荷兰蛋黄酒,由荷兰法律规范,一种蛋、糖、白兰地及香料混合制成的酒,在荷兰称之为"brandewijn","brande"是燃烧的意思,"wijn"指的是葡萄。

❺ Naresh, Suman. Passing-Off, Goodwill and False Advertising: New Wine in Old Bottles [J]. Cambridge LJ., 1986 (45): 97-120.

pagne""Scotch Whisky""Sherry"等名称就构成假冒。

在"荷兰蛋黄酒案"中,法官迪普罗克(Diplock)和费萨尔(Fraser)在总结前人观点的基础上,给出了自己对假冒之诉构成的解释。迪普罗克认为,假冒之诉包括:

(1)虚假陈述;

(2)该虚假陈述系商人在商业中所为;

(3)该虚假陈述的对象是原告提供产品或服务的潜在消费者(prospective customers)或最终消费者(ultimate consumers);

(4)该虚假陈述意在损害其他经营者的业务或商誉(该损害是可以被合理预见的);

(5)该虚假陈述对原告的业务或商誉造成实际损害。若是商品出售前提出预防性诉讼(in a quia timet action),则必须存在造成这类损害的可能性。❶

费萨尔表示,假冒之诉在传统的三要素的基础上,应细化为:

(1)原告在英格兰必须具有相关营业;

(2)这类商品很容易被界定,在英格兰的公众或部分购买者通过原告的标记识别出其与其他类商品的区别;

(3)这类商品在英格兰地区的声誉,产生了相关商业名称的商誉;

(4)作为销售这类商品的一员,原告在英格兰拥有这种商品的

---

❶ 原文是:(1) a misrepresentation;(2) made by a trader in the course of trade;(3) to prospective customers of his or ultimate consumers of goods or services supplied by him;(4) which is calculated to injure the business or goodwill of another (in the sense that this is a reasonably foreseeable consequence); and (5) which causes actual damage to a business or goodwill of a trader by whom the action is brought or (in a quia timet action) will probably do so.

商誉；

（5）被告通过使用原告商业名称的行为，已经导致或很可能导致原告商誉的实质性损害。❶

从迪普罗克和费萨尔的意见可以看出，一方面，两位的见解并未超越传统假冒之诉的三要素的范围，实质是对假冒之诉的传统要件进行更加系统、细致的阐述，以便能对新类型案件适用；另一方面，两位法官对推进假冒之诉的扩展也是不遗余力，费萨尔强调商誉的地域性，即原告必须在法院地——英格兰拥有商誉；而迪普罗克则坚决认为，假冒之诉必须针对的是商人的行为。至于，何谓假冒之诉中的商人（Trader），该词到现在并没有任何统一的定义，而如果要下一个笼统的定义，就难免会在没有充分理由的条件下，把一些特别的行业排除在外。

不过，任何因提供商品或服务而取得收入的人似乎都能被称为商人。瓦德洛（Wadlow）教授提到，商人（Trader）一词的解释是广义的，包括从事专业、艺术或文学方面工作的人，具体地说，包括作家、漫画家、表演者，而在澳大利亚还包括了专业交际舞者。很久以前的一宗案件里，一名诉讼律师就以某法律教科书作者的身份成功追讨到象征式的损害赔偿。实践中，原告无须证明他的业务是以营利为目的。至于是为了公共利益还是为了他人的利益经营业务，并不重要。正因为如此，一个法定的赌金计算器委员会曾经提起假冒之诉并获胜诉，英国广

---

❶ 原文是：(1) that his business consists of, or includes, selling in England a class of goods to which the particular trade name applies; (2) that the class of goods is clearly defined, and that in the minds of the public, or a section of the public, in England, the trade name distinguishes that class from other similar goods; (3) that because of the reputation of the goods there is goodwill attached to the name; (4) that he, the plaintiff, as a member of the class of those who sell the goods, is the owner of goodwill in England which is of substantial value; (5) that he has suffered, or is really likely to suffer, substantial damage to his property in the goodwill by reason of the defendants selling goods which are falsely described by the trade name to which the goodwill is attached.

播公司作为假冒之诉的原告同样也曾获胜诉。❶

除了商誉要件的扩展外,现实贸易状况的日趋复杂,法院对虚假陈述的解释也日渐多样。随着这种多样化的扩展,假冒之诉成为法官手中一道"灵活的方程",❷ 对市场上五花八门的不正当竞争行为进行规制。这些不正当竞争行为包括虚假广告(False Advertising)、虚假代言(False Endorsement)与反向假冒(Inverse Passing off or Reverse Passing off)。

虚假广告,就是被告在明知或罔顾误导消费者的后果下,作出任何含有失实、具误导性或欺骗性陈述的广告,并意图向公众推广、售卖其货品或服务。这其中,虚假陈述范围由原来的商品来源扩展到商品的性质、特征、质量。如在前文提及的"酒类案件"中,原告首先要证明被告的广告中有对其商品的虚假陈述;其次,被告的虚假广告误导了消费者。值得注意,美国法院对于英国"酒类案件"的做法并不认同。例如,"香槟"(Champagne)一词在美国属于通用名词,如果一名华盛顿商人在美国生产、销售,只要其正确地在产品上和广告中标注自己产品的产地、质量等信息,并不会引起消费者混淆。相应的,那些在美国经营香槟(产自法国原产地)生意的商人并不能对其提起假冒之诉,除非该名华盛顿商人在广告中,虚假宣传它的香槟是来自法国的或与法国香槟的品质相关,从而误导消费者进行购买,并最终降低了法国香槟在美国消费者心中的商誉。

虚假代言,指的是未经名人、明星的授权许可,擅自使用他们的平面肖像或录像,通过一系列的宣传载体,使得消费者误以为该名人、明

---

❶ WADLOW CHRISTOPHER. The Law of Passing-Off:Mainwork:Unfair Competition by Misrepresentation [M]. London:Sweet & Maxwell, 2011:119-125.

❷ Morison, W. L. Unfair Competition and Passing-off—The Flexibility of a Formula [J]. Sydney L. Rev., 1956 (2):50-65.

星与被告的商品或服务之间具有代言关系而去购买，从而损害了名人、明星们的信誉。在美国，虚假代言的假冒之诉往往与形象权（Right of Publicity）紧密联系在一起。形象权是从隐私权中分立而来。传统上针对名人、明星的肖像、图像之保护采用的是隐私权理论，而有感隐私权理论已经不足以保护人们人格特征所体现的财产价值的时候，美国弗兰克（Frank）法官在1953年的"贺兰实验室诉托普斯口香糖公司案"（Helan Laboratories, Inc. v. Topps Chewing Gum, Inc.）中创设了形象权制度，❶ 使人们获得对自身的形象、姓名等人格特征作商业性用途的权利。❷ 英国没有明确承认形象权制度，但是法官通过假冒之诉对名人、明星人格特征上的财产利益予以保护。较为知名的案件是2002年的"欧文诉英国体育广播电台案"（Irvine v. Talksport Ltd.）。❸ 在该案中，原告艾迪·埃尔文是著名的世界一级方程式赛车锦标赛选手，被告是英国体育广播电台Talksport。被告在未经原告同意下，擅自在其广告手册上使用原告肖像图片。兰迪（Laddie）法官认为，名人常常通过有偿代言的形式，授权商家在商业活动中使用他们的名字和形象以促进业绩的增长。无可争议的，艾迪·埃尔文通过在赛车场上的优异表现，已经在世界范围内积累了可观的声誉。被告在未经其同意的情况下在宣传活动中使用他的肖像，这种行为属于虚假代言（False Endorsement），本质上犹如向消费者虚假陈述它们的产品是由原告代言的，直接导致的结果就是损害了原告的财产利益和使得消费者受到了欺诈。

  反向假冒，在英美法中指的是两种情况：一种是被告在市场上买回原告的商品，未经其同意，将原商品上的商标更换成自己的商标后出售；另一种是被告向消费者虚假陈述原告的商品是由它提供的，或者说

---

❶ Helan Laboratories, Inc. v. Topps Chewing Gum, Inc., 202 F. 2d 866 (2d Cir. 1953).
❷ 王泽鉴. 人格权保护的课题与展望——人格权性质及构造：精神利益与财产利益的保护 [J]. 人大法律评论, 2009：51-103.
❸ Edmund Irvine & Tidswell Ltd. v. Talksport Ltd. [2002] 2 All ER 414.

它对原告的产品质量负责。相较于前者,后一种情况发生的频率更常见。❶ 在"布里斯通温室公司诉卡斯托姆温室公司案"(Bristol Conservatories v. Conservatories Custom Built)❷,双方都为建筑温室花园的公司,与被告相比,原告的商誉明显高出一筹。被告的销售人员在向消费者推广业务的时候使用了原告的产品图案。被告的做法使得消费者误以为原告的产品是由其设计、建造的。初审法院认为,将他人的产品表示为自己的并不是假冒。但是上诉法院推翻了这个决定,吉布森(Gibson)法官认为,被告的行为属于虚假陈述,他错误地向消费者声称原告的产品是由它设计、建造的。虽然他在判决书中并未细致地阐述反向假冒的概念,但他说道,"我不打算去定义这种形式的侵权行为是否就是人们所说的'反向假冒'。但我有充分的理由相信,本案的情形属于假冒之诉的范围"。❸

(三) 假冒之诉的适用

1. 未注册商标

根据英国《1994年商标法》(Trade Marks Act 1994)第1章第1条规定:商标指任何以图形表示的、能够将某一企业的商品或服务与其他企业的商品或服务区分开来的标记。商标可以,尤其是,由文字(包括人名)、图形、字母、数字或商品形状或商品包装构成。美国商标法(15U.S.C. §1125)规定:商标,是指人们为将自己制造或销售的商品

---

❶ ROGIER W. Towards a European Unfair Competition Law: A Clash Between Legal Families: German and Dutch Law in Light of Existing European and International Legal Instruments [M]. Leiden: Brill, 2006: 254.

❷ Bristol Conservatories v. Conservatories Custom Built [1989] RPC 455.

❸ 原文是: I do not intend to decide whether there is a form of the tort to be known as reverse passing off. It is sufficient, I think, to hold that the facts alleged can properly be regarded as within the tort of passing off.

（包括特殊产品）与他人的相区别，以表示商品来源（即使该来源不为公众所知），而在商业中使用的或意图真实使用的，并根据本章规定在主注册簿申请注册的任何词汇、姓名、标志、图案或上述要素的组合。此外，标题、角色名称或广播电视节目的显著性特征可以注册为服务商标，尽管这些标志或节目会为赞助商商品做广告。据此，假冒之诉中保护的未注册商标，指的是符合商标法的构成要素，但是未履行注册手续的商标。

在对未注册商标的适用过程中，法院的核心观点是：任何人都可以自由使用各种具有识别功能的标记。无论普通法还是衡平法，都认为任何人不能对一般的词汇、图案、个人的名字、地理名字行使排他性的权利。除非，在使用过程中，一方当事人实施了虚假陈述，既损害了当事人商誉又伤害了消费者的利益。❶ 法院在判案实践中针对每种假冒情形进行认真考究，逐渐探索出一套假冒之诉的判案标准。

一般而言，与描述性词汇相同，臆造性（fancy）词汇，如 Kodak、Nike、Adidas、Mondeo 由于更具显著性，更容易获得假冒之诉的保护。而普通的描述性词汇，即原来不符合商标注册条件，但是经过长期与某种商品或服务结合使用，具备了与原来一般意义不同的"第二含义"，使消费者可以通过"第二含义"识别出特定的商品或服务来源。

1896年"法兰克雷迪威公司诉乔治班纳姆公司案"（Frank Reddaway Ltd. v. George Banham）❷ 是这方面的标杆案件。法院在判决中认为，纯粹的描述性词汇，如"camel hair belting"能够在使用中获得"第二含义"。原告多年来一直生产机器运输带（Machine Belting），并在产品上标有"骆驼毛带"（Camel Hair Belting）。被告是原告的前雇员，离职后，自己也生产了这种运输带，并在产品上标注同样的"camel hair

---

❶ 法院并不承认任何人可以对词汇、标记的本身享有排他性的权利。参见：Reddaway v. Banham［1896］AC 199; Bile Bean Manufacturing Co. v. Davidson（1906）8F 1181; Kinnell v. Ballantine 1910 SC 246; Salon Services（Hairdressing Supplies）Ltd. v. Direct Salon Services Ltd. 1988 SLT 417.

❷ Reddaway v. Banham［1896］AC 199.

belting"。原告声称，市场中大部分消费者都能通过"camel hair belting"识别出他的产品。还列出证据证明，被告的行为已经造成很多消费者因为混淆而错买了产品。原审法院在判决中认为，作为纯粹的描述性词汇"camel hair belting"，原告不能对其享有任何的排他性权利，不支持其提出的假冒之诉主张。而终审法院推翻了这个判决，赫斯切尔（Herschell）法官认为：单纯的描述性词汇"camel hair belting"能够通过使用获得"第二含义"，使公众能够通过该"第二含义"精确地识别出原告的产品。赫斯切尔法官还提到，制止被告的这种欺骗行为是法律维护基本商业道德之需要。❶

不过，"第二含义"的问题较为复杂，必须综合考虑描述性词汇本身的构成特点、广告宣传、使用频率、消费者的认识、使用时间长短等因素。因此，当事人的主张并不都能获得法院的支持。在"办公司清洁公司诉威斯敏斯特清洁公司案"（Office Cleaning Services Ltd. v. Westminster Window and General Cleaning Cleaners Ltd.）❷，两家清洁公司就为此对簿公堂。原告使用的名称是"Office Cleaning Services Limited"，被告使用的名称是"Office Cleaning Association"。原告的服务更具知名度，并认为自己的"Office Cleaning"一词已具备"第二含义"。被告在服务中使用的"Office Cleaning"属于假冒，于是提起诉讼。西蒙迪斯（Simmonds）法官在审理后不支持原告的诉讼请求。他认为，商人在商业中使用一些相同词汇，从而可能造成的一些混淆是不可避免的。必须允许这种风险存在，没有人能够仅仅凭借第一次使用就可以对词汇垄断

---

❶ 原文是：I cannot help saying that, if the defendants are entitled to lead purchasers to believe that they are getting the plaintiffs' manufacture when they are not, and thus to cheat the plaintiffs of some of their legitimate trade, I should regret to find that the law was powerless to enforce the most elementary principles of commercial morality.

❷ Office Cleaning Services Ltd. v. Westminster Window and General Cleaning Cleaners Ltd. (1946) 63 RPC 39.

性占有。法院将会包容这种相对较少的差别,并认为这种差别能够避免消费者混淆。❶

另外,一些标题、角色名称或广播电视节目在市场上已经获得显著性,虽然并未注册为服务商标,也可能得到法院的保护。1902年的"沃尔特诉阿什顿案"(Walter v. Ashton)为我们提供了很好的借鉴。❷原告是英国久负盛名的泰晤士报(The Times),被告为一家自行车生产企业。诉由在于,被告生产的泰晤士自行车(The Times Bicycles)以及在其后续的广告宣传中,虚假向消费者表示它们的产品与泰晤士报有直接的联系,让广大公众误以为"泰晤士自行车"是泰晤士报的一个附属产业。法院支持了原告的诉求,禁止被告在产品中使用"泰晤士报"的用语(The Times)。法官对此说明:到目前为止,还没有哪家报纸集团兼营生产自行车的,虽然这两者之间并不是一个竞争关系。在我看来,禁止被告的理由有两个:第一,被告虚假陈述原告是其主要合作伙伴,让公众以为被告是原告的一个部门,并对其产品质量负责。第二,这种虚假陈述很有可能造成原告财产的损害。对于被告的行为,与一般的诽谤、商业诽谤等是不同的,我们应该从商业竞争的角度考虑,判断它是否构成假冒之诉。❸

---

❶ 原文是:Where a trader adopts words in common use for his trade name, some risk of confusion is inevitable. But that risk must be run unless the first user is allowed unfairly to monopolise the words. The Court will accept comparatively small differences as sufficient to avert confusion.

❷ Walter v. Ashton [1902] 2 Ch 282.

❸ 原文是:Now, it is no part of the general business of a newspaper to carry on a cycle business, and this is not a question arising between rivals in trade. It appears to me that to entitle the plaintiffs to an interlocutory injunction they have to establish, first, that the defendant has represented the plaintiffs as his principals or partners, or, at least, as responsibly connected with his venture; and, secondly, that there is tangible probability of injury to the property of the plaintiffs in consequence of such representations. Mere annoyance is not enough, nor libel, not being trade libel; nor is a shadowy possibility of actions being brought enough. The case has to be considered apart from those cases turning on trade competition, infringement of rights, trade names, trade-mark, or the ordinary passing off equity.

2. 商号

商号（Trade Name），即厂商字号或企业名称。作为企业识别度的标志，商号常常由一些个人名字、描述性词汇、臆造性词汇构成，使用在牌匾、商品包装等地方。商号与商标的共同之处在于：为消费者提供区分标识，引导社会公众进行消费选择，并借此提高自身商誉与扩大市场经营。作为一种知识产权，商号权的法律地位已经得到《巴黎公约》确认。❶ 在英美法国家，一般是通过假冒之诉对商号侵权行为进行救济。

"马克思姆诉戴尔案"（Maxim's Ltd. v. Dye）❷ 是英国法院在1977年审理的商号案件。原告是英国的公司，从1907年开始经营法国巴黎的马克西姆餐厅"Maxim's"。马克西姆餐厅的装修运用了法国19世纪古典、优雅的新艺术传统风情，提供最时髦最浪漫之佳肴。随着欧洲各国的富豪和贵族们纷纷惠顾，"Maxim's"这个名字也随之传播至整个欧洲。1975年11月，被告在英国的诺维奇注册登记，开设了一家餐厅，并使用"Maxim's"名称。餐厅的装饰模仿巴黎马克西姆餐厅的风格，运用了许多法国艺术家的卡通画和油画，渲染了与巴黎马克西姆餐厅相似的浪漫氛围。当然，被告的价格定位比原告低很多，吸引了众多不明真相的消费者前往。原告在知晓后，向法院提起假冒之诉。需要补充的是，原告虽然是一家在英国注册的公司，但在英国并没有实际的商业活动。"马克思姆诉戴尔案"争议点在，第一，商誉的地域性。在本国没有营业实体的商人，通过国外的商业行为积累了延展至本国的商誉，这种商誉能否受到保护？第二，经本国注册核准使用的商号，能否成为对在先使用的商号进行抗辩。

---

❶ 《巴黎公约》第一条第二款规定，工业产权的保护对象有专利、实用新型、外观设计、商标、服务标记、厂商名称、货源标记或原产地名称和制止不正当竞争。

❷ Maxim's in Maxims Ltd. v. Dye [1977] FSR 364.

针对商誉地域性的问题，20世纪之前受限于交通运输与信息传播手段的匮乏，国际商品的流动性较低。商人的营业范围一般局限在本地或本区域。假冒之诉往往是由在本国营业的商人针对共同营业范围内的竞争者提起。本案的特殊性要求法官对商誉的地域性问题进行阐释。格雷厄姆（Graham）法官提出，尽管他赞同之前判例的观点，商誉不能脱离实体的营业而存在，但就此认为商誉具有严格的地域性的观点太狭隘了。原告虽然没有在英国具有实体营业，并不影响其在英国国内享有商誉。因为有些企业，或多或少已经具有国际性的特征。它们的商誉超越了国界，特别在欧共同体（EEC）成立后，国与国之间的距离感变小了，已经很难将商誉限定在某个地方。因此，原告虽然没有在英国国内实际营业，但不影响其在英国国内享有商誉的权益。❶ 针对被告已经在英国国内注册了"Maxim's"商号的问题，格雷厄姆法官认为，商号的注册并不等于授予被告排他性使用这个名称的权利，这种注册行为不能对抗原告的在先权利。基于以上判断，法院最终支持了原告的请求，颁发禁令制止被告继续使用"Maxim's"商号。

3. 商业外观

商业外观（Trade Dress）包括产品的外形或者形状、包装，在产品或包装上使用的颜色或者其他因素的组合。美国商标法并未规定商业外观一词，但是美国《反不正当竞争法重述（三）》在总结判例的基础

---

❶ 原文是：Some businesses are, however, to a greater or lesser extent truly international in character and the reputation and goodwill attaching to them cannot in fact help being international also. Some national boundaries such as, for example, those between members of the EEC are in this respect becoming ill-defined and uncertain as modern travel, and Community rules make the world grow smaller. Whilst therefore not wishing to quarrel with the decisions in question, if they are read as I have suggested, I believe myself that the true legal position is best expressed by the general proposition, which seems to me to be derived from the general line of past authority, that that existence and extent of the plaintiffs' reputation and goodwill in every case is one of fact however it may be proved and whatever it is based on.

上认为，只要其具有显著性和非功能性，就可以作为商标保护。[1] 在英国并没有商业外观（Trade Dress）一词，而是使用产品的包装、装潢（Get-up），在判例中指涉的范围与前者大致相同。前文在"传统的假冒之诉"论述中，我们提到的"雷利和科尔曼公司诉博登公司案"[2]，就是有关产品包装的假冒案件。案件中，原告是一家饮料公司，自1956年开始生产销售一种柠檬汁饮料，饮料的包装使用一种独特的柠檬形状的塑料瓶，瓶子上同时标有原告的商标"Realemon"。原告的产品在市场上受到消费者的追捧。截至1980年，原告在英国的柠檬汁饮料的市场占有率超过25%。被告于1985年夏天开始在英国市场制造、销售柠檬汁饮料，饮料包装上使用的是与原告一模一样的包装。于是，原告向被告提起了假冒之诉。

奥利弗法官在案件中结合"三要素"对商业外观进行了分析。他认为，一般而言，在柠檬汁饮料的包装上使用柠檬形状的瓶子是不具有显著性的。本案着重解决的问题有三个：第一，消费者心中是否已经将柠檬形状的包装与原告的产品相联系；第二，被告有无在市场上进行虚假陈述导致消费者误认为购买的是原告的产品；第三，如果上述两个问题的回答是肯定的话，法院如果对被告的行为不予理睬，消费者的利益是否会受到损害，原告的商誉也会受到这种行为的损害？

从案件的审理过程来看，证明产品包装的显著性是很困难的。一方面，原告需要提供大量的证据，证明它为了推广这个产品而进行的投资，并向法院提供了产品在英国、美国等国家的销量报告，试图说明这个产品在消费者心中具有良好的商誉，消费者能够通过这个包装很快地识别商品来源；另一方面，法院也通过向消费者进行调查取证，以深入了解双方产品在市场上的实际情况。最后，在确认符合假冒之诉的"三

---

[1] 孔祥俊. 论商业外观的法律保护 [J]. 人民司法，2005（4）：44-51.
[2] Reckitt & Colman Products Ltd. v. Borden Inc.［1990］1 All E. R. 873.

要素"的前提下，法院颁布了禁令，制止被告继续使用柠檬形状的塑料包装。

除了产品包装外，一些具有显著性并在市场上享有商誉的标识也受到假冒之诉的保护。例如，餐厅独特的装修风格❶、企业官方网站的独特设计❷。这些商业外观除了传递一种商品来源或者质量信息，还有助于消费者作出购买选择，凝聚了生产者的商誉。这也与英、美一贯实行的公共政策目标相一致。传统上，英国和美国都实行竞争性的市场经济，特别注重奖励那些在商品或者服务质量上面满足消费者需求的生产者❸。

4. 域名

从技术性定义来看，域名是互联网识别和定位计算机的层次结构式的字符标识，与所在计算机的互联网协议地址（IP）相对应。从通俗的语言来说，在电子商务发达的年代，一个显著性强的域名就相当于企业的"门牌号码"。通过易被识别的域名，能够给企业网站带来更多的访问量，而访问量的数量给企业带来无数商机。目前，国际上对域名的申请处理方式，采取所谓的"先到先选原则"（First Come First Serve）。简而言之，只检查申请的域名是否已经被在先注册，并不考虑其是否有实质上的权利。如此，也就产生了由"网络蟑螂"（Cyber Squatter）引发的争议。"网络蟑螂"也就是域名的抢注者，专门抢先注册他人公司的名称或商标作为域名或者域名的一部分，企图以高价卖回给原所有人或者给其他企图利用这个域名牟利的人。如此，常常使得广大网络用户产生混淆，促发了许多网络不正当竞争行为。

为规范网络竞争环境的需要，假冒之诉再次扮演了急先锋的角色。

---

❶ My Kinda Town v. Soll [1983] RPC 407.

❷ EasyJet v. Dainty [2002] FSR 111.

❸ 孔祥俊. 论商业外观的法律保护 [J]. 人民司法, 2005 (4)：44-51.

1999年，英国法院审理了"英国电信公司诉百万分之一公司案"（British Telecommunications v. One in a Million）❶。原告是世界知名的英国电信公司。被告是一家专门从事域名注册的公司，也就是我们俗称的"网络蟑螂"。被告在未经授权的前提下，以原告的名称注册了域名，原告于是向法院提起假冒之诉。初审法院认可了原告关于其企业名称负载了不菲的商誉，被告的行为损害了原告的在先权利。但是，法院不认为被告的行为构成了假冒之诉。原因在于，注册了企业的名称，但并未将这个域名使用或者转卖给其潜在的买家，被告的抢注行为相当于为他人提供"欺诈的工具"（Instrument of Fraud），仅仅有工具而未有具体虚假陈述的行为，不符合假冒之诉的构成要件。虽然法院没有以假冒之诉来审理这个案件，最后还是以"因恐惧而请求保护"（Quia Timet）为名禁止被告的抢注行为❷。

被告不服，提起上诉。理由是，基于"先到先选"原则，其并不是所谓的提供"欺诈工具"。上诉法院的艾德欧斯（Aldous）法官在审理中，首先赞同了初审法院对"欺诈工具"的判断，认为被告以营利为目的抢注域名的行为，实际是为将来拟从事利用原告商誉混淆消费者的人提供了一种便利的"欺诈工具"。其次，艾德欧斯法官回顾上文提及的"荷兰蛋黄酒案"❸，认为本案满足假冒之诉的要件。从商誉来看，原告的企业名称在英国众所周知，拥有良好的商誉；从损害结果来看，被告的抢注行为有可能在未来损害原告的商誉。至于，被告是否满足虚假陈述要件。艾德欧斯法官认为，被告的行为不仅为他人提供"欺诈工具"，还构成了虚假陈述。理由在于，域名一经注册就会记录在互联网

---

❶ British Telecommunications plc v. One in a Million Ltd. ［1999］1 WLR 903（CA）.

❷ "quia timet"：衡平法上，当事人惧怕或担心其某一权利或利益将可能遭受损害，而现有的普通法上的诉讼又不能预防该损害的发生时，允许当事人向衡平法院提起诉讼，寻求衡平法上的救济。法院可根据具体情况作出不同处理，如向被告签发禁令（injunction）等。

❸ Erven Warnink BV v. J Townend & Sons（Hull）Ltd. ［1979］AC 731.

上，任何人可以通过域名查询服务系统（whois）查找该域名。当人们在查找后，发觉这个本应该属于原告的域名，而登记在册的却是被告，这本身就是一种虚假陈述。

三、假冒之诉的基础

（一）商誉的概念

在19世纪初期，商誉（Goodwill）仅是一个商业概念。1810年，英国法官埃尔顿（Eldon）将商誉定义为，"老顾客光临老地方之可能性"❶。这个定义常常被美国学者引用。约塞夫（Joseph）在1841年出版的《关于合伙关系的法律评论》中说道，"商誉，是一种企业所取得的优势或利益，不是其资本、股票、资金或财产的价值，而是顾客因其地理位置、技术等，对该企业产生的一种偏好。如何判断一个企业的成功与否，就在于商誉。"❷ 但是，商誉是财产吗？约塞夫在书中说道，虽然商誉很像财产，但严格来说，商誉不能单独的存在，不是传统上的财产。约塞夫的见解得到了当时法官的认同。在一个破产案件中，被告是一家经营报纸的合伙企业，在合伙协议中列明的资产当中，特别说明了商誉是合伙人的共同财产。后来由于经营不善，宣告破产。原告作为债权人，向法院提出清算被告的商誉。法院在审理中认为：作为债权人，原告有权要求清算被告的所有财产。但是，合伙协议中写明商誉是财产的做法是不恰当的，因为商誉属于一份成功报纸的附带价值，其虽然很像财产，但并不是财产。因此，除了被告的有形财产外，不能够对商誉进行清算。那商誉是不是财产，为什么很像财产？囿于当时涉及商

---

❶ Cryttwell v. Lye, 17Ves. 335. 346. 34. Eng. Rep. 129, 134 (1810).

❷ STUART BANNER. American Property. A History of How, Why, and What We Own [M]. Cambridge: Harvard University Press, 2011: 37-40.

誉的案件数量很少，我们并没有找到法官很清楚的描述。不过，在1839年的一个案件中，我们还可以看到，美国法官在一个有关租赁业务的案件中提到，"实际上，在出租的时候，当事人是把商誉考虑进去的，对于这种具有市场价值的利益，法院将会给予保护。"❶ 由此可见，虽然法院没有明确说明商誉就是财产，但是承认其价值所在并给予保护。

到了19世纪后半叶，商誉的财产观念逐渐成形。1859年，纽约的一位法官认为，"商誉是企业的财产，就像企业的办公桌一样。"俄亥俄州的法官阐述到，"商誉常常弥漫在商业的空间里并进行传递，是企业必不可少的一种价值。"在学界，费城学者阿瑟·比德尔（Arthur Biddle）论述到，"商誉属于一种无形财产，法律应该要对其规制"❷。但是，人们对于商誉的财产属性并不是一致赞同。例如，作为财产，商誉是否可以继承；它的价值是单独估算还是与死者生前的有形财产捆绑在一起；商誉能不能抵押；如果债务人不履行合同，可否申请法院强制执行；国家能否针对商誉征税？在1897年，美国联邦最高法院审理了一个有关商誉征税的案件——"亚当斯快递公司诉俄亥俄州审计长案"（Adams Express Co. v. Ohio State Auditor）❸。案件中，原告是全国知名的快递公司。该公司在全国拥有众多资产，市场价值超过1600万美元，其中75%源自商誉的估值。被告俄亥俄州政府在当年颁布了一项针对快递公司征收消费税的法案，并根据这个法案对原告征收了533095美元。原告不服，遂向法院提起诉讼。该案一直上诉到美国联邦最高法院。原告的理由在于，它在俄亥俄州的有形

---

❶ STUART BANNER. American Property. A History of How, Why, and What We Own [M]. Cambridge：Harvard University Press，2011：37-40.

❷ STUART BANNER. American Property. A History of How, Why, and What We Own [M]. Cambridge：Harvard University Press，2011：37-40.

❸ Adams Express Co. v. Ohio State Auditor. 166 U. S. 185（1897）.

资产，包括马匹、马车、运输箱子等共只有42065美元。被告只能根据它在当地的有形资产来征税，商誉并不属于此列。最高法院显然不同意原告的看法，梅韦利·富勒（Melville Fuller）法官认为，难道仅仅凭借这些马匹、马车、运输箱子，原告一年就可以在俄亥俄州获利275446美元吗？原告的资产不单单是来源于这些有形资产，更加重要的是他的商誉。在民事关系越来越复杂的今天，企业的很大一部分财产都是由无形财产构成的，没有理由不对其进行征税。

　　进入20世纪，商誉是财产已经成为共识。1901年，在英国法院审理的"IRC诉穆勒案"（IRC v. Muller & Co's Margarine）❶ 中，三位主审法官阐释了他们对商誉的理解，马克内格腾（Macnaghten）法官认为，商誉凝聚着企业良好的声誉、信誉和业务关系带来的利益与好处。它具有的吸引力可以招揽顾客。它可以把已具规模的老企业和经验不足的新企业区别开来。德威（Davey）法官则描述到，商誉一词只是用来概述买家因购买业务和该业务所使用的财产而累算应得的权利。而根据林德利（Lindley）法官的理解，商誉涵盖任何因标记的使用、顾客的联系等令业务增值的东西。在美国，法官也对商誉的概念进行诠释。在"理查德父子公司诉美国政府案"（Richard S. Miller & Sons，Inc. v. United States）❷ 中，法院认为，商誉有时候被形容为企业所有无形资产的集合体。因为，获利率通常只用在计算有形资产，而商誉则被当做是企业无形资产获利的同义词。严格来说，商誉乃是老顾客再度光临老地方的预期。它是无法估量的，是一种依靠消费者而无需合同加以拘束的价值。在"纽瓦克诉美国政府案"（Newark Morning Ledger v. United

---

❶ IRC v. Muller & Co's Margarine. Ltd［1901］AC 217.
❷ Richard S. Miller & Sons，Inc. v. United States，537 F. 2d 446，210 Cl. Ct. 431（1976）.

States）❶ 中，美国联邦最高法院认为，商誉有许多不同形式的定义，简而言之就是：消费者"持续光顾的预期性"。同时代的著名经济学家康芒斯（John R. Commons）的描述则更有意境，"商誉乃将漫溢在企业中一种不为人知的要素视为一个整体，不能被分离或区分，它不是科学而是人格。它是生物的个体，切开就会死亡。它甚至不同于一个人的人格，而是更难捉摸的品格，如法国人所称的身体的精神、手足之情以及团结的自由人格。法人的商誉的特质造成它的价值不确定并问题重重。法人常被认为是没有灵魂的，但是商誉就是它的灵魂。"❷

在假冒之诉的案件中，1915年的"斯伯丁诉伽马戈案"，法官首次将假冒之诉保护的对象定位为商誉，❸ 由此确立了假冒之诉的保护基础。对于商誉概念的讨论，在案件中也经常被提及，不管如何定义，法官的立足点都是：商誉是财产。具有代表性的，当数1976年的"星实业公司诉亚普科威案"（Star Industrial Company v. Yap Kwee Kor），❹ 迪普罗克法官认为：

> 假冒之诉是一种当财产权受到侵犯的时候可以寻求的救济途径。这种侵权并不在于被不当使用的商标、商品名称或装潢之财产权受到侵犯，而是在于商业或商誉的财产权因某种行为而受到侵犯，该种行为是以虚假表示为手段、以自己的货物冒充他人的货物、可能导致他人的商业或商誉受到损害的行为。商誉本身不可以单独存在，不能脱离它所依附的商业而独立存在。商誉具有区域性

---

❶ Newark Morning Ledger v. United States, 507 U.S. 546 (1993).
❷ JOHN ROGERS COMMONS. Industrial Goodwill [M]. New York: McGraw Hill, 1919: 19-20.
❸ AG Spalding and Bros v. AW Gamage Ltd., (1915) 84 LJ Ch 449.
❹ Star Industrial Company Ltd. v. Yap Kwee Kor (1976) FSR 256.

和可分性；如果在不同的国家开办商业，可分别在商业所在的每一个国家享有商誉，因此，如果在一个国家取得商誉后结束在该国的业务，在该国取得的商誉就随即消失。当然，在其他国家，业务仍然可以继续经营。❶

迪普罗克法官将商誉定位为假冒之诉的基础，这是与之前的权威判例相符合的。此外，他还强调了商誉具有三个特性：第一，商誉不能脱离它所依附的商业而独立存在。换言之，商誉不能与商人的其他各种可辨认的有形资产分开来单独出售。第二，商誉存在具有区域性，或者说，商誉具有一种经济地域性。即商人可以根据其在不同国家和地区开展的业务而获得在各自区域的商誉。第三，商誉具有可分性，这种可分性并不是说商誉可以与商业实体相分离，而是因为在商业纷繁复杂的时代，商誉的创造不仅仅限于商品或服务的提供者，而其他一些市场主体，例如，商标的被许可方、国外的代理人、经销商等都可以成为商誉的主体。只是这种可分性带来的主体不确定性，同时也为假冒之诉的主体资格认定带来了一些困难。

（二）商誉的归属

一般而言，商誉是商品制造者或者服务提供者在贸易活动中创造及拥有的。但是在进入消费领域之前的商品和服务流通过程中，一般都涉

---

❶ 原文是：A passing-off action is a remedy for the invasion of a right of property not in the mark, name or get-up improperly used, but in the business or goodwill likely to be injured by the misrepresentation made by passing-off one person's goods as the goods of another. Goodwill, as the subject of proprietary rights, is incapable of subsisting by itself. It has no independent existence apart from the business to which it is attached. It is local in character and divisible; if the business is carried on in several countries a separate goodwill attaches to it in each. So when the business is abandoned in one country in which it has acquired a goodwill the goodwill in that country perishes with it although the business may continue to be carried on in other countries.

及一个以上的商人参与。这样的话，当公众熟识的商品或服务被第三者假冒时，如何判定谁是商誉所有人，谁受到损害，谁能提起假冒之诉？为解决这些问题，瓦德洛教授强调在假冒之诉中，原告的商誉必须符合两项基本条件：（1）必须与引起纠纷的货物或服务有联系；（2）必须来自该货物的消费群众，不管消费群众是否是原告的直接顾客。判断复杂的商誉归属关系，可以考虑以下问题（用于服务业时问题细节可作适当修改）：

（1）购买者是否能认出货源的经营者并根据该经营者的商誉购货？

（2）公众认为谁应该对货物的质量和特性负责任，货品质量差劣应该向谁追究？

（3）事实上谁应该对货物的质量和特性负最大的责任？

（4）某经营者请求法庭确立某商誉为其所有的时候，有什么具体的情况足以证明或否定他是该商誉之所有人？❶

此外，瓦德洛教授针对市场中常见的商誉纠纷进行了分析：（1）外国企业及其代表。外国企业即使不独立地进行贸易，仍然可以成为商誉所有人。只要能证明这里有顾客需求其货物，不管他们是否与该企业有直接合同关系，都已经足够了。特别是，如果该外国企业在本地是由某个在法律上性质完全不相同的企业作为其代表的，无论以什么身份代表，只要该外国企业被承认是货物的主要来源，那么一般来说，商誉都会归其所有，而不归于其本地代表。（2）进口商、经营商与零售商。经营进口业务的企业以进口商的身份成为商誉所有人，也是相当有可能的。同样，任何企业，其货物众所周知是从第三方取得的，也可能取得商誉，该商

---

❶ WADLOW CHRISTOPHER. The Law of Passing-Off: Mainwork: Unfair Competition by Misrepresentation [M]. London: Sweet & Maxwell, 2011: 192.

誉反映了公众信任其选择和经销货物的能力达到了某一个水平。这种商誉可以与另外一种性质的企业的商誉，如制造商的商誉并存。（3）许可人与被许可人。商品名称或商标在使用许可证有效期期间，因使用该商品名称或商标进行经营而建立的商誉，归许可人所有，而不归被许可人所有。按瓦德洛教授的说法是，被许可人并不取得该商品名称或商标的任何权利，而且，他在许可期终止时必须停止使用该商品名称或商标。只要许可证是有效的，即使被许可人也许被作为有关货物的供应者，并且实际上也许对货物的质量和特性要负最主要的责任，都不重要。❶

从普通法判例来看，确定商誉归属的标准有两个："控制权测试"与"公众理解测试"。控制权测试，就是弄清楚对该商品的质量和特性负责的事实上是谁；公众理解测试，就是弄清楚公众认为对该商品的质量和特性负责的是谁。与前者相比，后者较具意义，但仍然不能完全解决问题。在很多情况下，谁可能跟商品有联系，怎样把该有联系的人识别或辨认出来，公众并不关心。既然如此，那么进行前一种测试，找出掌握实际控制权的人，毕竟也可以提供一个较为确定的答案。在下述两个案件中，法院便是根据"控制权测试"与"公众理解测试"对商誉归属进行分析。

【案例一】"欧尔特利诉鲍曼案"（T. Oertli AG v. E. J. Bowman）❷

原告是瑞士一家生产"Turmix"搅拌器的制造厂。它给一家经销商公司签发了独占使用许可证，允许该公司在英国制造和销售该种搅拌器，并在该搅拌器上使用原告在英国注册的商标"Turmix"。后来该经销商公司在原告同意的情况下把该使用许可转移给了被告。被告以"Turmix"的名称制造和销售该搅拌器，但无论在产

---

❶ WADLOW CHRISTOPHER. The Law of Passing-Off: Mainwork: Unfair Competition by Misrepresentation [M]. London: Sweet & Maxwell, 2011: 198-209.

❷ T. Oertli AG v. E. J. Bowman (London) Ltd. and Others [1957] 16. R. P. C. 388.

品、包装箱或在介绍的文书，都没有提及原告的信息。该许可证终止之后，被告不仅继续以同一名称销售该产品，而且还开始销售一种被称为"Magimix"的搅拌器，并声言这些新产品是旧款产品"Turmix"的改良款式，原告于是提起假冒之诉。

初审法官杰金斯（Jenkins）在审理中认为：原告的请求能否得到法院的支持，必须看原告能否证明，争议所涉的商标或装潢在该国内通过使用，已经使消费者能辨认出该标记所依附的货物是它的特有货物。原告通过使用及公开介绍其货物的商标或装潢，使该标记或装潢与该货物之间产生某种联系，或使它成为识别该货物的标记。在这过程中，原告已经取得使用于同一类货物的该商标或装潢的一种"准所有权"，即专用权。假冒之诉的主要诉因，就是这专用权因为某种行为而受到侵犯。这种行为就是以欺诈的手段，在非原告制造的货品上使用相同的或容易混淆的商标或装潢，诱使消费者误认为该货物是原告制造的货物，从而夺取消费者原本想给原告的订货单。该案中，被告在英国制造和销售"Turmix"搅拌器的过程中，并未刻意令"Turmix"一字成为识别原告货物特征的标记，公众也不会认为这个产品是原告的，于是驳回原告的诉讼请求。原告不服上诉，上诉法院的里德（Reid）法官陈述了这样的意见："在上诉人给被上诉人签发的使用许可证有效期间，在被上诉人制造及销售'Turmix'机器的过程中，上诉人对该机器的制造、经销和销售并没有加以控制，也无权控制，购买者也没有接到任何形式的、说明上诉人与该机器之间有任何联系的通知。" ❶

---

❶ 原文是：During the currency of the Appellants' licence to Bowmans, Bowmans made and marketed the "Turmix" machines without the Appellants having controlled or having had any power to control the manufacturer, distribution or sale of the machines, and without there having been notice of any kind to purchasers that the Appellants had any connection with the machines.

【案例二】"丹托尔公司诉斯德托雷公司案"（Dental Manufacturing v. C. de Trey & Co.）❶

原告是一家英国的公司，独家销售一家美国公司的产品。原告在销售该物品的时候保持着它出厂的原状和装潢，但装潢上完全没有任何痕迹显示该产品与原告有任何的联系。被告制造及销售同类物品，所用的装潢与美国厂家供应的产品原装潢相似，为此，原告向法庭提起假冒之诉。法庭拒绝受理该独家经销商的诉讼。巴克利（Buckley）法官持以下意见："所谓'原告的货物'，不一定是原告制造的货物，可以是他购买的、进口的，或以其他方式取得的货物；又可以是他用某种装潢销售的货物，但该货物无论是他制造的、进口的、或销售的，其装潢带给消费者的信息必须是：该货物的好处在于它载有原告商誉的保证，其质量由原告为人熟知的商行负责保证。❷"另一位法官弗雷切（Fletcher）认为，"很明显，公众不认为这些货物是该独家经销商的货物。事实上，这些货物亦非该经销商的货物；而且，被告本身从来没有表示该涉嫌侵权的产品是原告的货物。❸"

---

❶ Dental Manufacturing Company Limited v. C. de Trey & Co. ［1912］3 KB76.

❷ 原文是：The plaintiff's goods need not be goods manufactured by the plaintiff. They may be goods which he purchases, or which he imports, or otherwise acquires, and which he sells under some "get-up" which conveys that they are goods which, whether made, imported, or sold by him, carry with them the advantage of the reputation that the plaintiff's well-known firm are responsible for their quality or their character.

❸ 原文是：But in this case it is clear that in no proper sense of the word were these goods ever regarded by the public as, nor were they in truth, De Trey & Co.'s (i. e. the sole agent's) goods, and there never was any representation on the part of the plaintiffs that the alleged infringing articles were De Trey & Co.'s goods.

(三) 商誉的损害

在假冒之诉中,商誉的损害是虚假陈述行为所造成的。最直接的表现形式有两种:毁损(destruction)与剥夺(deprivation)。❶ 毁损,指的是被告假冒原告产品,而且产品的质量存在瑕疵。当被告将这些产品投向市场的时候,不明所以的消费者上当受骗后,降低了对原告产品的信任,导致原告的产品对其不再有吸引力。剥夺,是指被告假冒原告的产品,但是产品的质量与原告相差无异,使得许多潜在的消费者流向被告,从而剥夺了本应属于原告的利益。从严格意义上来说,毁损才是真正的损害商誉的行为。不过,无论毁损抑或剥夺,其本质都是一种割裂原告与消费者之间的贸易联系,而这种贸易关系实际就是原告商誉的重要组成部分。

实践中,原告只要能证明其商誉可能受到损害就可以得到法院的救济。法院并不要求原告提供实际损害的证明,也不受限于同一行业或者同一地区的竞争者之间。例如,在1972年审理的"安娜贝尔诉索克案"(Annabel's v. Shock)❷,原告在当地经营一家夜总会,这家夜总会因为奢华的服务吸引各地名流前往,享有很高的商誉。被告在原告所在地开设了一家与其同名的私人保镖服务公司。当然,原告与被告并不存在任何的联系。原告向法院提起假冒之诉。法院在审理中认为,被告的服务在当地的名声并不好,而它明知原告在当地享有很高知名度的事实,仍将原告的名称使用在公司名称上的行为将会使得公众产生混淆,对原告的商誉构成了潜在的损害。因此,法院颁发禁令制止被告继续使用与原告相同的名称。

---

❶ WADLOW CHRISTOPHER. The Law of Passing-Off:Mainwork:Unfair Competition by Misrepresentation [M]. London:Sweet & Maxwell, 2011:255.

❷ Annabel's (Berkeley Square) Ltd. v. Shock [1972] RPC 838.

此外，商誉损害还体现在商誉的淡化（Dilution）。我们对淡化的理解很多都是基于美国后来的立法，实际上，淡化的概念早在假冒之诉中出现，并且淡化的范围不仅指商誉的淡化（Dilution of Goodwill），还包括个人声誉的淡化（Dilution of a Personal Reputation）。在"泰亭亨诉安倍维案"（Taittinger v. Allbev）❶，第一原告是一家法国的知名香槟酒厂（Champagne），第二原告是法国国内香槟产区法定的行业协会，这个协会专门负责监控香槟酒的生产质量和产地标记的管理。被告是英国生产饮料的公司，其在生产的饮料包装的上标有"Elder Flower Champagne"标记。原告于是提起假冒之诉，要求禁止被告在其产品上使用"Champagne"标记。法院在判决中提到，被告的行为淡化了（Dilution）原告的商誉，将会对原告的商誉造成很大的伤害。❷

个人声誉淡化的情形，如我们前文提到的"欧文诉英国体育广播电台案"❸。兰迪法官在此案中将淡化的理论适用于公众人物个人的声誉上，从而扩大了淡化的范围。但对于损害的证明，上述两个法院都重申了，在实践中要准确评估原告的实际损害是很困难的。不过，只要原告证明了它的商誉存在，以及被告的虚假陈述行为将导致原告商誉存在损害的可能性，法院就会颁发禁令以防止不利后果的产生。

四、假冒之诉与不正当竞争

反不正当竞争法，就是通过制止市场中的不正当竞争行为以维护市

---

❶ Taittinger SA v. Allbev Ltd. [1993] FSR 641.

❷ 原文是：On the facts of the instant case, there were serious issues to be tried in relation to the allegation of passing off since, inter alia, the dilution of the plaintiffs' reputation by the use by others of the word "Champagne" in connection with beverages which were not in truth champagne, and which had no connection with champagne, could be a serious cause of damage to the reputation and the goodwill attached to the word "Champagne".

❸ Edmund Irvine & Tidswell Ltd. v. Talksport Ltd. [2002] 2 All ER 414.

场秩序的法律规范的总和。纵观人类商业史,"公平""诚实"等的理念早就在人们心中产生,现代有关规制商业的法律可以追溯到罗马法,但主要是在中世纪才逐渐展开。❶ 那时,不管是参与市场经营的商人,还是一般的消费者,都习惯通过"价格"这个指标来判断交易是否公正。对于反不正当竞争法的发展来说是很关键的,这显示出人们对交易"平等"感到敏感,自己有否占别人便宜或者被占便宜成为交易的顾虑。到了近代,开启反不正当竞争保护先河的是《巴黎公约》。公约在1900年修订后,将反不正当竞争的行为纳入。根据"条约必须遵守"的强行法规则,各个缔约国开始在国内进行反不正当竞争的成文立法运动。目前,各国对反不正当竞争的规制主要有两种形式,一种是制定专门的成文法典,如德国、瑞士;另一种是普通法传统的国家,如英国、美国等,通过假冒之诉以及其他辅助立法对不正当竞争行为进行规制。❷

在英国,假冒之诉是反不正当竞争法的代名词。在普通法史上,"不正当竞争"(Unfair Competition)一词甚至比假冒之诉(Passing off)历史悠久。在1803年"霍格诉吉尔曼案"(Hogg v. Kirby),埃尔顿法官(Eldon)在判决书中首次使用了"不正当竞争"一词。在这个案件中,原告是当地一家知名的杂志社,被告在未经其同意的情况下,在杂志封面上标注了原告的名称,让公众误以为这是原告的出品。埃尔顿法官在判决中提到,被告的这种不正当竞争行为是可以诉究的,因为虚假陈述了他的出品与原告的出品有联系。❸ 19世纪末期到20世纪初,法院对"不正当竞争"与"不正当贸易竞争"(Unfair Trade Competition)

---

❶ 黄仁宇. 资本主义与二十一世纪[M]. 上海:三联书店,2012:9.

❷ Protection against Unfair Competition: Analysis of the Present World Situation, International Bureau of WIPO. No. 725(E). 1994.

❸ WADLOW CHRISTOPHER. The Law of Passing-Off: Mainwork: Unfair Competition by Misrepresentation[M]. London: Sweet & Maxwell, 2011: 2-4.

相互使用，不过并没有专门的反不正当竞争的诉讼形式，法院将这种行为归入假冒之诉的范围。早期的法律书籍《丹尼尔的衡平法实践》(Daniell's Chancery Practice) 中，认为不正当竞争还包括了侵犯知识产权的行为。书中提到，"所谓的反不正当竞争，就像我们看到的，法院通过颁布禁令去制止专利侵权、盗版、侵犯商标、商号的行为，去防止贸易当中的不正当竞争行为。"❶

1900 年《巴黎公约》修订后，反不正当竞争一词开始在欧洲流行起来。许多国家都仿照公约制定了反不正当竞争法。英国虽然没有单独的立法，实际上，假冒之诉的内容已经包括了《巴黎公约》中规定的不正当竞争行为❷。对于假冒之诉与反不正当竞争法的关系，英国法院有两种不同的观点，有的认为假冒之诉就是反不正当竞争法的最好阐释；有的则认为假冒之诉虽然可以解决大部分的反不正当竞争问题，但不等于反不正当竞争法，反不正当竞争法还包括其他类型的诉讼。这两种观点的代表人物分别是艾德欧斯法官和迪普罗克法官。艾德欧斯法官认为❸，假冒之诉在当代的扩展，特别是以商誉为基础的体系建构，就是反不正当竞争法的最好表述。迪普罗克法官则认为，不正当竞争行为是可以提起诉究的。❹ 因为，不正当竞争行为使得其他商人遭受了商业或者商誉上的损失。英国法制止不正当竞争行为主要有三种，除了最

---

❶ WADLOW CHRISTOPHER. The Law of Passing-Off：Mainwork：Unfair Competition by Misrepresentation [M]. London：Sweet & Maxwell，2011：2-4.
❷ 《巴黎公约》第10条第2款规定，(1) 本联盟国家有义务对各该国国民保证给予制止不正当竞争的有效保护。(2) 凡在工商业事务中违反诚实的习惯做法的竞争行为构成不正当竞争的行为。(3) 下列各项特别应予以禁止：1. 具有不择手段地对竞争者的营业所、商品或工商业活动造成混乱性质的一切行为；2. 在经营商业中，具有损害竞争者的营业所、商品或工商业活动商誉性质的虚伪说法；3. 在经营商业中使用会使公众对商品的性质、制造方法、特点、用途或数量易于产生误解的表示或说法。
❸ Arsenal FC plc v. Matthew Reed [2003] RPC 39.
❹ Erven Warnink BV v. J Townend & Sons (Hull) Ltd. [1979] AC 731.

常见的假冒之诉外，还包括诽谤（Slander）、串谋损害（Conspiracy to Injure）❶。

到了 20 世纪 90 年代中期，有部分商人呼吁英国政府制定更严格的反不正当竞争法，他们认为假冒之诉已经不能满足现实需要。例如，一般而言，生产商会将产品通过各种渠道进行销售，包括各地的零售商和大型的超级市场。而超级市场往往进行低价促销吸引顾客，生产商认为超级市场的这种不正当竞争行为损害了他们的商誉。不过，根据假冒之诉的构成要件，生产商是很难提起假冒之诉的，因为超级市场并没有虚假陈述。❷ 对此意见，英国议会在 1994 年制定商标法的过程中曾有过辩论，最后并没有采纳。一方面，经过普通法法官的"造法"，假冒之诉的范围已经包罗万象，包括适用于域名抢注、虚假代言等，早已超越了《巴黎公约》对于不正当竞争行为的规定。另一方面，英国政府也担心过于严厉的反不正当竞争法会抑制市场上的自由竞争，危害经济秩序的稳定。❸

在美国，假冒之诉从反不正当竞争法的代名词，演变为更广泛的反不正当竞争法的一部分。承袭英国普通法的传统，假冒之诉在美国一度成为反不正当竞争法的代名词。1909 年出版的《商标与不正当竞争》

---

❶ 原文是：Unfair trading as a wrong actionable at the suit of other traders who thereby suffer loss of business or goodwill may take a variety of forms, to some of which separate labels have become attached in English law. Conspiracy to injure a person in his trade or business is one, slander of goods another, but the most protean is that which is generally and nowadys, perhaps misleadingly, described as passing off. The forms hat unfair tradeing takes will alter with the ways in which trade is carried on and business reputation and goodwill acquired.

❷ Mills. Own Label Products and the "Lookalike" Phenomenon: A Lack of Trade Dress and Unfair Competition Protection? [J]. EIPR., 1995 (20): 116-135.

❸ CARTY H. An Analysis of the Economic Torts [M]. New York: Oxford University Press, 2010: 163-179.

一书中，作者认为假冒之诉就是反不正当竞争法的同义词。❶ 20 世纪初，高举自由竞争的大旗下，美国的市场经济得到了迅速的发展。但过于自由的经济也暴露了不少缺陷，导致了大萧条的局面。罗斯福总统在凯恩斯理论的指引下，逐步对市场实施国家干预。反不正当竞争法可以说是这种"受管制竞争政策"的产物之一❷。第一次世界大战后，反不正当竞争的概念在美国法律、政治、经济等领域滥觞。反不正当竞争法逐渐从假冒之诉的传统侵权理论中解脱，除了在国内立法和最高法院的判例，还常常出现在国际反倾销、反垄断等问题上。

当前，美国的反不正当竞争法的范围广泛。不仅包含了普通法上的假冒之诉，还包括了商标法等与竞争行为密切相关的成文法。根据美国《反不正当竞争法第三次重述》，假冒之诉被规定在第 4 条："与来源相关的虚假陈述：假冒之诉。"❸ 从该重述的规定来看，美国把假冒之诉的"虚假陈述"限定在"来源"上，至于其他类型的虚假陈述，则体现在《兰哈姆法》第 43 条（a）款❹，这一规定也被称为是"联邦普通法"或者"联邦反不正当竞争的一般条款"❺。另外，美国规制反不正当竞争行为的成文法还包括 1914 年的《联邦贸易委员会法》

---

❶ WADLOW CHRISTOPHER. The Law of Passing-Off：Mainwork：Unfair Competition by Misrepresentation [M]. London：Sweet & Maxwell, 2011：2-4.

❷ MCCARTHY. McCarthy on Trademarks and Unfair Competition [M]. New York：Clark Boardman Callaghan, 2008：4-7.

❸ Restatement (3d) Unfair Competition (1995) §4.

❹《兰哈姆法》第 43 条（a）款（1）项规定：任何主体在商业活动中，在任何商品或服务或任何商品容器上商业使用任何文字、术语、名称、符号、图案或任何它们的组合或虚假来源陈述，虚假或引人误解描述事实，虚假或误导性表示事实：（A）从而可能在确认该人与他人的关系或联系上，在确认该人的商品或服务或他人的商业活动的来源、赞助人情况或许可方面，引起混淆，产生错误或发生误解；或者（B）在商业广告或促销活动中错误表示自己或他人商品、服务或商业活动的性质、特征、质量或产地来源。应在任何认为自己由此受到或可能受到的损害的主体提起民事诉讼。

❺ 孔祥俊. 论商业外观的法律保护 [J]. 人民司法, 2005 (4)：44-51.

等。值得注意的是，根据《联邦贸易委员会法》授权建立的联邦贸易委员会（FTC）。FTC 的主要职责就是保护消费者的利益，确保市场具有竞争性并高效的发展，对市场主体的活动进行调查，可以对不正当的商业活动发布命令阻止不正当竞争。从实际效果看，FTC 的存在为维护美国市场经济秩序贡献良多，使得微软、谷歌、英特尔等企业步步为营。

第二章

从工具到财产：现代商标制度的产生

一、商标财产化的社会背景

（一）工业革命与市场的崛起

在西方商业史上，中世纪的行会是在封建政治权威涣散的状况下，成为一种具有高度自主性、自律性和排他性的商业组织。这个时期的商业生产以手工业为主，产品相对单一，限售范围仅限于本地。生产者与消费者之间可以直接面对面交易，商标虽有识别作用，效果并不明显。此时的商标，表面上看是作为所有权的标记、检验标记以及追究产品责任时的证据。实质上，作为"管理标记"或者"责任标记"的商标更

多是作为政府与行会管制商业发展的工具。❶

进入19世纪,工业革命的开展彻底改变了人类的商业史。❷ 在工业革命之前,全世界的商品大都是用手工制作的。这些生产活动中,动力靠的是人力或畜力,借助于杠杆或滑轮的作用,同时还辅之以水力或风力。此后,人类对蒸汽、电、煤气以及原子内部结构有了新的认识,不断得到新动力来源。1825年,在英国人约翰·菲奇和罗伯特·富尔顿的辛勤劳动下,蒸汽机被成功运用到海上运输和陆路运输。1866年,第一台发电机由维尔纳·西门子发明出来,电报以及电话随着电力的出现而被使用。此类的技术创造,对于商业发展影响深远。

首先,行会制度日渐式微。工业革命相对于旧有的生产模式,最大的变化就是采用了新的科学技术,大大提高了生产效率和扩大了商品的生产规模。工人们被掌握资金和销售渠道的商人集中起来,在工厂中进行标准化生产,生产效率的提高和商品产量的增多相对降低了成本。此种物美价廉的商品迅速满足了市场的需求和受到消费者的喜爱。在手工业行会中,为了确保成员得到垄断优势,行会制定了:(1)控制原材料购买的规定,任何人只能在集市或市场上购买,原材料的价格由官方设定,任何人只能购买规定的数量;(2)对个体手工艺人的活动及其

---

❶ 邓宏光. 从公法到私法:我国《商标法》的应然转向——以我国《商标法》第三次修改为背景[J]. 知识产权, 2010 (3): 24-31.

❷ 工业革命发源于英格兰中部地区,是指资本主义工业化的早期历程,即资本主义生产完成了从手工业生产向机器大工业过渡的阶段。工业革命是以机器取代人力,以大规模工厂化生产取代个体手工生产的一场生产与科技革命。由于机器的发明及运用成了这个时代的标志,因此历史学家称这个时代为"机器时代"。准确界定工业革命开始的年代是很困难的,因为它是从早期的技术实践中逐步发展起来的。18世纪中叶,英国人瓦特改良蒸汽机之后,由一系列技术革命引起了从手工劳动向动力机器生产转变的重大飞跃。随后向英国乃至整个欧洲大陆传播,19世纪传至北美。参见R. R. 帕尔默,乔·克尔顿,劳埃德·克莱默. 工业革命:变革世界的引擎[M]. 苏中友,等,译. 北京:世界图书出版公司,2010:4-5.

产品数量进行严格的限制,即有多少熟练工和学徒,就只能生产多少块布料;(3)为了使得供应稳定并避免行会成员之间的竞争,商品必须在某时某地以某种方式销售,不能挑拨行会同仁的顾客,一件已经开始的工作不能交由其他人完成。❶这种落后的生产方式虽然可以保证产品的质量,但也阻碍了生产效率的提高,难以满足市场的需求和迎合消费者的爱好,越来越无法适应工业革命带来的变化。渐渐地,行会手工作坊生产的"奢侈品"被"物美价廉"的工厂商品所淘汰。行会制度也伴随着工业革命的浪潮逐渐式微,甚至消亡。

其次,运输方式的变革,为商人创造了新的市场。随着火车、轮船等运输工具的应用,让人员和货物可以在全球的市场当中随意流动。从1860年至1914年,美国加工食品的出口额从最初的3900万美元增长到2.93亿美元,增长率为7.5倍;半加工食品的出口额也从区区1300万美元上升到3.74亿美元,增长率为28.8倍;工业制成品从3600万美元增长到7.25亿美元,增长率也达到了惊人的20.1倍。❷时任美国财政部长阿尔伯特·加勒廷(Albert Gallatin)在发表的政府报告中说道,"在美国最偏远的地域,那些新修的道路和运河将缩短人们的距离,促进商业和个人的交往,人们以更加亲密的利益共同体团结起来。"❸交通运输的创新很快引发了商业行为的转型。运输成本降低使得市场变得更大,销售制成品的新内陆市场得以开辟。例如,在1818年至1878年,由纽约到利物浦的"黑球航线"在欧洲和北美洲之间形成了定期的往返。每个月都有一班船满载粮食、油料、煤等美国产品到利物浦,

---

❶ 费雷德里克·L.努斯鲍姆.现代欧洲经济制度史[M].罗礼平,秦传安,译.上海:上海财经大学出版社,2012:33.
❷ 乔纳森·休斯,路易斯·凯恩.美国经济史[M].杨宇光,吴元中,杨炯,童新耕,译.上海:人民出版社,2013:374.
❸ 斯坦利·布德尔.变化中的资本主义:美国商业发展史[M].郭军,译.北京:中信出版社,2013:63.

而从利物浦运来了纺织品、药品等。

行会的衰落和市场的扩大，商标使用从"强制"转向"自愿"，识别功能日益凸显。远在北美大陆的美国，当时从欧洲进口了许多商品，其中最受欢迎的就是质量上乘的药品。为了宣传自己代理的产品是真正的行货，美国的销售商开始不断强调商标的重要性。药剂师扎博蒂（Zabdi）提醒顾客，要想买到正宗的"Lockyer"药丸就必须认准"Lockyer"标记，到其波士顿的店里购买。他在费城的同行彼得（Peter）手上囤积了大量的著名药品，包括"Squire'Grand Elixir""Bateman's Pectoral Drops""Easton's Stiptick"等，想要购买到欧洲成药的人们必须清楚辨析出这些标记。[1] 商业的蓬勃发展，人们对商标的认识也逐步加深。在19世纪之前，商业上使用的名称和标记一直被称为"marks"，而"trade marks"或者"trade mark"一词是在商业迅速发展之后才出现的。最早在判决书中使用"trade marks"的是1838年英国的"米林顿诉福克斯案"（Millington v. Fox）[2]。法官提到，这是一个与众不同的案件，因为这里面涉及故意使用他人的商标（trade marks）或者名字。法官没有更深入地阐释商标一词，不过从前文假冒之诉的历史推知，此时有关假冒的诉讼已是司空见惯。律师们对商标案件也并不陌生。1840年的《英国律师杂志》发表了一篇名为"*Trade Marks*"的文章，该文第二年被《美国律师杂志》转载。[3] 1844年，当英国的棉纱线生产者泰勒（Taylar）在波士顿起诉假冒者时，法官和律师已经将泰勒产品上的名称"Taylor's Persian Thread"称为

---

[1] Pattishall B W. Constitutional Foundations of American Trademark Law [J]. Trademark Rep., 1988 (78): 456-475.

[2] Millington v. Fox, (1838) 3 My. & Cr. 338, 40 Eng. Rep. 956 (Ch.).

[3] STUART BANNER. American Property: A History of How, Why, and What We Own [M]. Cambridge: Harvard University Press, 2011: 29.

"trade mark"❶。

从 19 世纪中期开始,"trade mark"已经成为社会上约定俗成的称谓,商人常常在广告上将商品的名字称为"trade mark"。钢笔生产者约瑟夫(Joseph)就提醒消费者买钢笔时要留意"Mr. Gillott"的商标,注意将其产品与其他劣质的钢笔生产者相区别。药品生产者豪顿(Houghton)则让顾客们在买胃药时,认准"Houghton"商标,这是当时最有疗效的产品。不仅在广告宣传上,文学作品中也开始出现"trade mark"一词。著名作家马克·吐温在 1869 年的《傻子出国记》(*The Innocents Abroad*)中有一段精彩的描述:"一看到有个修道士拿着书笔,悠然自得地仰首望天,拼命推敲字句,我们就知道这是圣马太。一看到有个修道士坐在岩石上,悠然自得地仰首望天,身旁放着个骷髅头,身无长物,我们就知道这是圣哲罗姆。因为我们知道他身无长物,才行走如飞。一看到其他修道士悠然自得地仰首望天,可是没什么商标(trade mark),我们总要请教人家这是什么家伙。"❷ 在法律作品中,纽约的律师弗朗西斯·厄普顿(Francis Upton)在 1860 年出版的《论商标法》(*Treatise on the law of Trade Marks*)是第一本论及商标财产属性的著作。他在书中说道,"商标是财产,但是这种财产不是单词、字母、图案或符号本身。简而言之,商标只是识别商品的一种

---

❶ Taylor v. Carpenter, 23 Fed. Cas. 742, 744 (C. C. D. Mass. 1844).

❷ 原文是:When we see a monk going about with a lion and looking up into heaven, we know that that is St. Mark. When we see a monk with a book and a pen, looking tranquilly up to heaven, trying to think of a word, we know that that is St. Matthew. When we see a monk sitting on a rock, looking tranquilly up to heaven, with a human skull beside him, and without other baggage, we know that that is St. Jerome. Because we know that he always went flying light in the matter of baggage. When we see other monks looking tranquilly up to heaven, but having no trade—mark, we always ask who those parties are. We do this because we humbly wish to learn. See MARK TWAIN. The Innocents Abroad [M]. Hartford:American Publishing, 1869:238. 中文版参考马克·吐温. 傻子出国记 [M]. 陈良延,徐汝椿,译. 北京:人民文学出版社, 1985:197.

方式。这种财产权不能独立于其所标识的商品或脱离其实际使用而存在。"❶ 弗朗西斯·厄普顿对商标财产属性的描述，与同时代普通法法官的认知有异曲同工之妙。

(二) 消费者时代的到来

自19世纪中业之后，欧洲各国以中产阶级为政治、经济、文化主干的社会形态便大致形成。❷ 在经济上，中产阶级累积起庞大的财富，除了衣食温饱之外，资本主义体系为了刺激消费，将所谓的"身外之物"都赋予象征地位、阶级、品位等附加价值，以挑动富人无止境的渴望与追求。例如，以豪华的居家排场来炫耀财富，是这一时期欧洲中产阶级的共同生活信条。从家中陈设摆置、休闲活动行程乃至于社交生活的经营，都是他们对人们展示财富、地位与品味的主要舞台。社会不仅变得越来越富裕，而且也开始呈现出资本主义组织的典型特征。"它正在变得机械化，在那种经济关系中人身接触意义上，那一种一手交钱、一手交货的交易，雇主与工人的家庭关系以及家庭联合，正在被非人格化的市场所取代。高度组织化的市场是一台机器，决定着商人的价格、劳动者的工资、发明者的回报，而不考虑他们的需求或他们的应得，既

---

❶ 原文是：A trade mark is a property, not in the words, letters, designs or symbols, as thing——as signs of thought——as productions of mind, but, simply and solely, as a means of designating things. this property has no existence apart from the thing designated or separable from its actual use. See STUART BANNER. American Property：A History of How, Why, and What We Own [M]. Cambridge：Harvard University Press, 2011：32.

❷ 中产阶级（或中产阶层），是指人们低层次的"生理需求和安全需求"得到满足，且中等层次的"感情需求和尊重需求"也得到了较好满足，但不到追求高层次的"自我实现需求"的阶级（或阶层）；由于家庭是社会的细胞，且大部分人的财富是以家庭为单元拥有的，所以中产阶级主要由"中产家庭"组成。有关西方中产阶级的研究可参见沈瑞英．矛盾与变量：西方中产阶级与社会稳定研究 [M]. 北京：经济管理出版社, 2009.

没有歧视,也没有偏袒。"❶ 根据统计,1851—1914 年,英国国民收入从 5.5 亿英镑增长到 20 亿英镑;人均收入则从 20 英镑增长到了 50 英镑。值得注意的是,在 1860—1874 年,英国工人工资的增长幅度接近一倍。❷ 到了 19 世纪 80 年代,购物、度假开始成为人们的生活习惯。伴随新兴社会阶层财富的增加,使得他们成了那些追随其足迹走遍全世界的商人的热心顾客。为了迎合消费者们的喜好,商人必须在制造方式和营销手段上进行革新。

产品的差异化,是商人们进行商业革新的第一步。所谓的产品差异化,是指同一产业内不同企业的同类产品由于质量、性能、式样、销售服务、信息提供和消费者偏好等方面存在的差异导致的产品间替代关系不完全性的状况,或者说是特定企业的产品具有独特的可以与同行业其他企业产品相区别的特点。❸ 19 世纪以来,技术的革新允许商人为消费者生产更多、更好的商品。在英国,棉纺织工业中每家工厂的纺锭数在 1850—1878 年增长了大约一半,法国北部的棉纺织企业平均纺锭数则增长了大约一倍;而普鲁士棉纺织企业平均纺锭数则在 1837—1861 年增长了 7 倍。与此同时,英国棉纺织品的消费从 1819—1821 年的平均 3560 万磅增加到 1844—1866 年的 14960 万磅。❹ 商品产量的增加和消费者需求的增长,市场上的同质化竞争愈趋激烈。以美国服装业为例,汉密尔顿在《关于制造业的报告(1791)》中提到,五分之四的美国

---

❶ 费雷德里克·L. 努斯鲍姆. 现代欧洲经济制度史 [M]. 罗礼平,秦传安,译. 上海:上海财经大学出版社,2012:174.

❷ KENNETH O. MORGAN. The Oxford Illustrated History of Britain [M]. Oxford: Oxford University Press, 1984:481.

❸ 张占东. 企业竞争中的产品差异化战略研究 [J]. 经济经纬, 2003 (3):51-53.

❹ H. J. 哈巴库克, M. M. 波斯坦. 欧洲剑桥经济史(第六卷)[M]. 王春法,张伟,赵海波,译. 北京:经济科学出版社,2002:431-440.

人穿的衣服都是自己家里做的，只有有钱的人才雇得起裁缝。❶而从19世纪开始，缝纫机开始应用在服装的工厂化生产中。缝纫机彻底改变了衣着的社会意义："缝纫机成了一种手段，使勤劳的劳动者穿的和任何百万富翁所必须穿的一样讲究，而青年女工也得以充分满足了她们爱打扮的女人天性。"❷1832年，美国只有一家男士衬衫厂。从1860年到1870年，衬衫的厂家越来越多，产量几乎增加了两倍。同类型产品的增多，迫使商家们利用自身的优势与消费者的特殊偏好，使他们的商品能与他人的相区别，使用一个醒目的商标便是产品差异化的最好途径。

"Levi's"商标的使用是产品差异化成功的典范。19世纪50年代，美国加利福尼亚地区的淘金潮吸引了来自美国各地和世界各地的移民工人。这些移民工人穿着的大都是肥大棉衣和宽松下垂的大裤子，活动不便之余还经常磨破。来自德国的商人李维·斯特劳斯（Levi Strauss）看到工人们的不便后，将随身携带的原本用来制作帐幕的帆布裁成了低腰、直腿、臀围紧小的牛仔裤出售，结果大受欢迎。眼见销售理想，李维·斯特劳斯便迅速成立了服装公司，主力生产牛仔裤。随着牛仔裤商机的开拓，生产同样款式的商家逐渐增多。李维·斯特劳斯为了让消费者能够清晰辨认其所生产的才是耐用、正宗的牛仔裤，在裤子的后面标上"双马商标"。同时，"Levi's"牛仔裤后来也改良为双弧形缝法，这种独树一帜的创作同时被注册为商标。到了今天，"Levi's"仍在使用着这两个商标，其所生产的牛仔裤已经成为进取、率性、自由的美式文化的象征，"Levi's"也成为全球最大的服饰公司之一。

广告手段的使用，是商人进行商业革新的第二步。在19世纪之前，

---

❶ 丹尼尔·J.布尔斯廷.美国人：民主的历程[M].谢延光，译.上海：译文出版社，1997：141.

❷ 丹尼尔·J.布尔斯廷.美国人：民主的历程[M].谢延光，译.上海：译文出版社，1997：141.

商人已经开始利用广告作为销售手段,但是囿于传播技术落后,并且在有限的地域范围与销售人群之中,广告并无多大的用武之地。在市场的扩展与产品差异化的情势下,如何革新销售手段以保持消费者对品牌的忠诚,成为商人的头等大事。从这个角度而言,广告成为一种技巧、一种职业。

首先,广告是一种技巧。广告不仅是一种推销术,它更是对消费者的一种保险形式。❶ 工业革命带来的新技术使得报纸、杂志等广告载体大批量印刷发行,这些平面媒体的营利来源很大部分来自于广告主的投入。与传统的面对面商店销售模式相比,全国性媒体的广告受众是社会群众,面临的困难是如何通过广告在公众当中达成共识,说服其购买。而且,受限于报纸、杂志的版面,广告主必须绞尽脑汁思考出简短明了的语言去引起消费者的注意。其中,在有限版面中使用短语或口号,再辅之以自家的商标,成为广告主们的首选。1882 年,在一份名为《独立》的杂志上,象牙肥皂公司是这么设置版面的:在其商标图案下,配之一句标语"象牙香皂,是会浮起来,不会丢失在桶里的香皂。"1892 年,可口可乐公司在报纸上的广告是:"理想的大脑补品,令人爱不释口的冬夏皆宜的饮料",最后再附上自己的商标。除了是推销手段以外,广告实际上还是消费者的一种保险形式。商人运用广告宣传的目的,就是创立消费社团,培养消费者对其品牌的忠诚度。在广告中不断强调的商标,成为商家与消费者之间的纽带,传递给消费者各种商品的信息。消费者在买何种肥皂、抽某种香烟,或者穿某个品牌的衣服,就会发现他并非是独自行事。广告宣传规模越大,传播越广,效果越好。这种行为的本身就是对商品的社会认同感的培养,一个人会错,那么一百万

---

❶ 丹尼尔・J. 布尔斯廷. 美国人:民主的历程 [M]. 谢延光,译. 上海:译文出版社,1997:214-216.

人买,想必错不到哪里去吧?[1]

其次,广告成为一种职业。通过广告宣传商品,培养消费者对商品的忠诚无疑是相当重要的。但是,消费者的心理是难以捉摸,也是喜新厌旧的。如何更多地引起他们的注意?更好的创建品牌?这时候,广告公司应运而生。1860 年开始,广告公司在美国相继开办。其中较为突出者是弗朗西斯·W. 艾尔 1869 年在费城开设的艾尔父子广告公司[2]。与以往的报纸版面代理公司不同,艾尔父子广告公司的经营重点从单纯的推销报纸版面,转向为客户提供更加贴身、专业的服务。艾尔父子公司的客户包括海尔斯·鲁特、比尔公司、蒙哥马利·沃德欧诺公司、普罗克特和甘布尔肥皂公司。其最为经典的案例,当数尤妮达(Uneeda)饼干公司的广告。在尤妮达饼干的年代,美国的零食品种单一沉闷,只有硬面包、冷水饼干、黄油饼干等装在饼干桶里卖。在艾尔父子公司的建议下,尤妮达饼干一改过去的传统,设计了通俗、有趣的商标,并且将饼干进行独立小包装,使它们保持新鲜之余又避免了饼干桶的尴尬。随后,艾尔父子公司通过全国的报纸、杂志、有轨电车上的广告,不断突出尤妮达色彩鲜明的商标,使得尤妮达迅速跻身为美国最为知名的饼干。在专业化广告公司兴起之后,商人对广告的投入也呈现惊人地增加。1867 年,全国广告经费共计不过 5000 万美元左右,到了 1900 年,增长到 5 亿美元。[3]

---

[1] 文春英. 外国广告发展史 [M]. 北京:中国传媒大学出版社,2006:163.
[2] 艾尔父子广告公司实行"公开合同制",规定广告代理店为广告客户和广告媒介提供服务,其代价是将真实的版面价格乘以一定的比率作为佣金,还进一步将广告代理佣金固定为 15%。这一制度于 1917 年在美国得到正式确认,并一直沿用至今成为国际惯例。广告历史学家称艾尔父子广告公司为"现代广告公司的先驱"。参见周环宇. 美国二十世纪广告战 [J]. 国际广告,2000 (1):26-38.
[3] 乔纳森·休斯,路易斯·凯恩. 美国经济史 [M]. 杨宇光,吴元中,杨炯,童新耕,译. 上海:人民出版社,2013:555.

（三）商人的政治话语权

在西方民主社会中，商人与政治的关系极为微妙。商人渴望拥有一个强有力的中央政府，保护他们的财产与安全。政府需要赢得商人的信任，以获得他们的金钱支持，并对其征税。19世纪民主统一国家相继建立，立足于封建社会的身份地位的财富分配制度，让步给了"自愿交换"和"个人自利"的市场制度。对此，政治哲学家麦克弗森指出：商品化社会"明显在以客观市场秩序取代等级秩序，市场不再需要为不同等级的人设定不平等的权利。"❶ 在这个大背景下，商业发展迎来了美好的时机，财富越来越集中在商人利益集团的手里。1862年，一名23岁的克利夫兰市商人，向石油这个新兴产业投资了2500美元。在熟人圈中，他以自控力强大、精明能干著称，这个人就是约翰·D. 洛克菲勒。4年后，洛克菲勒标准石油公司在俄亥俄州建立，此后依靠公司的扩张，洛克菲勒成为地球上第一个亿万富翁。在民主统一国家和财富快速增加之后，商人利益集团谋求对政府决策的更大影响，他们希望政府不仅要保障他们已有的财富，还需制定符合他们长远发展的政策与法律。

扶植代理人，是商人利益集团影响政府决策的手段。从西方民主选举制度的历史观之，其实质上是商业利益集团的较量❷。民主党与共和党是美国轮流执政的两大政党，民主党的历史可以追溯到1792年托马斯·杰斐逊所建的民主共和党；共和党创立于1854年，亚拉伯罕·林肯总统就是出身于共和党。无论是民主党还是共和党，它们的经费都主

---

❶ C. B. MACPHERSON. The life and times of liberal democracy [M]. Oxford: Oxford University Press, 1977: 35.

❷ 李寿祺. 利益集团参政——美国利益集团与政府的关系 [J]. 美国研究, 1989 (4): 28-41.

要来源于政治献金。政治献金依靠富裕的商人利益集团提供。❶商人利益集团虽然不能随意指定参与选举的国会议员或者总统,但从两党最初的提名到最后的选举,候选人之间都要进行激烈的竞争,投入大量的资金以开展竞选活动。难以想象,候选人可以在没有商人集团的支援下击败竞争对手。例如,林肯总统最忠诚的政治盟友就是洛克菲勒家族。当然,商人利益集团并不会将鸡蛋都放在一个篮子,强势的利益集团除了能左右总统大选的走向外,国会议员、州长竞选都是其扶植政治代理人的可操作路径。

亲身参与,是商人利益集团寻求政治主导权的手段。亲身参与到政府的决策过程或直接参加竞选取得政治话语权,是商人利益集团影响政府决策的又一手段。亲身参与分为两种:第一,游说。商人通过私人交情、政治利益的交换或施压等方式,同时利用自己对本行业的情报分析以及对政治事务的敏感性,让政府决策者能够认同其利益诉求,制定出符合其长远发展的政策和法律。第二,商而优则仕。政客们贪婪的胃口与翻脸不认人的脾性,常常让躲在幕后的商人利益集团感到十分的头痛。为了避免此种状况发生,许多商人亲身参与竞选,利用自己的财力和人脉上台,直接掌控国家的政治权力❷。

在商标法史上,我们随处可以看到商人利益集团对政府决策的影响。美国的第一部商标法制定于 1870 年,但在之前的 70 年间,不断有商人团体对国会进行游说。最早的游说起始于 1791 年。塞缪尔·布雷克(Samuel Breck)是波士顿的一家帆布制造商,他的工厂拥有员工

---

❶ 统计数据显示,美国迄今政治捐款者向来不超过美国人口总数的 4%。典型的捐款者是律师、银行家、医生、公司主管等,而不是平常百姓。参见陶文昭.政治献金:选举成本与民主原则的困局[J].江海学刊,2010(2):110-115.

❷ 英国《经济学家》杂志研究了"国际名人录"中近 5000 位政治家的职业背景,得出结论:商人背景的政治家居第二位,仅次于律师。参见陈向阳.各国领导人从政前都在干啥[J].党政干部文摘,2009(7):35-36.

250人，纺织机30架，每周可以生产45—50件帆布。在航海业崛起的18世纪，帆布是制作船帆的主要材料。当时，美国的帆布业面临着来自俄罗斯帝国帆布的竞争，进口的帆布不仅质量不差且价格更加便宜。为保护本国帆布商人的利益，美国政府对商人进行生产补贴，这项政策持续到1791年9月。以塞缪尔·布雷克为首的波士顿帆布商在补贴政策截止之际，致函当时的国务卿托马斯·杰斐逊，要求国家延长对该行业的补贴政策之余，请求政府立法允许他们可以使用一种专有的标记，以区分本地产品与外地产品。同年的9月9日，托马斯·杰斐逊回函支持商人的请求：

> 就我看来，为了保证每个厂家在生产过程的尽职义务，一种对标记的排他性权利，是合适的。
>
> 因此，对于中央政府而言，总体来说是合理的，即针对这种情况下通过（商标）法律，并且仅适用于与外国、州际以及印度部落贸易进行规范。❶

在英国，商人对商标立法的诉求是以商会的名义提出。商会（Chambers of Commerce），与传统的行会不同，实质上是商业业务合作的一种形式。商会由同行业的商人组成，其宗旨就是为成员提供一个协商的平台，协调同行的利益以及维护会员的合法权益。❷ 英国商会制度发轫于19世纪中期，伯明翰和谢菲尔德商会是当时影响力最大的商会。

---

❶ 原文是：That it would, in my opinion, contribute to fidelity in the execution of manufacturing, to secure every manufactory, an exclusive right to some mark on its ware, proper to itself. That it will, therefore, be reasonable for the general government to provide in this behalf by law for those cases of manufacture generally, and those only which relate to commerce with foreign nations, and among the several States, and with Indian tribes. See HAMILTON. Report on Manufactures [J]. 1791 (5).

❷ 朱英. 近代中国商会选举制度之再考察——以清末民初的上海商会为例 [J]. 中国社会科学, 2007 (1): 192-204.

1858年，伯明翰商会向政府进行游说：认可商标作为财产的地位，加强立法打击假冒行为。❶ 1862年，谢菲尔德商会向英国下议院提交了一份商标法议案，主题是：将注册商标视为个人财产，允许商标在财产法规则下进行转让。❷ 接收议案后，有感于问题的迫切性，下议院认为需要成立特别委员会进行深入探讨。❸ 特别委员会由官员、律师、商人和其他利益集团代表组成。本来调查的主题应该是"商标是否是一种财产"，在讨论的过程中，"商标能否转让"却成了代表们争议的焦点。大多数与会代表认为，如果将商标视为财产对待的话，潜在的后果就是商标具有可转让性，而这种可转让性将会对社会大众造成重大的影响。当时，"欺诈"仍然是普通法上对商标假冒案件的审理标准。假若将商标视为财产，并且允许其转让的话，将会助长欺诈行为的产生。举例而言，某消费者是甲商人的忠实客户，在平时购物中依靠甲商人的商标识别货物的来源。当甲商人将商标转让给乙商人后，消费者仍然通过原来的商标对货物进行购买。而后，消费者发现货物的质量与之前不一样的时候，不仅会感到失望，同时也受到了欺诈。

在发言中，伦敦的服装商人代表约翰·狄龙（John Dillon）认为，

---

❶ Lionel Bently. From Communication to Thing: Historical Aspects of the Conceptualisation of Trade Marks as Property [M] // DINWOODIE, GRAEME B., MARK D. JANIS, eds. Trademark law and theory: a handbook of contemporary research. Edward Elgar Publishing, 2008: 3-41.

❷ 本部分1862年谢菲尔德商会议案的探讨参见Lionel Bently. From Communication to Thing: Historical Aspects of the Conceptualisation of Trade Marks as Property [M] // DINWOODIE, GRAEME B., MARK D. JANIS, eds. Trademark law and theory: a handbook of contemporary research. Edward Elgar Publishing, 2008: 3-41.

❸ 特别委员会（Select Committee），英国议会两院皆可任命特别委员会对提交给它们的任何事项进行调查和提出建议。任命特别委员会的议院规定其职权范围，该委员会对任命的议院负责。特别委员会通常依政府督导员的动议而设立，由议院选出的成员组成——该委员会是党派在议会中势力的全面反映。特别委员会被授予进行调查的必要权力，通常有传唤证人、调阅官方文件和档案的权力，但无执行权。特别委员会有三种：一种是会议委员会，由议会每届会议决定或根据某一议事规则任命；一种是于法案在全院委员会审议之前，不送交常设委员会，而可以将其提交给一特别委员会；还有一种是可以任何特定的调查而委派的特别委员会。

商标意味着"一种特殊的事实,那就是商品产自某地之某个人或某个公司,(如果允许商标可以转让)那就等于毁了这个商标,(这种行为)无异于士兵将他的徽章进行贩卖。"❶ 作为一种对商品来源的指示,商标对于消费者而言,还承担了一定的质量保证功能。如果允许商标在商家之间随意转让的话,无疑会割裂商标与消费者之间的联系。对此,律师约瑟夫·斯格特·史密斯(Joseph Travers Smith)认为,"商标的转让,可能会造成难以估量的危险:商标失去了对来源的指示功能。我不认为任何转让都会导致这种情况的发生,只是,如果将商标作为一种个人财产的话,无疑会为这种危险发生埋下隐患。"❷ 也有代表赞同谢菲尔德商会的提议,他们的理由在于,就算不允许商标转让,欺诈行为仍不会消亡。这种观点在当时以"欺诈"为侵权基础的主流思想下难以得到认同。基于上述考虑,特别委员会否决了谢菲尔德商会的议案。不过,基于商人们对商标保护的迫切愿望,特别委员会建议政府制定严厉的刑事法规打击商业欺诈,特别是假冒商标行为,也就是1862年的《商品标记法》(Merchandize Marks Bill)。

二、商标财产化的理论支撑

(一) 从布莱克斯通到霍菲尔德

什么是财产权?理清这个看似简单的问题,是我们认识十九世纪以

---

❶ 原文是:A mark implied a certain fact, that it is an established manufacture by a certain man or firm, at a certain place. If you alter the place or the person, that destroys the mark. I have heard of people attempting to sell their trade marks, but I should as soon think of a soldier selling his medal.

❷ 原文是:Transferability might be productive of very considerable danger because the trade mark ceases to be any guarantee of origin. I do not say that in every case it must be so; but that if a trade mark were made personal property, it would be open to serious risk.

来商标财产化进程的前提。工业革命开展的早期，甚至是更早的时候，人类改造自然、创造财富的能力远远不能与后世相比。人们生活的主题是，尽力去获取更多的物质产品以维持基本的生存需要。这时期的"财产"主要指的是土地、房屋、劳动工具等"物"。在此基础上，罗马人以"物"作为客体的范畴，设计出了以所有权形式为核心的"物法"体系。据学者考证，罗马法上的物是以实体性为要件，仅指可感知的有形物。"物，在具体的和特定的意义上（即与物权相联系），是指外部世界的某一有限部分，它在社会意识中是孤立的并被视为一个自在的经济客体。罗马法物权的标的只能是这种意义上的物，即实体的物。"❶ 受罗马法思潮的影响，在十九世纪之前的西方财产观念中，财产权被定义为对"物"的支配。

　　18世纪中期，英国法学家威廉·布莱克斯通在《英国法释义》中写道，"财产权，一个人对外部世界的物所主张并行使的完全排除宇宙中任何他人的独一无二的、专有的控制权，没有什么东西能像它一样如此广泛地激发人类的思想，引起人们的喜爱。"❷ 从中可以看出，布莱克斯通将财产视为对"物"的绝对控制。而且，在布莱克斯通生活的年代，财产还仅仅局限在"有体物"当中，有体物之外的财产，或许还未出现，或者已经出现了，但还未得到法学家们应有的重视。无可否认的事实是，从18世纪下半叶至19世纪上半叶，布莱克斯通思想在英美法学界的受欢迎程度是无与伦比的。当时，不仅律师手中几乎人手一本《英国法释义》，律师考试的试卷中都常常出现有关布莱克斯通理论

---

❶ 吴汉东.财产权客体制度论——以无形财产权客体为主要研究对象［J］.法商研究，2000（4）：23-30.

❷ 约翰·E.克里贝特，科温·W.约翰逊，罗杰·W.芬德利.财产法：案例与材料［M］.7版.齐东祥，陈刚，译.北京：中国政法大学出版社，2003：3.

的考题，甚至法官还常常援引布莱克斯通的观点进行判决。❶ 可以说，在那个时代，布莱克斯通的思想成为财产法的"圣经"，"法院宣称保护对物的所有。如果所拥有的不是有形的物，而是无形的或是对行动的选择权，那么就模拟出未来所拥有的物。"❷ 这种做法所导致的直接后果就是，在人们当中产生一种认知，即物的性质决定了财产的概念，而且把"物"当作财产权的对象的话，就可以很容易的推导出物的所有人对该"物"享有合法的控制权。

19世纪以来，工业革命蓬勃开展致生产力急速提高，越来越多无形的东西进入到人们的生活之中，人们开始从"物"的束缚中解放出来。法官在层出不穷的案件中感知到，财产并不仅仅只是"物"，商誉、商业秘密等新型财产受到保护的缘由在于它们的"价值"。而且，在很多情况下，物的所有者之支配权不是绝对的，需要一定的限制。例如，在商标案件中，虽然商标使用人已经进行了大量的投资，但他的使用并不能绝对的排除他人对该商标的"无害使用"，法院只能通过限制受害者的范围来约束商标财产的保护。❸ 显然，布莱克斯通的理论已经不能令人信服了。

---

❶ 根据丹尼尔·布尔斯廷的说法，布莱克斯通之所以影响巨大，是因为他呈现了一幅和谐而系统的英国法图像。用一位批评者的话说，布莱克斯通发明了一台驱除魔鬼的机器。新大陆的建国者们一度希望采用法国式的罗马法体系，因为他们不愿继承任何来自宗主国的遗风。但是当他们发现只有普通法才是梳理他们现实生活、帮助他们解决纠纷、建立法律体系的最佳答案时，他们不得不寻求普通法"美国化"的道路。这时，他们发现布莱克斯通和他的《英国法释义》提供了最为精确（甚至是通俗）的答案。参见林海. 布莱克斯通：将英国法带入新大陆的人 [N]. 检察日报，2013-06-04（3）.

❷ Kenneth. J. Vandevelde. New Property of the Nineteenth Century: The Development of the Modern Concept of Property [J]. The. Buff. L. Rev., 1980 (29): 325-350. 中译版参见肯尼斯·万德威尔德. 十九世纪的新财产：现代财产概念的发展 [J]. 王战强，译. 经济社会体制比较，1995 (1): 35-40.

❸ Kenneth. J. Vandevelde. New Property of the Nineteenth Century: The Development of the Modern Concept of Property [J]. The. Buff. L. Rev., 1980 (29): 325-350.

杰里米·边沁首先对布莱克斯通财产理论提出批评。在他的《道德与立法原则导论》中写道，"财产只不过是期望的基础；从一个我们被认为占有的物中，作为我们和它的关系的结果，而获得一定好处的期望。没有形象、图画、可见的特征可以表达构成财产的关系。它是抽象的，而非物质的；它只不过是思想的产物。"❶ 边沁的这一定义，直接打破了布莱克斯通关于财产权与物的直接对应关系，把财产权变成了基于物而产生的人与人之间的法律关系。❷ 边沁的思想得到同时代许多法官的回应，在判案中越来越倾向把商标、商业秘密等作为有价值的财产进行保护，致使任何的利益价值都有可能得到保护。

到了 20 世纪初，美国法理学家霍菲尔德（W. N. Hohfeld）对边沁以及 19 世纪中叶以来法院的判决进行系统阐释，并提出了一种新的财产权概念：财产是人们之间的一组法律关系。即，财产是一个人与一个人之间的权利关系（即单层关系），或者是一个人与多个人之间的权利关系（多层关系）。❸ 并且，财产也不再是绝对的，需要受到一定的限制，此种限制视具体的情况而定。霍菲尔德的观点体现在 1913 年和 1917 年发表的两篇文章中。❹ 在文章中，霍菲尔德首先强调，法学家们过去将所有法律关系都简化为权利和义务的关系的理论，造成了法律用语的匮乏与混乱。为了澄清法律概念的本质，霍菲尔德提出，所有基本法律关系应该是原生的，而且只能是两个法律主体之间的关系。他通过一个相反关系（Jural Opposite）和相关关系（Jural Correlatives）的对

---

❶ 约翰·E. 克里贝特，科温·W. 约翰逊，罗杰·W. 芬德利. 财产法：案例与材料［M］. 7 版. 齐东祥，陈刚，译. 北京：中国政法大学出版社，2003：5.

❷ 徐国栋. 边沁的法典编纂思想与实践——以其《民法典原理》为中心［J］. 浙江社会科学，2009（1）：38-45.

❸ 彼得·德霍斯. 知识财产法哲学［M］. 周林，译. 北京：商务印书馆，2008：14.

❹ W. N. Hohfeld. Some Fundament at Legal Conceptions as Applied in Judicial Reasoning［J］. Yale Law Journal，1913（16）. W. N. Hohfeld. Some Fundament at Legal Conceptions as Applied in Judicial Reasoning［J］. Yale Law Journal，1917（26）.

比,展示了他所提炼出的基本法律概念和法律关系,并认为此种基本法律概念和关系是其他所有的法律概念和关系的最小公分母。❶ 美国学者肯尼斯·万德威尔德(Kenneth. J. Vandevelde)对此表示赞赏,并认为霍菲尔德的权利分析方法可以清晰地揭示出财产概念:第一,实体"物"的存在不是必要的,法律关系本质上是人与人之间的关系;第二,所有权人对财产的支配并不是绝对的与固定不变的,财产权是由一系列的法律关系而非某种单一、稳定的关系所构成的❷。霍菲尔德的论述不仅化解了19世纪以来法院在面临无形财产价值判断的尴尬,而且大大拓宽了英美学者对认识财产的视野。

沿着霍菲尔德的路径,美国经济学家欧文·费雪对财产权的诠释更具现代意义。他认为,财产权是一种享受成本投入后所得之财富收益的自由或准许,财产权本身并不是一个实体的物或是事件,而是一种抽象的社会关系❸。换句话说,财产权并不是任何物的关系,而是人与人之间的关系。在与世隔绝的世界,比如说,鲁滨孙漂流的世界里是不会产生财产权问题的,因为不存在任何的人与人的关系。欧文·费雪也强调,完整的财产权包括对财产的使用、收益及处分的权利,即财产所有人可以自行决定财产的使用方式,拥有对该财产未来所产生之收益,并

---

❶ 霍菲尔德认为,"权利"一词包含四个方面的意思,即"要求"(right or claim)、"自由"(liberty or privilege)、"权力"(power)和"豁免"(immunity)。权利是与义务相对应的,若无相应的义务,便谈不上享有权利。霍菲尔德还找出了同以上四类享有权利的情形相对应的承担义务的四种情形,第一,与"要求"相对应的义务是"职责"(duty)。第二,与"自由"的权利相对应的义务是"无权利"(no-rights)。第三,与"权力"的权利相对应的义务是"责任"(liability)。第四,与"豁免"的权利相对应的义务是"无权能"(disability)。参见王涌. 寻找法律概念的最小公分母——霍菲尔德概念分析思想的研究 [J]. 比较法研究,1998(2):151-165.

❷ Kenneth. J. Vandevelde. New Property of the Nineteenth Century: The Development of the Modern Concept of Property [J]. The. Buff. L. Rev., 1980(29):325-350.

❸ FISHER IRVING, EUGENE LYMAN FISK. How to live: rules for healthful living based on modern science [M]. New York: Funk and Wagnalls Company, 1919:26-27.

且可以将财产转让给其他人。

从布莱克斯通到霍菲尔德对财产认识的转变，我们应当牢记：所谓商标的财产权是指，在商标之上设立财产权，并在民事主体之间设定的一系列法律关系。历经一百多年的财产化进程后，现代商标权已经符合经济学家对于"完整财产权"的定义。首先，使用权能。商标权人可以对注册商标在特定类别的商品上使用，而"使用"的形式包括：将商标用于商品、商品包装、广告以及其他展览活动❶。同时，商标权并非绝对的，一般而言，注册商标权人只可以禁止他人在相同或类似商品上使用相同或近似商标。其次，收益权能。商标权人可以通过自己使用商标获取利益，也可以通过授权他人使用收取费用。最后，处分权能。商标权人可以按照自己的意志处置自己的商标，包括转让、许可等。传统上基于消费者利益考量，各国对于商标的转让进行一定程度上限制，但随着商标财产化的进程，这种限制正在不断的松动❷。

(二) 洛克理论的指引：使用创造财产

每一种财产权的诞生，都意味着创设了新的社会关系。在财产权诞生之初，为了证明该权利的合理性，学者和法官们往往会先求助于哲学，希望藉由哲学对该事物本质的诠释，以支持政府对该事物的定性，商标权亦不能例外。19世纪以来，工业革命带动了生产力的提高，人们在满足了生存的基本需求后，获取更多的财富就成了个人努力的首要目标。此时，洛克的思想为那个时代的致富热情提供了理论工具。哈密尔顿（Hamilton）教授说道，"新大陆的开发、工业制度的建立，使人

---

❶ 我国《商标法》(2013) 第56条规定："注册商标的专用权，以核准注册的商标和核定使用的商品为限。"

❷ 英国、美国等普通法院基于消费者混淆理论，传统上明确限制商标单独转让或者将商标许可他人使用却不履行质量监控义务。但是，随着商人的努力，此类规则在司法实践中不断松动。详见下文的论述。

人都有发财致富、成为有产者的希望,而这一希望是永存不灭的;洛克的个人自然财产权理论和劳动价值与政府理论在美国就成了个人"自由与财产的福音"。❶ 洛克在1689—1690年写成的两篇《政府论》(*Two Treatises on Government*)中,主张人民拥有生命、自由和财产的自然权利,政府只有在取得被统治者的同意,并且保障人民拥有生命、自由和财产的自然权利时,其统治才有正当性。洛克定义的财产是以拉丁文"proprius"表示,代表了一个人所拥有的东西(包括了他自己)。因此,洛克理论中的"财产"包括了生命、自由和财产的权利。至于,如何从自然或神赋予所有人的共有财产中转化为私有财产,洛克主张:

> 土地和一切低等动物为一切人所共有,但是每人对他自己的人身享有一种所有权,除他以外任何人都没有这种权利。他的身体所从事的劳动和他的双手所进行的工作,我们可以说,是正当地属于他的。所以只要他使任何东西脱离自然所提供的和那个东西所处的状态,他就已经掺进他的劳动,在这上面掺加他自己所有的某些东西,因而使它成为他的财产。既然是由他来使这件东西脱离自然所安排给它的一般状态,那么在这上面就由他的劳动加上了一些东西,从而排斥了其他人的共同权利。因为,既然劳动是劳动者无可争议的所有物,那么对于这一有所增益的东西,除他以外就没有人能够享有权利,至少在还留有足够的同样好的东西给其他人所共有的情况下,事情就是如此。❷

洛克的言下之意就是,人可以通过劳动将神所赋予的物资转换成有价值的财产,即把共有财产通过劳动化为私有。当然,这样取得私有财

---

❶ Hamilton W H. Property: According to Locke [J]. The Yale Law Journal, 1932, 41 (6): 864-880.

❷ 洛克. 政府论:下篇 [M]. 叶启芳,等,译. 北京:商务印书馆,1964:19.

产具有两个限制条件：第一，足够条件（sufficiency proviso）。意思是，只有那些在个人以劳动将共有财产中的物品变成私人的财产后，仍可以在共有财产中留下足量且等质的物品给其他人的物品才能称为私人财产的客体。这个限制条件是为了维护社会的公平，在这个前提下，人们只要愿意劳动，永远都还有足够的物品能成为私人财产，不至于发生人们即使劳动了也无法获得财产的情形。第二，禁止浪费条件（non-waste proviso），禁止某人因为过多的财产导致某些资源未被使用即损毁了。❶ 洛克认为，上帝创造万物就是要给人类享有的，谁能在物品毁坏之前尽量利用它，谁就能以劳动与之混合而成为他的财产。不过，这也是有限度的，如果造成东西的毁坏与浪费，这些物品就不能成为他的财产。

"劳动"是洛克财产理论的核心概念，也是使用频率最高的词汇。"劳动使它们同公共的东西有所区别，劳动在万物之母的自然已完成的作业上面加上一些东西，这样它们就成为他的私有的权利了。"❷ 因此，"我的马所吃的草、我的仆人所割的草皮以及我在同他人共同享有开采权的地方挖掘的矿石，都成为我的财产，无须任何人的让与或同意。我的劳动使它们脱离了原来所处的共同状态，确定了我对它们的财产权。"❸ 从上述的描写中，洛克的"劳动"指的是一种付出时间、精力及体力的劳动。对这种"劳动"，休斯（Hughes）教授认为应该细分成两种：第一，从事他人"想避免的劳动"（avoidance view of labor）。第二，从事"价值增加的劳动"（value added labor）。后者相对容易理解，对于前者而言，休斯教授假设对于劳动者而言，劳动并非是一件开心、愉快的事情，劳动的过程是很辛苦的。所以，劳动者在辛勤获得成果之

---

❶ Justin Hughes. Locke's 1694 Memorandum and More Incomplete Copyright Historiographies [J]. Cardozo Arts & Ent. LJ., 2009 (27): 555-580.
❷ 洛克. 政府论：下篇 [M]. 叶启芳，等，译. 北京：商务印书馆，1964: 19.
❸ 洛克. 政府论：下篇 [M]. 叶启芳，等，译. 北京：商务印书馆，1964: 20.

后，理应得到财产权的保护。不过，洛克虽然强调劳动获得财产，基于时代的局限，他并未提出无形财产也可以通过劳动获得。甚至，洛克本人是大力反对授予出版商著作权的。他主张任何人都享有出版自由，出版自由能够使得人们获得更便宜、更好的书籍❶。

不过，通过法官与学者对洛克劳动理论的重新解读，洛克的劳动理论已经成为如今讨论知识产权正当性基础的理论图腾。休斯教授甚至直言，将洛克的劳动理论应用于知识产权领域，根本就是"直接且直觉的诉求"（the Lockean explanation of intellectual property has immediate, intuitive appeal）❷。还有的学者认为，知识产权是人类体力和脑力劳动的产物，根据洛克的逻辑，既然知识产权是劳动的产物，而每个人拥有其自身为财产，劳动是人自身的外在延伸。所以，当然应对知识产物享有同等的财产权利。以劳动获取财产的论点在知识产权领域甚至比在有形财产领域更有利❸。1769年，"米勒诉泰勒案"（Millar v. Taylor）被认为是英国法院第一次运用洛克理论审理的知识产权案件❹。原告于1729年购买了《季节》（The Seasons）的版权并在书商公会进行了登记。本来依照《安妮法》，到1767年该书的版权已经过期。但是原告无法容忍被告印刷此书，因此将被告诉至法庭。本案的诉讼焦点有：其一，作者在书籍出版后是否仍然享有普通法上的版权；其二，这种权利是否为《安妮法》所限制。主审的曼斯菲尔德（Mansfield）法官和阿什顿（Aston）法官从自然权利的角度指出，任何人对其身体、生命、声誉和劳动等享有支配权。尽管我们无法在习惯或者先例中发现普通法上的版

---

❶ Justin Hughes. Locke's 1694 Memorandum and More Incomplete Copyright Historiographies [J]. Cardozo Arts & Ent. LJ., 2009 (27): 555-580.

❷ Justin Hughes. Locke's 1694 Memorandum and More Incomplete Copyright Historiographies [J]. Cardozo Arts & Ent. LJ., 2009 (27): 555-580.

❸ Moore A. A Lockean Theory of Intellectual Property [J]. Hamline Law Review, 1997 (21): 65-108.

❹ Millar v. Taylor (1769) 4 Burr. 2303, 98 ER 201.

权，但是这种权利实际上源于正义的观念，即作者应当获得基于其机智和劳动所带来的经济收益。❶

在商标财产化的脉络里，19世纪英美法院对洛克理论的适用分为以下两个步骤：首先，商标财产确实需要劳动才可能完成。在商标的语境下，所谓的"劳动"就是商标所有人在商业活动中对商标的使用。在这里，商标所有人通过辛勤的劳动，在市场之中赢得了商誉。对于这种有价值的劳动成果，法院必须进行保护，防止他人的"不劳而获"。从英美法判例中可见，法官在论述对商标进行财产保护的时候，"使用"是其获得财产的前提。如，在1843年的"克罗夫特诉达尔案"，朗德里法官认为，人们可以通过诚实的劳动获取财产，他们有权在商品上使用自己的名称。但这必须基于"诚实"的基础上，不能以欺诈为手段。❷ 1846年，斯宾沙（Spencer）法官在"泰勒诉卡普特案"（Taylor v. Carpenter）中说道，商人通过令人值得称道的方式使用了商标，获得了财产利益，法院对此应该进行保护。❸ 其次，商标财产需要受到"足够条件"和"禁止浪费条件"的限制。对于这种限制，法官是这么考虑，对商标财产的保护并不是绝对的，商标的使用必须是诚实、善意地，并且不能干预正当的市场竞争。例如，在上文提及的1843年的"克罗夫特诉达尔案"中，原告控告被告对其商标的假冒，被告以该商标为自己的名字的理由进行抗辩。朗德里法官在判决中，虽然承认原告可以通过诚实的劳动取得商标财产，但是他并未禁止被告继续在商品上使用自己的名字。原因是：被告对自己名字的使用也是诚实、善意的，并未试图利用原告商标去欺骗消费者，法院不会阻止正当的竞争行为。在1889年的"莫卧儿诉麦格雷戈案"（Mogul v. McGregor）❹，法院为

---

❶ 黄海峰. 知识产权的话语与现实[M]. 武汉：华中科技大学出版社，2011：30.

❷ Croft v. Day, (1843). 7 Beav. 84 (ch.).

❸ Taylor v. Carpenter (1846), 23 F. Cas. 744.

❹ Mogul Steamship Co. v. McGregor, Gow & Co., 23 Q. B. D. 598, 613 (1889).

了平衡商标权人的权利和他人相似的权利的冲突，指出"原告贸易的权利不是绝对的，只是一种合格的权利。这种权利归属于竞争。当两个或者更多的人寻求占有或者享受同样的东西的时候，竞争就会产生。它遵循这样的道理，有人成功必须有人失败，没有任何法律的原则允许我们去干预或者调整成功或者失败，只要它归属于纯粹的竞争。纯粹的竞争，因为我没有怀疑，如果有人欺诈或者虚假陈述他人的贸易，或者骚扰他的消费者或者潜在的消费者，不管是基于阻碍还是恐吓，这是不合法的和可以起诉的。"❶

（三）司法认知的深入：商标财产本质

观察商标案件的判案轨迹可知，普通法院判决是以"欺诈"为开端的。在1584年的"JG诉山姆福特案"，虽然并没有史料记载法官最终的判决结果，参与审理的安德森法官认为，被告在商品上使用与原告相同的标记的行为构成了欺诈，应当承担普通法上的责任。此种观点被德布瑞吉法官在1618年的Southern v. How案所引，拉开了普通法院以"欺诈"为基础审理商标侵权案件的历史。而后，在1742年的"布兰查德诉希尔案"❷，尽管是一个衡平法院的案件，汉德韦克法官将判案的基础仍然依赖于欺诈。与之前的案件相比，汉德韦克法官认为："单纯使用相同标记的行为是不足以支撑这种诉讼的，但是需要一个要件，

---

❶ 原文是：The right of the plaintiffs to trade is not an absolute but a qualified right-a right conditioned by the like right in the defendants and all Her Majesty's subjects, and a right therefore to trade subject to competition. Competition exists when two or more persons seek to possess or to enjoy this same thing: it follows that the success of one must be the failure of another, and no principle of law enables us to interfere with or to moderate that success or that failure so long as it is due to mere competition. I say mere competition, for I do not doubt that it is unlawful and actionable for one man to interfere with another's trade by fraud or misrepresentation, or by molesting his customers, or those who would be his customers, whether by physical obstruction or moral intimidation.

❷ Blanchard v. Hill, (1742) 2 Atk. 484, 26 Eng. Rep. 692 (Ch.).

就是使用这种标记进行欺诈"。❶ 如果缺乏故意欺诈的条件下,汉德韦克法官认为,"同样的店使用同样的标记并没有什么错误。"❷ 在 18 世纪,相似的案件仍然有很多。例如,1783 年的"辛格尔顿诉博尔顿",❸曼斯菲尔德法官虽然驳回了原告的诉讼请求,但还是承认,"如果被告在与原告生产的相同药膏上使用一样的标记,应该是一种欺诈诉讼。"❹后续判例以此为指导,不断强调"欺诈"是侵害商标财产的必要条件,缺少了这个条件,法院是不会对此行为进行干预的。

到了 1838 年,韦斯特布里法官在"米林顿诉福克斯案"中❺,开启了衡平法以财产权为基础审理假冒案件的先河。但对于商标财产本质的认识,韦斯特布里法官也仅仅是模糊的提及了"侵害他人排他性的财产",至于是怎样的财产,并未详细分析。他的观点也并未获得同行的一致认同。直到 19 世纪下半叶,英国法官才逐渐发展出商标上特殊的财产权理论,就是保护商标的商誉。到了 20 世纪初期,帕克法官在"斯伯丁诉伽马戈案",❻ 阐明了商誉与传统的财产权不同,商誉是商标所有人在实际使用中产生的,它的存在依靠他人的认知。财产所有人拥有商誉财产权的期间,取决于公众或者一部分公众对他的标记显著性的感知时间。一旦标记的显著性在公众心中消逝了,这种财产权就不复存在。

美国法院承袭了英国普通法的传统,在早期的案件中并没有将商标

---

❶ 原文是:It was not the single act of making use of the mark that was sufficient to maintain the action, but doing it with a fraudulent design.

❷ 原文是:Nothing wrong in an innkeeper putting up the same sign and making use of the same mark as those used by another innkeeper.

❸ Singleton v. Bolton, (1783) 3 Dougl. 293, 99 Eng. Rep. 661 (K. B.).

❹ 原文是:If the defendant had sold a medicine of his own under the plaintiff's name or mark, that would be a fraud for which an action would lie.

❺ Millington v. Fox, (1838). 3. My. & Cr. 338, 40 Eng. Rep. 956 (Ch.).

❻ AG Spalding and Bros v. AW Gamage Ltd., (1915) 84 LJ Ch 449.

归类于一种财产。塞缪尔·贝茨（Samuel Betts）法官解释到，"严格来说，当事人不能获得对任何商标的排他性的权利，法院禁止侵权行为，不是因为被告侵犯了任何的财产，而是为了制止一种欺诈。"[1] 而后，受到英国判例的影响以及应对社会发展的需要，美国法官也开始将商标描述为一种财产。纽约的法官约翰·杜尔（John Duer）在 1849 年就宣称，当公众为被告之假冒行为混淆时，法院将会介入，因为必须对商标所有人的财产进行保护。另一位纽约的法官也承认，商标所有人对其长期使用的商标拥有一种排他性的财产权。于是，当费城手枪制造者亨利·德林格（Henry Derringer）起诉一个将他的商标"Derringer"标注自己生产的产品上的三藩市的同行，审理的法院认为，原告的诉求是可以得到救济的，因为他对自己的商标拥有一种财产权。[2] 可见，在 18 世纪中后期，商标是一种财产的观念已经扎根在美国法官心中。法官对商标案件的判定，也由"欺诈"转向"财产"。只是对于商标财产本质的认识，美国法官们进行了一番辛苦的探索，其对商标财产本质的认知分为以下三个阶段[3]。

第一阶段：商标是有形财产的附属物。

在生产力并不十分发达的年代，人们对财产的认识仅仅指的是土地等有形财产。财产理论总是与有形财产的物理性质相关。所谓的财产权，指的就是对于这些"物"的支配权[4]。法院保护商人排他性的使用商标的权利，旨趣并不在于商标的本身，而是为了保护商标附着的有形

---

[1] STUART BANNER. American Property: A History of How, Why, and What We Own [M]. Cambridge: Harvard University Press, 2011: 28-36.

[2] STUART BANNER. American Property: A History of How, Why, and What We Own [M]. Cambridge: Harvard University Press, 2011: 28-36.

[3] Mark P. McKenna. The Normative Foundations of Trademark Law [J]. Notre Dame Law Review, 2007, 82 (5): 1839-1915.

[4] Kenneth J. Vandevelde. New Property of the Nineteenth Century: The Development of the Modern Concept of Property [J]. The. Buff. L. Rev., 1980 (29): 325-367.

财产。这种看起来似是而非的解读，反映在法院一开始拒绝商标所有人在转让商业有形财产的前提下转让商标。在 1850 年，著名的手表制造者詹姆斯·布里德里（James Brindle）将使用商标的权利转让给莫里斯·萨缪尔（Morris Samuel）。而后，詹姆斯·布里德里（James Brindle）却继续生产这种标有"Brindle"的手表。于是，莫里斯·萨缪尔提起假冒之诉。法院拒绝了他的诉讼请求。理由是，商标虽然是一种财产，但不是一种有形财产，它只是有形财产的附属物，不能脱离产品而单独存在。商标本身并不能单独的买卖，原告并没有权利去反对被告继续使用这个标记。如果支持原告的请求的话，将会导致正宗的商品脱离市场，取而代之的是假冒的商品❶。然而，这种观点在后来并不能满足法院实际工作需要。这种商标财产观不能解释：为什么传统上假冒之诉要对在商品或者服务上使用相同或者相似商标进行限制。因为，既然商标只是有形财产的附属物，那么只要保护有形财产就可以了，又何必要对附属物的使用进行约束呢？之后，法院在审判中很少提到有形财产，当他们在阐述假冒侵权或者反不正当竞争的时候，更多将焦点放在了商标所有人身上。❷

第二阶段：商标本身就是财产。

这对当时的法官来说，或许是一种很自然的倾向。因为，那时在布莱克斯通创立的"绝对权"和"财产有体性"理论的影响下，任何私法上的财产利益均体现为一种对物的占有。❸ 法官们在解释商标财产属性的时候，顺理成章的将财产权与可辨认的物进行联系，明确了商标本身就是保护的核心。不过这种解读，仍然令人困惑。例如，当纽约的眼

---

❶ STUART BANNER. American Property: A History of How, Why, and What We Own [M]. Cambridge: Harvard University Press, 2011: 32.

❷ Mark P. McKenna. The Normative Foundations of Trademark Law [J]. Notre Dame Law Review, 2007, 82 (5): 1839-1915.

❸ 马俊驹，梅夏英. 无形财产的理论和立法问题 [J]. 中国法学，2011 (2): 102-111.

镜厂家格拉斯（Glass）在产品上标注"Glass"，其他人就不能这么做吗？众所周知，"Glass"作为眼镜的通用名称，应该是全社会的"公共财产"，每个人都应该可以自由使用。对此，法院的解决办法是，将这些通用名称排除在商标财产外，而仅认可那种商人独创的、具有显著识别力的商标为财产。❶ 不过，这种做法仍然欠妥。因为，任何的文字、符号自身并无实际的财产价值，它们的价值是在商人将其使用在商品上，获得了商誉之后才体现出来的。法院对商标的保护，并不是怂恿商人去不断创造一个又一个新的商标，而是为了鼓励优质产品的生产，保护商人在诚实使用商标的过程中建立的与消费者的联系。法院的目的很明确，一方面对商人的劳动成果进行保护；另一方面也要顾及消费者，不能放纵消费者被假冒者混淆。

第三阶段：商誉。

商誉，美国法官也称之为"消费者持续光顾的预期性"。在1868年的"皮博迪诉诺福克案"（Peabody v. Norfolk），法官说到，如果一个人在经营业务的过程中，通过他的技艺赢得了商誉，那么这种商誉就是应该受到法院保护的财产。❷ 换句话说，商标作为财产被保护，但并不是为了保护这个商标本身，它们仅仅是商誉的象征。法院通过制止假冒者的不法行为，在商人的商誉得到保护的同时，广大的社会大众也自然受益。并且，从经济理论和财产理论来看，也可以对商誉作为私有财产作出合理的解释。首先，从经济学的观点来看，商誉的创立需要投入大量的成本，如果不将其作为财产保护，商人辛苦的付出将得不到相应的回报，导致的后果就是谁也不会谋求高成本和高风险的投资。确立商誉

---

❶ STUART BANNER. American Property: A History of How, Why, and What We Own [M]. Cambridge: Harvard University Press, 2011: 28-36.

❷ Peabody v. Norfolk, 98 Mass. 452 (1868). 原文是：If a man establishes a business and makes it valuable by his skill and attention, the good will of that business is recognized by the law as property.

的财产权属性，实质是为了给商人打"强心针"，鼓励他们承担商誉建立的高风险和高成本，将资源配置在最高价值的用途上。❶ 其次，商誉成为一种财产也与当时的自然法思想相符。洛克的学说认为，人们对于自己劳动创造的收益，当然拥有不可剥夺的权利。商誉的产生，正是基于商人们长期辛苦经营的结果，凝聚着商人无数的人力、物力。如果不对其保护，就相当于放纵那些"不劳而获"的假冒者。因此，将商誉作为财产的见解，可以说是洛克的自然法思想在司法和商业活动中的实践应用。

三、商标财产化的立法历程

（一）注册制度的引进

商标注册制度是商标财产化的最为关键的一环，如果商标获得注册，则自发出注册证的那一刻起，它就当然成为该注册证上列名者的财产了。❷ 事实上，作为一种组织法律规则和界定财产范围的方法，注册制度伴随着私有制的出现而产生。在古代社会，人们为了表示某块土地是自己的，通常在土地上放置石碑或篱笆，以向他人表明这块土地是属于自己的。这种对土地的标示行为就是人们进行财产保护的最初形态，也是登记制度的最早样式。❸ 随着封建主义残余的消逝，人们在私力救济不足以保护其财富的同时，希望拥有一个更强有力的中央政府以及它所代表的安全和稳定。启蒙思想家们将这种诉求表述为一项"社会契约"，即人们在自由、平等而独立的前提下达成一项契约组成国家，在

---

❶ 谢晓尧. 论商誉 [J]. 武汉大学学报：社会科学版，2001（5）：550-556.
❷ 谢尔曼, 本特利. 现代知识产权法的演进：英国的历程（1760—1911）[M]. 金海军, 译. 北京：北京大学出版社，2006：198-200.
❸ 许明月, 胡光志. 财产登记法律制度研究 [M]. 北京：中国社会科学出版社，2002：29.

这个国家之中，私人利益与国家职责是协调一致的。即他们对政府的建立提供支持，允许政府对其征税；政府需要为他们提供公共服务，保障他们的财产的安全。在这种社会契约观念之下，公共注册制度便应运而生。诞生之初的财产注册制度主要适用对象为土地。例如，1704年，英国议会通过一项土地登记法案，并据此成立米德尔塞克斯郡的登记处。根据法案的规定，登记处可以接受在米德尔塞克斯郡范围内的，土地所有权和期限为21年以上的有关土地租赁、交易等契约进行登记。❶而后，伴随工业革命的开展，西方国家的经济活动得到蓬勃地开展。财产注册制度不仅仅是财产权人与国家之间的利益互博，而且成了社会公共秩序的重要构成。因为，通过财产的注册并对此公开，可以起到公示的效力，有助于维护社会公众的交易安全。

商标注册制度的历史可以追溯至中世纪行会。波兰但泽地区出土的资料中记载：在1420年间，许多从事贸易的商人会在西欧主要的港口会馆进行标记的登记，在发生事故的时候能第一时间主张自己对货物的财产权。德国纽伦堡的金匠行会在1619年也建立标记注册制度，防止他人不正当地使用行会标记。❷ 当然，中世纪行会对商标注册制度的规定，主要是出于自身利益考量，并非为了任何的公益。近代以来，随着著作权、专利权等无形财产权观念兴起，人们渐渐意识到，与传统的有形财产不同，无形财产由于自身的特殊性无法被人们以实物的状态所占有与控制。此时，注册制度便成为无形财产权人表彰权利范围的最佳选择。1839年，英国制定了第一部《外观设计登记法》，拉开了知识产权注册制度发展的序幕。注册制度对知识产权发展的影响是，"确保无体财产置于一种既稳定又可无限重复的格式。对此予以补充的是这样的事

---

❶ PETER MAYER, ALAN PEMBERTON. A Short History of Land Registration in England and Wales [M]. London: HM Land Registry, 2000: 4.

❷ Gerald Ruston. On the Origin of Trademarks [J]. Trademark Rep., 1955 (45): 127-144.

实，即登记，特别是更为精致和合理化的登记，就导致了更加明确的标准化模式，并因此确保它所产生的文件能够受到人们的信赖。"❶ 而后，从注册制度的发展史中可以得知：知识产权的注册逐渐演变为国家的一项行政事务，成为国家对社会进行管理和服务的一种工具。

近代商标注册制度，提供的是一种科层制财产的思维方式，经由现代注册制度，它把商标这一财产从私人行会的控制之下解放出来，而置于公共事务的视野下。另外，注册还发挥着信息管理的作用。这样为国家通过公共手段介入私人的财产领域提供了一种机制。❷ 继承英国普通法传统的美国，在1791年开始就陆续有商人向政府游说认可他们的商标财产权，并进行立法保护。早期的呼吁并没有受到重视，美国1790年就有了联邦的专利和著作权法，却迟至1870年才制定了联邦商标法。1870年的商标法给予合法注册商标所有人排他的权利，要求使用者必须已经在商业上实际使用，救济方法限于损害赔偿与禁制令，没有刑罚。这种使用取得商标权的模式，显然是受到了洛克劳动理论的影响，认为商标使用者对于其使用的商标享有一种不可剥夺的财产权利。此方式虽然比较公平，但在纠纷发生的时候，往往不易确定谁是商标的最早使用人，不利于纠纷解决。1876年，在众多大企业请愿下，美国修改商标法，增加了刑事处罚的规定，对侵害商标权者可以处以2年以下徒刑或最高1000美元以下的罚金。1879年，联邦最高法院判决1870年《商标法》违宪。原因在于，国会无权管理纯

---

❶ 谢尔曼，本特利. 现代知识产权法的演进：英国的历程（1760—1911）[M]. 金海军，译. 北京：北京大学出版社，2006：216-217.

❷ 根据统计，1857年至1875年，共有16个国家制定和颁布了商标法；至1884年，共计为36个国家；至1900年，达到84个；至1925年，发展到93个（其中包括1904年我国清政府颁布的《商标注册章程》）；至1934年为98个；到1958年增加到117个；到了1976年共计127个国家。按照国家类型归类，资本主义发达国家立法最早，到了1900年，发达国家的24个已经全部完成立法。而发展中国家立法较迟，1884年只有9个，1900年为51个，直到1976年才增加为91个。参见钱益民. 商标法指南[M]. 香港：万里书店，1989：18.

粹的州内事务，该商标法未明示限于州与州间或外国贸易的行为，超越了国会的立法权限。

  1881年，美国国会将商标法适用范围限于国际、州际以及与印第安部落的贸易。1905年，美国国会根据宪法第1条第8款第8项的"贸易条款"，制定了全新的联邦商标注册法。这部商标法将注册商标和虽未在注册但使用超出一州的商标都纳入了联邦商标法的调整范围，逐步完备了现代商标法制。1946年，美国国会重新修订了商标法，即我们现在所称的《兰哈姆法》，一共50条，载于《美国法典》第15编。就《兰哈姆法》的内容而言，对于成功注册的商标所有人，至少创设了六种权利：第一，获得联邦司法管辖权。美国联邦地区法院或其他管辖区的法院对商标诉讼具有初审管辖权，美国巡回上诉法院（除了美国联邦巡回上诉法院外）具有上诉管辖权，不论争议的标的额或当事人是否来自同一个州或不同的州[1]。第二，特别救济程序。使用假冒商标，法院可以判赔利润或损害的三倍赔偿额中较大金额，并可以同时判赔合理的律师费用[2]。第三，证据效力。登记在注册簿，起到证明注册商标的有效性、注册的有效性、注册人拥有商标、注册人在注册规定的条件和限制下享有于相关商品或服务中专有使用标记的权利[3]。第四，获得行政救济的权利。商标权人可以向财政部进行登记后，请求财产部协助禁止进口印有假冒商标商品进入美国市场[4]。第五，推定通知效力。在注册簿上注册商标，视为注册人发出了主张所有权的通知[5]。第六，不可争议效力（Incontestability）。结合《兰哈姆法》第15条和第

---

[1] 15U.S.C. § 1121.
[2] 15U.S.C. § 1117.
[3] 15U.S.C. § 1115.
[4] 15U.S.C. § 1124.
[5] 15U.S.C. § 1072.

33条（b）款规定❶，如果商标注册人自商标注册之日起连续五年在美国使用其注册商标，则注册人通过申请可以获得不可争议的权利。即，任何人再也不能以缺乏显著性为理由，而要求撤销该商标。上述条文中，虽然没有明确使用"财产"的语言，但从法典的整体规定而言，当商标成为"不可争议"时，其与传统财产的差别就几乎不存在了，《兰哈姆法》在无形中认可了商标的财产地位。

作为普通法的发源地，英国商标立法的讨论可以追溯至19世纪60年代。商人们积极鼓动国会进行商标立法，加强保护商标所有人的权利。1862年，英国下议院就曾对谢菲尔德商会提交的商标议案进行讨论。议案的主题是，认可商标的财产地位并允许其自由转让。下议院组成的特别委员会在讨论后，将这份议案搁置。原因在于，认可商标财产权以及允许商标自由转让的话，会造成大众被欺诈等结果。

1875年，鼓吹商标注册制度的商人得到回应。英国国会通过《商标注册法令》（*Trademark Registration Act of 1875*）。但此法仅仅属于注册程序的规定，并非赋予商标权。商标权的取得，仍需要使用才能取得。1905年，英国国会对此进行修订，修改的内容包括：第一，首次正式规定了商标的法律概念；第二，注册商标五年内若未使用，任意利害关系人都可以申请撤销；第三，商标若被发现授权他人使用者，撤销之。此时的商标仍然是附属于商品上，不得独立、不得转让。1938年，英国国会再次对商标法进行修改，内容包括：第一，商标需分类注册，但对于驰名商标则可申请各类注册，即使其不使用。此种规定的目的在于防止他人藉此商标经营其他业务，造成消费者混淆；第二，允许注册商标的转让。❷

到了1994年，英国对商标法进行了最为彻底的一次修改。1994年

---

❶ 15U. S. C. § 1065；15U. S. C. § 1115.

❷ 余俊. 商标法律进化论［M］. 武汉：华中科技大学出版社，2011：87.

英国商标法第 2 条第 1 款规定，注册商标是依据本法通过商标注册而获得的一种财产权（registered trade mark is a property right）。受到英国法的影响，在许多传承英国法系的国家和地区的商标法，也明确承认注册商标就是一种财产权。例如，澳大利亚《商标法》第 21 条第 1 款规定了，注册商标是一种动产（personal property）；中国香港特区的《商标条例》第二部分"注册商标"的第 1 项规定，"注册商标属一项藉将有关商标根据本条例注册而取得的财产权利"。

（二）淡化立法的引入

19 世纪末 20 世纪初，以斯凯特为代表的学者认为，商标权可以上升到财产权高度，并全面阐释了商标淡化的构成原理。依照淡化理论，商标权人在没有证据证明遭受实际经济损害的情况下，仅凭借他人使用相同或相似的标记可能淡化其驰名商标的显著性，就可以获得法院的救济。这意味着，对商标的反淡化保护犹如为商标创设了一种绝对的排他权。如果说，传统商标法是为了避免消费者混淆之虞而着重保护竞争秩序的话，那么，反淡化立法的出台则只是为了维护商标所有人对其所拥有商标的财产价值。

斯凯特被誉为"商标淡化"之父。在中外有关商标淡化研究的文献中，几乎无一例外地提到他在 1927 年发表在《哈佛法学评论》的文章《商标保护的理性基础》（*The Rational Basis of Trademark Protection*）❶。这篇文章的观点为后来美国的淡化立法提供了最为权威的理论基础。虽然斯凯特在文章中除了翻译德国词汇"vewassert"时用了 diluted（被淡化）外，并未提到淡化（dilution）一词。但他所用的削减（whittling away）一词，成为日后学界讨论商标淡化最常引用的词汇。要理解斯凯

---

❶ Frank I. Schechter. The Rational Basis of Trademark Protection [J]. HARV. L. REV., 1927 (40): 813.

特的中心思想，我们首先要了解其所处的时代。

20世纪初期的美国，经历了第二次工业革命的推动，代替了日不落帝国掌握了世界的经济霸权，工业总产量已经跃居世界第一位。❶ 下列三个经济方面的发展更是对其商标法的影响深远。第一，全国性的市场建立，为商品交易提供了更加广阔的空间。曾几何时，商品受限于当地的狭小区域，此时商标的作用不是特别突出。因为消费者根本无须商标，便能识别出当地的生产者。全国性的铁路和通信网络建立后，市场上同类型的商家增多，竞争日渐激烈。此时，一个显著性的商标就显得尤为重要。因为，消费者不太可能记住这个产品是谁制造的，但对一些特别的商标感到难以忘怀。第二，多元化经营战略。在早期，当一个公司仅卖一个类型的产品时，商标象征了公司这类型产品的商誉。公司的产品逐渐多元化后，为了让消费者认知到新开发的这个产品是属于本公司的，在新产品上标记使用已经集聚商誉的商标成为新产品推广的捷径。此时，要求注册商标能够在不同的产品得到保护就成为商人们的迫切要求。第三，商业广告的兴起。广告的历史由来已久，不过初期的广告更多是一种简单的商品介绍，并无太多令人印象深刻的东西。20世纪初，伴随全国性市场的发展，商人加大广告的投入力度，使用一些特别的图形、朗朗上口的广告语等，希冀同时向消费者传递商品信息，说服其购买。此后，为了维持其藉由广告投资而确立的商誉不被削弱，要求在更大程度上强化对商标的保护。❷

在商业迅猛发展的时期，斯凯特是少数几个敏锐观察到商标重要性的人。他从1920年开始就在纽约从事律师行业，特别专注于商标业务。

---

❶ 有关美国商业史的论述可参见：斯坦利·布德尔. 变化中的资本主义：美国商业发展史［M］. 郭军，译. 北京：中信出版社，2013.

❷ Bone R. Schechter's Ideas in Historical Context and Dilution's Rocky Road［J］. Santa Clara Computer and High Technology Law Journal, 2008（24）：469-480.

后来，斯凯特经霍姆斯法官的鼓励❶，在哥伦比亚大学攻读博士学位（JD）。此时的美国法学界，法律现实主义方兴未艾。所谓的法律现实主义，就是主张法律是基于法官对社会利益及公共政策的衡量所作出的司法判决，而非基于形式规范或原则的法学思潮或法学思想运动❷，一般认为，最高法院大法官霍姆斯及哥伦比亚大学的教授卢埃林是美国法律现实主义思潮的先驱❸。或许是在卢埃林等人的耳闻目染之下，斯凯特的淡化思想也颇有法律现实主义的味道。1925 年，斯凯特完成其毕业论文《商标法的历史基础》（The Historical Foundations of the Law Relating to Trade-Marks），顺利获得了哥伦比亚大学的博士学位。同年，这篇论文由哥伦比亚大学出版社出版，获得了社会的积极回响。在这本书中，斯凯特运用历史研究方法，详细梳理了商标法从中世纪到 19 世纪末的历史演变。值得关注的是，在书中最后一章，斯凯特批判了当时商标侵权领域要求"直接竞争性"的存在，呼吁应该扩张商标的保护范围，即使是"非竞争性"的产品也可以得到商标法的保护。❹ 两年后，斯凯特将书中最后一章的内容补充完整，发表在《哈佛法学评论》上，也就是我们前文所提的那篇文章。

在这篇文章中，斯凯特开门见山地批判当时的商标法已经严重落后于经济的发展。随着全国性市场的建立和商业广告的兴起，商标的功能已经不局限在识别商品的特定来源上，而是包括了品质的保证与商品的推销。在此意义上，相关商品的限制已经过时，商标法应该加

---

❶ 奥利弗·温德尔·霍姆斯（Oliver Wendell Holmes, Jr., 1841—1935 年），美国著名法学家，美国最高法院大法官。

❷ 丹尼斯·劳埃德. 法理学［M］. 许章润，译. 北京：法律出版社，2007：313-316.

❸ 卡尔·卢埃林（Karl N. Llewellyn, 1893—1962 年），美国现实主义法学的主要代表之一，生前曾任哥伦比亚大学法学教授（1925—1951 年），美国《统一商法典》起草人。

❹ F. I. SCHECHTER. The Historical Foundations of the Law Relating to Trademarks［M］. Columbia：Columbia University Press，1925：163-171.

强保护公众心中与特定商品之间的联系。基于此,斯凯特提出四个主张:(1)现代商标的价值在于它的销售力(selling power);(2)该销售力受公众的心理影响,不仅有赖附着商标的商品优点,还有赖商标本身的独特性(uniqueness)及单一性(singularity);(3)商标如被用于相关联或非相关联的商品上时,该独特性或单一性即被削弱或受损;(4)商标保护的程度有赖于该商标所有人的努力,使得商标在多大程度上具有独特性并与其他商标相区别。❶ 关于上述第(3)点,斯凯特还强调,商标用于完全不相关联的商品,纵使没有消费者混淆,但它受到的真正损害为"商标或名称的辨识性(identity)"或"对于公众吸引力的逐渐削减(whittling away)或散失(dispersion)"。❷ 此种"损害"的观念,为以后反淡化立法的确立提供了权威的理由。从斯凯特的论述可以看出,他认为应该扩展商标的权利范围,要着重考虑商标权人的利益,重新建构商标保护的正当性基础。

文章发表后,商标淡化的观念逐渐受到人们的关注,特别是得到商人团体的青睐。于是,许多商人开始游说国会和州议会进行淡化立法。1932年,美国国会曾讨论一项旨在修订商标法的《铂金司法案》(Perkins Bill)。该法案建议,对于商标的保护,不仅限于禁止可能导致混淆的使用,同时应该禁止任何可能有损于商标使用人信誉、声誉、信用或安全的使用。斯凯特本人也曾出席国会的听证会,并对上述修改发表意见。然而,由于各种原因,国会迟迟未能通过该法案。❸ 在对国会

---

❶ F. I. Schechter. The Rational Basis of Trademark Protection [J]. Harvard Law Review, 1927 (40): 813-833.

❷ F. I. Schechter. The Rational Basis of Trademark Protection [J]. Harvard Law Review, 1927 (40): 813-833.

❸ 黄海峰. 知识产权的话语与现实——版权、专利与商标史论 [M]. 武汉:华中科技大学出版社, 2011: 340.

失望之余，商人们开始对各州的议会进行游说。❶

目前美国有37个州已经制定了成文的商标淡化法，另有三个州在普通法上接受商标淡化理论❷。马萨诸塞州于1947年最先通过淡化法，乔治亚州与纽约州分别于1953年和1955年通过。之后，许多州都模仿国际商标协会（International Trademark Association, INTA）在1964年草拟的《州商标示范法案》（Model State Trademark Bill）制定淡化成文法。该示范法案第12条规定，纵使当事人间无竞争，或无关于商品或服务来源之混淆，可能损害营业信誉或淡化依该法注册之商标、普通法有效成立之商标或普通法有效成立之商业名称之识别品质者，应为禁令救济之理由。就字面意思而言，似乎涉及两种侵权类型：一为损害营业信誉；二为淡化商标或商业名称的识别品质。对此，麦卡锡教授认为，损害营业信誉一词，应该与之后的文字连读，而为损害商标或商业名称的营业信誉，因此，损害营业信誉与淡化是属于同义词。❸

比较各州立法，其内容与当前的联邦立法大体一致，包括：要求被淡化者必须是驰名商标（famous mark）；淡化的表现形式为弱化（blurring）与污损（tarnishment）；提供禁令救济等。各州之间的淡化法仍然存在些许的不同。例如，有22州的法律规定要求实际淡化（actual dilution），另外15州只要求淡化之虞（likelihood of dilution）。关于商标驰名的程度，各州的规定也不一样。有的认为淡化只适用于极强或具有高度识别性的商标，有的认为有一定的知名度即可。关于淡化和产品之间

---

❶ 在美国，联邦政府和各州都有商标立法权。联邦法院和各州法院系统均有商标司法管辖权，商标权人可以选择向联邦法院提起诉讼，也可以选择向州法院提起诉讼。

❷ INTA, "U. S. State Dilution Laws," INTA Dilution and Well-Known Marks Committee, U. S. State Dilution Law Subcommittee (October 2004). 尚未制定商标淡化成文法的州有：科罗拉多州、印地安纳州、肯塔基州、马里兰州、密歇根州、北卡罗来纳州、北达科他州、俄亥俄州、俄克拉荷马州、南达科他州、佛蒙特州、弗吉尼亚州、威斯康星州。

❸ Bone R. Schechter's Ideas in Historical Context and Dilution's Rocky Road [J]. Santa Clara Computer and High Technology Law Journal, 2008 (24): 469-480.

的关系，有些州认为纵使商品或服务处于竞争地位的商家，也可主张淡化。有些州则禁止此种主张。❶

20世纪80年代末期，美国联邦政府开始进行淡化立法。1988年，美国国会在大幅修正《兰哈姆法》的时候，就尝试将淡化的规定纳入，但由于新闻媒体因担心言论自由受损而严厉抵制，导致此次动议的失败。不过，此时美国国会进行淡化立法的共识已经达成，遂着手修改议案，将淡化的范围仅限于商业的使用，排除了比较广告和新闻报告及评论的适用，以释媒体的顾虑。通过官方公布的文件显示，政府这次下决心进行淡化立法的理由有：（1）虽然已经有很多州制定了淡化法，但商标的使用是全国性，联邦立法可适用于全国，可请求法院发出全国的禁令；（2）由于有些州有淡化法，有些州无淡化法，联邦立法可避免选择法院的问题（forum shopping）；（3）联邦立法与国际条约相符合，例如关税与贸易总协定（GATT）有禁止淡化的规定，《巴黎公约》也规定保护驰名商标；（4）联邦制定淡化法，可协助联邦行政部门与外国谈判，使得外国因此制定淡化法，以保护美国的驰名商标；（5）通过联邦立法，可以禁止在互联网上的使用驰名商标诈骗的行为。❷

1995年，美国国会修改《兰哈姆法》，这次终于将淡化的规定纳入，规定在《兰哈姆法》的第43条（c）款中❸，这个法案被称为《联邦商标淡化法》（Federal Trademark Dilution Act，FTDA），克林顿总统在1996年1月16日签署后立即生效。但是这部法案仍存在一些不足，美国在1999年通过了《美国联邦反淡化法修正案》（TAA），淡化可以作为请求撤销新注册的商标的理由。2006年又通过了《商标淡化修正案》

---

❶ INTA, "U.S. State Dilution Laws," INTA Dilution and Well-Known Marks Committee, U.S. State Dilution Law Subcommittee (October 2004).

❷ SHELDON. W. HALPERN et al. Fundamentals of United States Intellectual Property Law: Copyright, Patent, and Trademark [M]. Kluwer law international, 2006: 289-329.

❸ 《兰哈姆法》第43条（c）款规定了弱化导致的淡化；污损导致的淡化。

(TDRA)，澄清淡化的证明标准，明确淡化包括弱化和污损，完善淡化的免责事由等。❶ 对于美国的淡化立法，我们需要厘清下述三个问题。

1. 商标淡化与商标侵权

在美国法语境下，商标淡化与商标侵权是各自独立、内涵不同的，或者说属于不同层面的理论。淡化就是淡化（dilution），提起的诉讼称为淡化诉讼（dilution）；商标侵权（infringement）是因混淆而造成的，提起的诉讼是侵权之诉（infringement claim）。在涉及商标侵权、商标淡化、不正当竞争的复杂案件的时候，原告可以同时提请这三种诉求，法院也会根据原告的主张分别作出判决。❷ 从商标淡化与商标侵权的构成来看，二者之间最重要的区别是，商标淡化并不要求消费者混淆。这是由于商标淡化与商标侵权立意不同而致。商标侵权制度更多关注消费者的利益，"混淆可能性"自然就成为其认定的标准。而商标淡化旨在保护商标权人利益，维护驰名商标在公众心中的良好形象，与商誉的结合度更紧密，它并不以消费者是否混淆为判断的标准。此外，两者的适用情形也是不同的，如果消费者认为两个来源提供者具有某种联系，如合作关系、投资关系或隶属关系，发生的是混淆；如果消费者能够认识到两个来源提供者没有任何联系，发生的则是淡化。这里潜在的预设是，商标淡化只能发生在不相同且非类似的商品或服务之间；如果是将相同或者类似标记用于相同或者类似的商品、服务之间，则是传统的混淆侵权，而不考虑商标的淡化问题。❸

2. 商标的驰名与淡化的抗辩

美国淡化法明确要求，只有驰名商标（famous mark）才能获得反

---

❶ 邓宏光. 美国联邦商标反淡化法的制定与修正 [J]. 电子知识产权，2007（5）.

❷ 杜颖. 社会进步与商标观念：商标法律制度的过去、现在和未来 [M]. 北京：北京大学出版社，2012：173.

❸ 杜颖. 商标淡化理论及其应用 [J]. 法学研究，2007（6）：35-43.

淡化的保护。但是法律上并没有明确规定"驰名"须达到何种程度。对此,《兰哈姆法》第 43 条(c)款 2 项规定,商标驰名,是指商标作为商标所有人商品或服务来源的标识被美国境内的消费公众广泛认知。在确定商标的认知度方面,法院可以考虑以下因素:(1)商标固有显著性或获得显著性的程度;(2)商标使用于商品或服务上的时间及范围;(3)商标广告宣传的时间、范围、地域;(4)商标贴附商品或服务交易的地域范围;(5)商标的实际被认知的范围;(6)第三人使用相同或相似的商标的性质及范围;(7)商标是否依照 1881 年 3 月 3 日商标法或 1905 年 2 月 20 日法注册,或主要注册簿上注册。当然,这些因素并非是一成不变的,法院可以在实际操作中进行灵活适用。为了不侵犯言论自由以回应社会各界对商标淡化的批评,美国《兰哈姆法》第 43 条(c)款第 3 项规定,以下任一情形,即使符合淡化的构成要件也不得诉究(actionable)。这些情形包括:(1)让消费者能够比较产品或服务的广告或促销;(2)滑稽模仿、讽刺、评论驰名商标所有人或驰名商标所有人的商品或服务的行为;(3)一切形式的新闻报告及新闻评论。(4)商标的非商业使用。❶

3. 实质淡化与淡化之虞

联邦淡化法实施以来,商标淡化的证明标准问题一直困扰着各地法院。有些州的淡化法规定要求实际淡化(actual dilution);有些州规定淡化之虞(likelihood of dilution)即可胜诉。而按照 FTDA 的规定,原告应负实际淡化的举证之责。司法上的争论在 2003 年达到高潮。在这一年,联邦最高法院审理了"莫斯利诉维多利亚秘密案"(Moseley v. V. Secret Catalogue),❷ 本案原告是美国著名的女士内衣生产厂家,其拥有"维多利亚的秘密"(Victoria's Secret)的驰名商标。原告的产品

---

❶ 法条部分的翻译参考杜颖. 美国商标法 [M]. 北京:知识产权出版社,2013.
❷ Moseley v. Secret Catalogue, Inc., 123 S. Ct. 1115, 1124 (2003).

在美国境内深受欢迎,并远销世界各地。原告提供的证据显示,仅仅在1998年,其投入的广告费就高达5500万美元,销售额超过15亿美元。1998年,被告开设了一家名为"维克多的秘密"(Victor's Secret)的成人用品店,主营成人用品及男女式内衣。原告向法院提起淡化诉讼。经过初审和上诉审之后,案件到了联邦最高法院的手里。针对淡化的证明标准问题,联邦最高法院认为,原告只有证明其商标受到了侵害才能获得救济。一石激起千层浪,联邦最高法院的判决不仅没有平息争论,反而引起了产业界与理论界的强烈讨论。❶ 到了2006年,美国修正《联邦反淡化法》的议案获得通过,修改的关键内容就是,否定了联邦最高法院在2003年的判决,确定了淡化的证明标准是淡化之虞,而不是实际的淡化。经过这次法案的修改,美国目前商标淡化的侵权要件可以归纳为:第一,被使用之商标为驰名商标;第二,该驰名商标具有显著性,不论其本身即具有显著性或经由使用后获得"第二含义"之显著性;第三,该使用发生于商标已经成为驰名商标之后;第四,该使用会使驰名商标陷入淡化之虞;第五,造成驰名商标淡化的方式有弱化与污损;第六,不要求产生消费者混淆。

将现行美国的联邦淡化法与斯凯特的观点相比,商标淡化理论的发展已经远远超出了斯凯特的想象。斯凯特当时针对的仅仅是具有独特性(uniqueness)及单一性(singularity)的商标。现行的淡化法则规定,不但是固有显著性的商标可以获得保护,连因为使用而获得显著性的商标也同样在保护之列。斯凯特或许也没有想到,商标淡化还分为实际淡化和淡化之虞,造成淡化的方式除了弱化还有污损。总之,在商标淡化理论的发展史上,斯凯特扮演了启蒙导师的角色,在他的理论引导下以及商人利益的推动下,商标淡化理论得到了蓬勃发展。

随着互联网的兴起,美国法院将淡化理论引入"域名抢注"领域。

---

❶ 邓宏光. 美国联邦商标反淡化法的制定与修正 [J]. 电子知识产权, 2007 (5): 26-30.

众所周知，一个识别度高的域名不仅可以吸引更多的客户，还是企业重要的无形资产。美国作为现代互联网的起源地，在1992年就成立了管理机构"因特网信息中心"，但中心并不负责注册人与第三人之间的域名纠纷，于是许多域名抢注的纠纷只好诉诸法院。由于传统的假冒之诉的举证负担过重，原告常援引《兰哈姆法》直接控诉被告商标侵权。法院虽然千方百计地希望通过扩大《兰哈姆法》的解释，将其适用在域名抢注的问题上，不过，由于被告实际上只是进行了抢注行为，并没有通过网站从事提供货品或服务，这种使用行为并未导致消费者混淆商品或服务的来源。于是，美国法院在没有其他更好的选择的情况下，开始采用反淡化法来处理域名抢注问题。

在1998年的Panavision International v. Toeppen案中，❶ 美国联邦上诉法院首次依靠《联邦商标淡化法》认定，抢注域名的行为构成商标淡化侵权。本案的原告是美国著名的摄影器材制造公司，拥有"Panavision"和"Panaflex"两件商标。被告是一家美国最为著名的"网络蟑螂"公司，它抢注了全美100多家知名企业的名称或者商标作为域名，其中就包括了原告的上述两件商标。当原告知晓这个情况后，要求被告停止使用这个域名。被告却说，其有权在网络上使用这个域名，并提出原告可以支付13000美元购买这个域名。原告遂根据《联邦商标淡化法》于加州中区地方法院提起诉讼。初审法院作出对原告有利的简易判决。被告对此不服，认为加州中区地方法院没有管辖权。于是，向美国第九巡回上诉法院提起上诉。

上诉法院认为，被告没有通过这个域名提供商品或服务，没有导致消费者对商品或服务来源混淆。但是，被告的行为却造成了原告商标的淡化。与原告商标一样的域名是一种具有重要价值的资产，也是消费者与原告在网络上沟通的基础。原告的潜在消费者如果键入域名，却无法

---

❶ Anavision International v. Toeppen 141 F. 3d 1316 (9th cir. 1998).

找到原告公司的时候，他们可能会被迫寻找数百个网站后才能找到。这种行为会淡化原告的商标。因为，需要原告服务的公司可能会错误地链接上其他网站而感到失望，觉得原告的网站根本不存在。据此，加州中区地方法院以《联邦商标淡化法》判决被告败诉的结果是正确的，上诉法院于 1998 年 4 月肯定其判决结果。

第三章

商标财产化的表现

一、商标混淆理论的扩张

混淆是保护商标和制止不正当竞争的重要法律基础。[1] 1989年《兰哈姆法》修正案第43条（a）款中引进了广义的混淆概念，规定"从而可能在确认该人与他人的关系或联系上，在确认该人的商品或服务或他人的商业活动的来源、赞助人情况或许可方面，引起混淆。"[2] 麦卡锡教授认为，所谓混淆之虞，指的是后使用人使用相同或近似的商标，而可能对购买人等造成来源、赞助、联结（联合企业或组织）或关联

---

[1] 孔祥俊. 商标与不正当竞争法：原理和判例 [M]. 北京：法律出版社，2009：257.
[2] 美国商标法的中文翻译参考：美国商标法 [M]. 杜颖，译. 北京：知识产权出版社，2013.

的混淆。混淆之虞的"虞"(likelihood)是可望发生之意,不仅仅是一种可能性(possibility)。❶ 根据《兰哈姆法》规定,混淆之虞的后果包括:(1)商标侵权;(2)不予注册❷;(3)申请商标注册如经审定公告,利害关系人可以提起异议❸;(4)商标如已经注册,利害关系人可以申请撤销❹。在厘清混淆之虞的法定概念和后果后,司法实践中对混淆之虞的判定,需要斟酌以下四个问题:谁受到混淆;多少人可能被混淆;混淆了什么;如何认定混淆?

第一,谁受到混淆?商标是针对消费者的符号,受到混淆的对象就是消费者。在商标遭受到侵权的时候,实质就是消费者识别商品或服务的能力被剥夺。法兰克·福尔特(Frank furter)法官在1942年的"米沙瓦卡诉卡利斯戈案"(Mishawaka. v. Kresge)中说道,

> 保护商标,是法律认可符号的心理功能。我们靠符号而生活,如果此话当真,则我们靠符号而购买商品,亦为真。商标是一项交易的便捷措施,它能够引导购买人选择他所要的,或让购买人相信这是他将需要的。商标的所有人利用人们的这种自然倾向,而尽力把一个令人愉悦的符号的吸引力融入商标的气氛。不管使用什么方

---

❶ MCCARTHY. McCarthy on Trademarks and Unfair Competition [M]. New York: Clark Boardman Callaghan, 2008, §23: 3; §23: 5.

❷ 《兰哈姆法》第2条(d)款规定:据宣誓人所知,并且宣誓人也确信,没有人有权在其商品之上使用相同或类似标记而可能造成混淆、错误或欺骗;(i)声明主张排他使用权利的例外情形;且(ii)在宣誓人知晓的范围内,明确(Ⅰ)任何其他人进行的并存使用(Ⅱ)并存使用的商品类别以及地域;(Ⅲ)每一并存使用的期间;以及(Ⅳ)申请人所要设定的注册商品类别和地域范围。

❸ 《兰哈姆法》未明文规定异议的理由。但是在实践中,混淆之虞成为常援用的理由。See MCCARTHY. McCarthy on Trademarks and Unfair Competition [M]. New York: Clark Boardman Callaghan, 2008: §23: 13.

❹ 《兰哈姆法》未明文具体的撤销事由,但混淆之虞也是最常援用的理由。See MCCARTHY. McCarthy on Trademarks and Unfair Competition [M]. New York: Clark Boardman Callaghan, 2008, §23: 52.

法，目标就是通过商标，向潜在的客户传达商标商品的信息。此目的若达成，商标所有人即拥有具有重要价值的东西。如果其他人窃取商标所有人所创设的符号的商业魅力，所有人便能获得法律的救济。❶

从混淆之虞的判断标准来看，消费者在商标法中拥有最高的利益。在1976年的"詹姆斯·布拉欧斯公司诉必富达标记公司案"（James Burrough Ltd. v. Sign of Beefeater）中❷，法院认为：考虑商标侵害的证据时，需要考虑到案件的第三者（即消费者）。作为局中人，消费者有着至高无上的利益。因此，当证据显示消费者受到混淆时，即认为有侵害。被告所侵害的不是商标，而是消费者免于混淆的权利以及商标所有人控制商誉的权利。❸

第二，多少人可能被混淆？在商标侵权案件中，一般要求可观数量（an appreciable number）的消费者受到混淆才能构成侵权。但这个"可观"要达到何种程度？或者说，需要占到原告总体客户的几分之几？无

---

❶ 原文是：The protection of trade-marks is the law's recognition of the psychological function of symbols. If it is true that we live by symbols, it is no less true that we purchase goods by them. A trade-mark is a merchandising short-cut which induces a purchaser to select what he wants, or what he has been led to believe he wants. The owner of a mark exploits this human propensity by making every effort to impregnate the atmosphere of the market with the drawing power of a congenial symbol. Whatever the means employed, the aim is the same to convey through the mark, in the minds of potential customers, the desirability of the commodity upon which it appears. Once this is attained, the trade-mark owner has something of value. If another poaches upon the commercial magnetism of the symbol he has created, the owner can obtain legal redress. And in this case we are called upon to ascertain the extent of the redress afforded for infringement of a mark registered under the Trade-Mark Act of 1905. Mishawaka Rubber & Woolen Mfg. Co. v. S. S. Kresge Co., 316 U. S. 203, 205 (1942).

❷ James Burrough Ltd. v. Sign of the Beefeater, Inc., 540 F. 2d 266, 274 & n. 16 (7th Cir. 1976).

❸ 原文是：A "trademark" is not that which is infringed. What is infringed is the right of the public to be free of confusion and the synonymous right of a trademark owner to control his product's reputation.

论是美国《兰哈姆法》还是法院都没有给出一个准确的说明。这个判断只能留给法官根据具体案情判定。在实践当中，法官一般都会采取实证调查作为证据，以支撑混淆之虞的判定。❶

第三，混淆了什么？美国法上的混淆之虞，包括来源（source）、联结（affiliation）（联合企业或组织）、关联（connection）或赞助（sponsorship）的混淆。例如，如果有人将麦当劳（McDonald's）的商标用于餐厅上，消费者可能会以为两者是同一来源，即可能认为餐厅是麦当劳开的。如果有人用微软（Microsoft）的商标用于手机上，消费者可能认为微软为这些手机的质量背书。如果有人将苹果公司的商标用在电视机上，消费者可能会以为这些电视机与苹果公司有关联或者是苹果公司所赞助的。

第四，如何认定混淆？在1961年"宝丽来诉波拉得案"（Polaroid v. Polarad）中，❷ 美国第二巡回上诉法院对混淆之虞的认定提出了参考因素。这个案件的案情是，原告是美国著名的光学产品制造商，在"二战"时期就开始为美国政府服务并注册了"POLAROID"商标。被告也是一家生产光学产品的公司，并且兼营电视销售，使用的是"POLARAD"商标。"POLAROID"与"POLARAD"看起来十分相似，唯一的区别仅仅是两者最后两个字母。于是，原告认为被告的商标混淆了消费者，控告被告商标侵权。被告对此进行抗辩说，商标是其自创，并未抄袭原告的商标。虽然，法院最后以原告主张权利有疏忽延误（laches）为由驳回诉讼。但法院对认定混淆之虞提出了下列八项因素，通称"宝丽来因素"（Polaroid factors），并为后世法院所效仿。这八项因素包括：（1）商标（涉嫌被侵害的商标）的强度；（2）两个商标之

---

❶ See MCCARTHY. McCarthy on Trademarks and Unfair Competition [M]. New York：Clark Boardman Callaghan, 2008：§23：2.

❷ Polaroid Corp. v. Polarad Electronics Corp., 287 F. 2d 492, 495 (2d Cir. 1961).

间的相似度;(3) 双方产品的相近度;(4) 先使用人推出后使用人产品的可能性;(5) 实际混淆;(6) 被告使用商标的善意;(7) 被告产品的质量;(8) 购买者的精明。❶

(一) 混淆理论的扩张之一:售前混淆

售前混淆(initial interest confusion),又称初始兴趣混淆,是指消费者在购买前的一刹那引发的混淆,而在实际购买时并没有混淆。售前混淆与传统的混淆理论的差别在于,售前混淆并不会影响消费者的购买决策。售前混淆对商标所有人造成的损害也较售中混淆要小,但是除非消费者对品牌的忠诚度相当高,能够达到非此不买的地步,否则一些"走捷径"的商人便能够通过利用他人的商标引起人们的注意,从而获利。❷ 在当前"注意力经济"的时代,商标所有人可能会因为售前混淆而丧失竞争的利益。虽然美国法院对售前混淆的理论诠释有所差别,但大致上并不否认售前混淆的存在。❸

在 1975 年的"格柔特里安诉施坦威案"(Grotrian v. Steinway & Sons)中❹,美国联邦第二巡回上诉法院首次承认了售前混淆理论。该案的双方当事人是高级钢琴的制造商,潜在的消费者都是高端用户。原告拥有的商标是"Grotrian-Steinweg"和"Steinweg"商标,被告拥有的商标

---

❶ 原文是: Where the products are different, a prior owner's chance of success in a trademark infringement action is a function of many variables: the strength of his mark, the degree of similarity between the two marks, the proximity of the products, the likelihood that the prior owner will bridge the gap, actual confusion, and the reciprocal of defendant's good faith in adopting its own mark, the quality of defendant's product, and the sophistication of the buyers.

❷ 黄晖. 商标法 [M]. 北京:法律出版社,2004:144.

❸ Rothman, Jennifer. Initial Interest Confusion: Standing at the Crossroads of Trademark Law [J]. Cardozo Law Review, 2005 (27): 105-135.

❹ Grotrian, Helfferich, Sehulz, Th. Steinweg Nachf v. Steinway & Sons. 523 F. 2d 1331 (2d Cir. 1975).

是"Steinway & Sons"。原告认为，消费者在搜寻自己产品的时候，可能接触到与它商标近似的被告之产品，而产生错误的印象，进而考虑购买被告的产品。法院在审理中指出，混淆之虞判断的时间点包括缔约前和缔约后。该案的判定可以根据购买人缔约前的时间点来判断混淆之虞是否成立。被告的行为，在消费者购买之前激起其兴趣，是一种以不正当方式窃取他人商誉的行为，构成了商标侵权。

随着电子商务的快速发展，售前混淆理论在近年来扩张很快，特别是网络搜索中使用与他人相同或者近似的商标作为网址关键词等方面。在网上检索商品时发生的混淆表现为三种形式：第一，转移潜在的消费者最初的购买关注点；第二，由于消费者错误地认为在后使用商标的商品或服务的提供者与商标持有人之间存在某种联系而发生关注点的转移，其最终作出的购买决定也受到了潜在的影响；第三，商标所有人的商誉使消费者对在后使用商标的商品或服务给予了信任。❶ 在这些情形下，司法实践中认为，即使消费者实际上并未产生混淆，但仍然可以认定构成商标侵权。法院认定商标侵权的依据是消费者可能产生的售前混淆、最初的"被吸引"（attracted）或者被竞争对手甚至非竞争对手的"分散精力"（distracted）。在传统的商标侵权认定上，美国法院要求使用相同或者近似商标可能产生市场混淆，但在涉及互联网的判决中，法院已经不再有如此明确的要求。❷

1999年的"布鲁克菲尔德诉西部海岸案"（Brookfield v. West Coast），是美国关于电子商务中售前混淆的经典判决。❸ 该案的原告与被告都是经营娱乐应用软件的公司。被告利用原告的商标作为网址的内容，并将

---

❶ 杜颖. 社会进步与商标观念：商标法律制度的过去、现在和未来［M］. 北京：北京大学出版社，2012：146.

❷ 孔祥俊. 商标与不正当竞争法：原理和判例［M］. 北京：法律出版社，2009：263.

❸ Brookfield Communications, Inc. v. West Coast Entertainment Corporation. 174. F. 3d 1036 (9th Cir. 1999).

原告商标或前述网址以网页标识（meta tag）的形式置于网站当中，导致消费者在键入原告商标作为搜索词时，被告的网站亦会出现在搜寻结果列表上。这样，消费者很可能会因此进入被告的网站，从而选择被告网站中与原告所提供类似的商品或服务。法院认为此情形虽然无法举证实际的混淆，但构成售前混淆，据此认定被告侵害了原告的商标权。

2004年的"日产汽车公司诉日产电脑公司案"（Nissan Motor v. Nissan Computer），是另一个有关售前混淆的网络案件。[1] 原告是日产汽车公司，被告是一家日产电脑公司。虽然，"Nissan"在当时还没有被法院认定为驰名商标，但作为一家较知名的汽车公司，美国的消费者在网络寻找有关汽车导购信息的时候，很自然地会输入"www.nissan.com"。当他们输入这个域名的时候，发觉出现的却是被告的日产电脑公司。原来，被告早早注册了这个域名，并且在自己主页上除了显示电脑相关信息外，还接受其他汽车公司的广告。当消费者键入这个网站后，立刻发现不是日产汽车公司的网站而感到灰心，但一看到这些汽车广告，可能就会想点击去看。因此，法院认为，被告虽然没有直接利用原告的商标进行汽车的销售，但是在为其他汽车公司提供广告服务的过程中获取了利益，构成了商标侵权。

（二）混淆理论的扩张之二：售后混淆

售后混淆（post-sale confusion）是指消费者在购买商品时并未混淆，但在购买后看到该商品的商标时却产生了混淆。在现实生活当中，售后混淆表现为以下两种情形：其一，消费者在购买前并不知道真品的存在，对假冒商标的商品或服务只是抱着尝试一下的心态购买。如果最后发现这些产品或服务质量存在瑕疵，便对这个商标留下了不好的印

---

[1] Nissan Motor Co. v. Nissan Computer Corp., 378F. 3d1002（9th Cir. 2004）.

象,等他下次看到真品的时候便不会去购买。其二,消费者在购买前明知道对方销售的是假货,但是仍然因为虚荣心等原因而购买。❶ 例如,淘宝上价格几十到几百不等的"LV"皮包,按照常理推断,消费者显然知道网上卖的是假货,因此在购买时也没有发生任何的混淆。不过,当他在生活中使用时,旁人可能无法分辨这个皮包的真伪。这种行为猖獗之后,那些真正花高价购买"LV"皮包的消费者们会恍然大悟,觉得没有人会对他的皮包赞赏或者质疑其买的也是假货。长此以往,"LV"这个商标的商誉将会受到破坏,最后导致整个品牌价值的下降。

售后混淆理论在美国法院的应用,始见于1955年的"马斯特卡拉夫特钟表公司诉江诗丹顿钟表公司案"(Mastercrafters Clock and Radio Co. v. Vacheron & Constantin)❷,该案的原告是美国的马斯特卡拉夫特钟表公司,被告是全球知名的瑞士钟表厂家江诗丹顿。江诗丹顿在钟表界享有卓尔不群的地位,其一款名为"Atmos"的钟表更是以登峰造极的手艺享誉业界。在1952年,原告生产了一款名为"Model 308"的钟表,这款钟表无论是外形还是功能都与江诗丹顿的"Atmos"钟表相似。于是,江诗丹顿在美国的很多州法院成功提起诉讼,法院颁发禁令要求马斯特卡拉夫特公司禁止生产这款手表。马斯特卡拉夫特公司不服,于是向联邦第二巡回上诉法院起诉江诗丹顿,声称其行为并不是不正当竞争。江诗丹顿在诉讼中提起反诉。法院在审理后认为,尽管消费者在购买的时候不会误以为"Model 308"手表是江诗丹顿生产的,但是部分消费者购买这个廉价的钟表的目的在于放在家中以彰显身份,会

---

❶ 黄晖. 商标法 [M]. 北京:法律出版社,2004:143-144.
❷ Mastercrafters Clock & Radio Co v. Vacheron & Constantin Le Coultre Watches, Inc., 221F. 2d 464, 466 (2d Cir. 1955).

导致很多不明所以的来访者产生混淆,这种行为是可诉究的。❶ 因此,判决马斯特卡拉夫特公司侵权。

1986年,在美国联邦第二巡回上诉法院审理的一个上诉案件"洛伊丝运动装公司诉李维斯公司案"(Lois Sportswear v. Levi Strauss)中,售后混淆理论再次得到确认❷。这个案件的双方当事人都为服装厂家,其中李维·斯特劳斯(Levi Strauss)是牛仔裤的发明人,创立了深受消费者欢迎的服装品牌李维斯(LEVI's)。"LEVI's"商标印在牛仔裤的后袋上,成为消费者识别的标记。后来,另外一家服装生产商洛伊丝运动装公司也把这种图案缝在其产品上。案件的争议焦点就是,洛伊丝运动装公司在后袋上缝上李维斯的商标是否可能导致消费者混淆。法院在审理中认为,尽管由于价格、质量等原因,消费者在购买时并不会发生混淆,但是在购买后,消费者穿着在身上时,可能会导致其他潜在消费者混淆生产者。这个案件之后,售后混淆理论在美国法院逐渐得到广泛适用。

在2000年,美国联邦第二巡回上诉法院受理了上诉案件"爱马仕诉莱德勒巴黎第五大道公司"(Hermes v. Lederer de Paris Fifth Ave)❸,案件的一方当事人是全球著名奢侈品牌爱马仕(Hermes)的拥有者爱

---

❶ 原文是:True, a customer examining plaintiff's clock would see from the electric cord, that it was not an atmospheric'clock. But, plaintiff copied the design of the Atmos clock because plaintiff intended to, and did, attract purchasers who wanted a "luxury design" clock. This goes to show at least that some customers would buy plaintiff's cheaper clock for the purpose of acquiring the prestige gained by displaying what many visitors at the customers' homes would regard as a prestigious article. Plaintiff's wrong thus consisted of the fact that such a visitor would be likely to assume that the clock was an Atmos clock. Neither the electric cord attached to, nor the plaintiff's name on, its clock would be likely to come to the attention of such a visitor; the likelihood of such confusion suffices to render plaintiff's conduct actionable.

❷ Lois Sportswear, U.S.A., Inc. v. Levi Strauss & Co., 799 F.2d 867, 871, 872-73 (2d Cir. 1986).

❸ Hermes Int'l v. Lederer de Paris Fifth Ave., Inc., 219 F.3d 104, 107 (2d Cir. 2000).

马仕公司,爱马仕公司在1837年创立于巴黎,早年以制造高级马具起家,到后来发展成为生产箱包、服装和生活艺术品的奢侈品公司。爱马仕旗下有众多款式的包,其中最为经典的是凯莉包(Kelly Bag)、铂金包(Birkin Bag)。值得一提的是,爱马仕包的价格不菲,以铂金包为例,从数千美元到几十万美国不等。该案的另一方当事人是专门销售山寨包的销售商,其销售的高仿爱马仕包只需要很低的价格就可以买到,成为众多虚荣心膨胀的消费者的理想卖家。法院在审理中指出,虽然精明的消费者在购买便宜的爱马仕包时并不会产生混淆,但这些消费者在后续的使用过程中会混淆公众,让人以为爱马仕的产品竟能以如此低价销售,这种行为构成了对爱马仕的商标侵权。

二、商标的自由转让与许可

(一) 商标的自由转让

商标权能否自由转让?这是商标能否作为一项独立财产的关键。传统上认为商标与其商誉具有不可分离的关系。商标权人单独转让商标而保留原来的营业或者将商标与营业分别转让给不同的人,则受转让人将商标使用在与原来的商品不同时,会导致消费者误信该商标仍表彰原来的商品及原来的商誉而购买。[1] 由于这种行为会损害消费者对原商标的合理期待利益,传统上认为除非企业与商誉一起连同转让,否则商标转让行为无效。在1934年的伦敦修订会议中,《巴黎公约》第6条第4款对连同转让进行了规定:

(1) 根据本联盟国家的法律,商标的转让只有在与其所属商

---

[1] 曾陈明汝. 商标法原理 [M]. 北京:中国人民大学,2003:309.

行或商誉同时转让方为有效，如该商行或商誉坐落在该国的部分，连同在该国制造或销售标有被转让商标的商品的专有权一起转让予受让人，即足以承认其转让为有效。

（2）如果受让人使用受让的商标事实上会具有使公众对使用该商标的商品的原产地、性质或重要品质发生误解的性质，上述规定并不使本联盟国家负有承认该项商标转让为有效的义务。❶

连同转让的规定，在修改会议中是有争议的。有的代表认为，商标权具有独立性特征，商标权的转让也应因各个国家的不同而独立转让，转让行为的有效性应取决于国际私法的规定❷。不过，国际私法的基本原则之一就是主权原则，反映在民商领域就是，行使独立的法律适用和管辖权。在当时，各国对商标转让的法律规定差异很大。有些国家允许商标单独转让，有些国家判断商标转让是否有效是基于该企业是否一并转让，甚至有些国家把企业的转让要求解释为企业的全部转让（无论在内国还是外国的业务）。在这种情况下，交由国际私法来解决商标转让的法律纠纷显然是不现实的。从《巴黎公约》的"如该商行或商誉坐落在该国的部分，连同在该国制造或销售标有被转让商标的商品的专有权一起转让予受让人，即足以承认其转让为有效"的规定来看，公约

---

❶ 原文是：(1) When, in accordance with the law of a country of the Union, the assignment of a mark is valid only if it takes place at the same time as the transfer of the business or goodwill to which the mark belongs, it shall suffice for the recognition of such validity that the portion of the business or goodwill located in that country be transferred to the assignee, together with the exclusive right to manufacture in the said country, or to sell therein, the goods bearing the mark assigned. (2) The foregoing provision does not impose upon the countries of the Union any obligation to regard as valid the assignment of any mark the use of which by the assignee would, in fact, be of such a nature as to mislead the public, particularly as regards the origin, nature, or essential qualities, of the goods to which the mark is applied.

❷ 博登浩森. 保护工业产权巴黎公约指南 [M]. 汤宗舜, 段瑞林, 译. 北京：专利文献出版社, 1984: 94.

显然折中了上述几种意见,只要求"坐落在该国(本国)"的部分,而未要求在国外的企业也一并转让。至于,商标是否包括"服务商标",从公约第(1)款的商品(manufacture)和第(2)款"商品的原产地、性质或重要品质"(as regards the origin, nature, or essential qualities of the goods)等用语来看,显然是将服务商标排除在条约之外,各国并无义务将服务商标的转让也纳入连同转让的限制中。

值得关注的是,《巴黎公约》中对"商行或商誉"(business or goodwill)进行了区分。对这两个词的理解,博登浩森是这么认为的,"在某一国家拥有商标的企业可以在该国有它的商行,就是工业或商业营业所的意思,或者也可以在其他国家有它的活动的物质基地,但在有关国家中具有商誉,在形式上就是有一群顾客,在这些情况下,只要坐落在有关国家的商行或商誉部分一同转让,那么商标的转让就是有效的。"[1]此外,根据《巴黎公约》规定,连同转让也并非都是有效的。因为"如果受让人使用受让的商标事实上会具有使公众对使用该商标的商品的原产地、性质或重要品质发生误解的性质",则各国可以对此转让效力不予承认。

与《巴黎公约》相似,当时许多国家都对商标单独转让持否定的态度。美国上诉法院在"麦克马哈公司诉丹佛化工公司"(Macmahan Pharmacal Co. v. Denver Chemical Manufacturing Co.)一案[2]中,是这么描述商标转让规则的:

> 商标不能被转让,或者许可,除非连同它的商行或者与它的相关财产一起转让。没有符合这种条件的转让或者许可是完全不符合商标价值理论的,(这种转让)会造成对商誉的的挪用。商标的基

---

[1] 博登浩森. 保护工业产权巴黎公约指南[M]. 汤宗舜,段瑞林,译. 北京:专利文献出版社,1984:3.

[2] Macmahan Pharmacal Co. v. Denver Chemical Manufacturing Co. 113 F. 468 (8th Cir. 1901).

本价值是，识别贸易、商业的特定来源或者作为某些人的财产。当对商标的使用已经足够满足这种价值时，商标成为一种财产。不过商标转化成财产之后，它是为了两个目标：1. 作为使用者具有吸引力的标志，通过使用促进它的商业；2. 作为一种保证，反对公众被欺骗。将标志与其所附的商业脱离，是对商标基本价值的背离，使得商标成为一种错误和欺骗性的指示。因此，商标本身是不可以转让的财产。❶

从上述判决中可以看出，法官坚持商标的基本功能在于识别，强调商标本身是不可转让的财产，单独转让的行为因为割裂了商标与商品之间的关系，使得商标成为一种"错误和欺骗性"的指示，因此是受到禁止的。"司法实践的做法也反应在立法中。《兰哈姆法》第10条（a）款规定，"已注册之商标或申请注册之商标可以转让，但应与使用该商标之商誉，或与该商标有关且由使用该商标表彰之部分商誉一并转让。"

禁止单独转让的见解，说明了法院在传统上不关注商标本身的财产属性，而仅仅是将其作为商标权人的商业工具。在此立论上，商标权人单独转让商标会导致消费者混淆。更重要的是，假若允许商标可以单独转让，受让人的权利也得不到很好的维护。原因在于，消费者青睐的是

---

❶ 原文是：A trade-mark cannot be assigned, or its use licensed, except as incidental to a transfer of the business or property in connection with which it has been used. An assignment or license without such a transfer is totally inconsistent with the theory upon which the value of a trade-mark depends and its appropriation by an individual is permitted. The essential value of a trade-mark is that it identifies to the trade the merchandise upon which it appears as of a certain origin, or as the property of a certain person. When its use has been extensive enough to accomplish that purpose, and not till then, it becomes property, and when it so becomes property it is valuable for two purposes: (1) as an attractive sign manual of the owner, facilitating his business by its use; (2) as a guaranty against deception of the public. Disassociated from merchandise to which it properly appertains, it lacks the essential characteristics which alone give it value, and becomes a false and deceitful designation. It is not by itself such property as may be transferred.

最初使用者的商品或服务，受让人成功获得商标后，如果又出现了其他人违法使用该商标时，受让人无法起诉其他人的侵权责任，因为它举证不了消费者到底混淆了什么？对于单独转让的限制，结合上文所提及的假冒之诉的发展，很好地说明了，商标法在传统上聚焦于商标权人的商业、商誉、消费者，而并非关注商标本身。

随着商标财产化的推进，人们逐渐将关注的焦点转向商标本身，视其为独立的财产。而作为一项财产，自由处分就成了它的应有之义，于是商标连同转让的限制也被逐渐放开。❶ 1994年签署的《与贸易有关的知识产权协定》（TRIPS）清晰地说明❷，无论是否连同所属企业，商标均可以单独转让。这一规定的潜在意思，就是承认商标是具有独立财产价值的，商标功能已经不仅仅局限在商品或服务来源的识别。美国法院对商标转让的限制也渐渐松动。在"克拉克和弗里曼公司诉赫特兰德公司案"（Clark & Freeman Corp. v. The Heartland Cpmpany），❸ 马丁法官（Martin）注意到，对商标单独转让的有效性不能一概认为无效，只要受让人持续制造的商品与让与人先前以同一商标所生产的产品具有相同品质且为相同种类，此时，商标即使不随同实体财产而转让，该商标转让仍然有效。学者尼尔·帕拉特（Neal R. Platt）对马丁法官确立的商标转让理论进行分解，认为可从两种标准去判断商标单独转让的有效性。❹

第一，买卖双方商品之实质性相似。

这种方法的原理就是藉由让与人与受让人商品或服务的相似程度作

---

❶ 英国《商标法》第24条规定，"商标可以与商业信誉一起转移，也可以独立地转移"。

❷ TRIPS协定第21条：缔约方可以确定商标许可和转让的条件。必须明确的是：对商标的强制许可是不允许的，而且注册商标的所有者有权转让其已注册的商标，而无须在转让时将商标所属企业一同转让。

❸ Clark & Freeman Corp. v. Heartland Co. Ltd., 811 F. Supp. 137, 139 (1993).

❹ N. R. Platt. Good Will Enduring: How to Ensure That Trademark Priority Will Not Be Destroyed by the Sale of a Business [J]. Trademark Rep., 2009 (99): 788-810.

为依据，如果受让人将商标使用在不同于让与人之前所生产的商品或服务时，将会导致消费者的混淆的话，则商标转让行为无效；如果转让前与转让后，商标使用的商品或服务具有实质性的相似，则认定商标单独转让行为有效。当然，这种"实质性相似"不仅包括商品或服务的种类相似，还包括质量、价格等因素。简而言之，就是要求转让人去找一个"双胞胎兄弟或姐妹"才能转让。这种方法看起来很完美，可以最大程度的实现转让前与转让后商标使用状况的无缝连接，消费者利益得到保障之余又维护了市场的秩序。但"实质性相似"在实践当中是很难达到的，就算是"双胞胎兄弟或姐妹"，不同的生产管理、品质监管、销售手段等都会使得转让前与转让后的商品或服务有所差别。最为困扰的是，"实质性相似"是可以从多角度进行解释的词语，这种不确定性会导致法官在判案当中形成不同的见解，不利于对商标转让行为效力的统一判断。❶

第二，与过去的真实连续性，或是管理的连续性。

马丁法官在上述案件中提到，受让人可以通过释明其"有能力保持与过去的真实连续"或"此让与具有管理上的连续性"，而避免使此让与被认定为无效。❷ 这种说法，相当于我们今天所谓的"受让人的品质保证义务"❸。学者尼尔·R. 帕拉特（Neal R. Platt）从实务的角度，认为这种方法不仅能够最大限度的满足消费者对受让商标后的商品或服务质量的合理期待，同时在实践中也具有可操作性。当事人如想通过这一标准规避美国商标法的规定时，需要注意以下事项：首先，作为法院认定单独转让是否有效的依据，质量监管是其中最为关键的一环。双方当

---

❶ N. R. Platt. Good Will Enduring: How to Ensure That Trademark Priority Will Not Be Destroyed by the Sale of a Business [J]. Trademark Rep., 2009 (99): 788-810.

❷ Clark & Freeman Corp. v. Heartland Co. Ltd., 811 F. Supp. 137, 139 (1993).

❸ 我国《商标法》第43条第1款规定，转让注册商标的，转让人和受让人应当签订转让协议，并共同向商标局提出申请。受让人应当保证使用该注册商标的商品质量。

事人应该将质量监管的要求以书面的形式作为呈堂证据。转让合同内应该包括让与人的商业特征、质量标准以及检验方法以及让与人已经在一定时间内将商标使用于商业的完整说明。❶ 为了使得商标转让行为更为谨慎，不论是让与人还是受让人，都要以书面形式承诺采取一切合理且必要的手段去维持上述事项的机密性。其次，在转让合同中，让与人应该承诺会陪同受让人亲自造访其商标使用之营业的各个环节，使受让人能够知悉原来营业范围内的具体消息。在合同内有必要对造访的次数、每次造访的时间详加规定以及在造访时必须有见证人在场。转让人应提供完全畅通的途径让受让人能够接触其营业中的各个领域，不留下任何限制区域。并且，要对让与人披露所有关于原来商标使用之营业的信息，包括但不限于供货来源、食谱、配方及质量标准、测试程序等。

(二) 商标的自由许可

商标许可，指允许他人就特定的商品或服务在特定的期间、情形、市场或区域使用商标。❷ 在商业上使用"许可"一词时，含义较为宽松，未必是上述许可的意义。例如，经销商销售原封不动的商标商品或者生产商以贴牌加工的方式生产商品，这些行为有时候也被称为"许可"。但严格而言，这些行为都不算商标的使用，也无所谓商标许可问题。此外，学术界常常使用"默示许可"（implied license）一词❸。商

---

❶ 可预期，任何商标转让人的质量监管程序皆会随时间进化。理想上，让与人与受让人应在转让合同上订出一段代表性的回顾期间，而在这段时间里，让与人的最重要的质量监管是得到严格执行的，此举亦可用以使审查此商标转让的法院确信在商标让与的同时，商誉亦将同步传承给买方。See N. R. Platt. Good Will Enduring: How to Ensure That Trademark Priority Will Not Be Destroyed by the Sale of a Business [J]. Trademark Rep., 2009 (99): 788-810.

❷ MCCARTHY. McCarthy on Trademarks and Unfair Competition [M]. New York: Clark Boardman Callaghan, 2008, §18: 1.

❸ Mark D. Janis. Tale of the Apocryphal Axe: Repair, Reconstruction, and the Implied License in Intellectual Property Law [J]. A. Md. L. Rev., 1999 (58): 423-450.

标商品一经商标权人售出，商标权人即权利耗尽（exhausted）。换言之，买受人得到了商标权人的默示许可，可以把该货原封不动的卖出。❶ 不过，所谓的"默示许可"，只是理论上对无商标侵权行为发生的一种说辞，并不表示当事人经默示成立商标许可。而且，即使不用"默示许可"一词，也可从合同法的角度，说明该特定当事人无侵权责任。

　　商标是否可以许可，在之前的理论上存在障碍。此前，普通法院认为，商标只是用来识别商品或服务的来源。如果商标仅仅是由许可人拥有，但是这个拥有人却不生产或提供服务，而是由被许可人生产或提供的话，与传统的商标理论相矛盾。因此，法院不允许商标所有人以外的其他人使用商标❷。1901年，美国第三巡回上诉法院审理的"马克马班制药公司诉丹佛化学公司案"（Macmaban Pharmacal v. Denver Chemical）❸，法院认为商标不得许可他人使用，许可合同无效。至1930年，美国商标法理论开始包容商标许可。法官逐渐意识到，商标未必都只是商品或服务的来源，也可以表示商品或服务的品质。只要被许可人的商品或服务的品质能够与许可人保持一致，消费者利益并没受到侵害。因此，美国法院开始承认商标许可行为的效力。到1946年的《兰哈姆法》出台后，虽然该法未对商标许可有明文的规定，但是从其第5条及第45条进行分析，不难看出其隐含着商标许可及品质监管等规定❹。

---

❶ See MCCARTHY. McCarthy on Trademarks and Unfair Competition [M]. New York：Clark Boardman Callaghan，2008，§25：41.

❷ See MCCARTHY. McCarthy on Trademarks and Unfair Competition [M]. New York：Clark Boardman Callaghan，2008，§18：39.

❸ McMahan Pharmacal Co. v. Denver Chemical Mfg. Co.，113 F. 468 (8th Cir. 1901).

❹ 美国《商标法》第5条规定，已经注册或者申请注册的标记既被或可能被相关公司合法使用的，其使用对注册人或注册申请人的权益有利，只要标记不以欺骗公众的方式使用，其使用就不影响标记的注册和有效。如果标记的最先使用者是注册人或者注册申请人在商品或服务的性质及质量方面能够控制的主体，则根据具体情况，该最先使用对注册人或注册申请人的权益有利。美国《商标法》第45条规定，"……关系公司，是指商标所有人能够控制其使用商标的商品或服务的性质及质量的主体……"

从另一个角度而言，被许可人乃是许可人的手臂的延伸。被许可人不得违反许可人商标"来源指示"与"品质保证"的功能，而许可人更必须保留控制与监督商品或服务的权利。因为，若欠缺许可人实际有效的控制与监督，商标将会丧失表彰特定来源与品质的功能，而许可人亦无法持续享有商标所带来的利益。美国法院从商标的品质功能出发，认为商标许可时，许可人必须对被许可人实施适当的品质监控。如果任由被许可人把商标用于任何品质或种类的商品的话，商标将会传达虚假的信息给消费者。这种表里不一的状况，使得商标丧失其为表彰商品或服务来源的功能，同时消费者也可能受到欺诈❶。

品质监控旨在确保被许可人在使用商标时维持商品的品质。但是，究竟许可人对被许可人品质监管要达到何种程度，美国法律并未予以明文规定。实际上，许可人应该视商品或服务的性质、消费者的合理期待以及许可交易的整体性，对许可人实施适当的品质监管。而且，即使在许可合同中缺少正式的品质监控计划或者明确的品质监控条款，但如果双方存在密切的合作关系，确保被许可人值得信赖，仍然可以证明双方已经采取了实质的品质监控措施❷。对于品质监控的重要性，美国联邦第二巡回上诉法院的鲁姆巴拉迪（Lumbard）法官说到❸，如果许可人不采取一些合理的措施，以防止商标在别人手中被滥用，将会剥夺商标法对公众利益的有效保护。在商标发生欺诈性的使用之前，公众几乎无法察觉。充其量只会在事情发生后慢慢才意识到。因此，除非许可人对于被许可人的商标使用实施监控，便会在不知不觉中增加了公众受到欺

---

❶ See MCCARTHY. McCarthy on Trademarks and Unfair Competition [M]. New York：Clark Boardman Callaghan, 2008, §18：42.

❷ Taco Cabana Int'l Inc. v. Two Pesos Inc., 932 F. 2d 1113 (5th Cir. 1991).

❸ Dawn Donut Co. v. Hart's Food Stores, Inc., 267 F. 2d 358 (2d Cir. 1959).

许的风险，这正是商标法所欲防止者❶。显然，当商标由被许可人使用时，唯一有效保护公众利益的方法，就是在于许可人须以合理的方法监控被许可人的活动。

另外，许可人未实施这种品质监控的话，构成"无监控许可"（naked licensing），会导致商标无法表彰商品或服务的来源，从而被法院认定许可人已放弃商标权❷。2002年美国联邦第九巡回上诉法院审理"巴卡米日卡诉泰菲尔德进口公司案"（Barcamerica v. Tyfield Importers）说明了"无监控许可"的后果❸。在这个案中，由于"DA VINCI"商标已经被注册，申请人注册申请被驳回。申请人遂以注册人属于"无监控许可"，构成对该标记的放弃为由，请求商标的注册。在审理中，原注册人承认自己许可他人使用商标，并且许可合同中并未规定品质监控条款。但辩称自己符合品质监控的要求，理由是：（1）自己信赖被许可人的商誉，因为被许可人的公司里有一位世界著名的酿酒人；（2）自己偶尔会对被许可人的酒进行非正式的品尝测试。法院在审理后认定，该世界著名的酿酒人已在许可期间去世，许可人却仍对该被许可人商誉继续信赖，不具有正当理由。而且，许可人无法证明自己在什么时间、多少次以及在什么情况下品尝测试该酒类产品。法院认定，该许可属于"无监控许可"，表明原注册人已放弃其商标权利。

此外，美国法有被许可人"禁止反言"（Licensee Estoppel）的规

---

❶ 原文是：If the licensor is not compelled to take some reasonable steps to prevent misuses of his trademark in the hands of others the public will be deprived of its most effective protection against misleading uses of a trademark. The public is hardly in a position to uncover deceptive uses of a trademark before they occur and will be at best slow to detect them after they happen. Thus, unless the licensor exercises supervision and control over the operations of its licensees the risk that the public will be unwittingly deceived will be increased and this is precisely what the Act is in part designed to prevent.

❷ See MCCARTHY. McCarthy on Trademarks and Unfair Competition [M]. New York：Clark Boardman Callaghan, 2008, §18：1.

❸ Barcamerica International USA Trust v. Tyfield Importers Inc., 289 F.3d 589 (9th Cir. 2002).

定。被许可人无权在商标许可期间质疑商标权的有效性。此规定并非出自成文法,而是基于传统的衡平原则。美国法院认为,被许可人在订立商标许可合同的时候应承认商标权的有效成立。如果被许可人嗣后又对商标权的有效性进行否认的话,不利于维持合同关系的稳定性。[1] 不过,禁言反言的规定也受到学界的批评。有人认为,此规定禁止被许可人质疑本不应成立的商标权,容忍商标所有人继续享有保护,本身就是错误;有人认为,此规定对被许可人不利,他人嗣后可以威胁将撤销商标权,而谈判获得较佳的许可条件;还有人认为,此规定无异于延长商标权的期限,会抑制竞争。[2]

2002 年的"弗里曼诉全美地产经纪商协会案"(Freeman v. National Association of Realtors),[3] 美国商标评审和上诉委员会(TTAB)就依据禁止反言的原则,否决了被许可人的申请。在该案中,被许可人是全美地产经纪公司协会(National Association of Realtors)的会员,该协会的会员可以获得"REALTOR"商标的使用许可。后来她离开该协会,商标许可随即终止。当许可人要求她停止使用"REALTOR"商标时,被许可人申请撤销"REALTOR"商标的注册,声称该商标已成为美国房地产经纪的通用名称。美国商标和上诉委员会基于该协会已经花费大量资金向公众推广"REALTOR"商标,并且被许可人已经使用该标记达 20 年之久,以及通用性问题所依据的证据并非许可到期后出现的新证据等事实,认为被许可人被禁止反言,不得质疑"REALTOR"商标的有效性。

如今,国际上已经普遍承认商标的自由许可。TRIPS 协定第 21 条规定,"缔约方可以确定商标许可和转让的条件"。《欧盟商标指令》第

---

[1] Wcvb-Tv v. Boston Athletic Association, 926 F. 2d 42 (1st Cir. 1991).

[2] Treece, James M. Licensee Estoppel in Patent and Trademark Cases [J]. Iowa L. Rev., 1967 (53): 525-540.

[3] Freeman v. National Association of Realtors, 64 USPQ2d 1700 (TTAB 2002).

8条第1项也规定，商标得就注册之若干或全部商品及就所涉会员国之全国或一部分，予以许可。在现今的商业世界，商品许可是市场的常态。毕竟，自主品牌的建立非一日之功。通过支付合理的许可费，使用别人的知名商标，容易受到消费者的注意和青睐。从许可人的角度，如果单单依靠自己的力量，生意的扩展会受到限制。许可他人合理使用自己的商标，不仅能够坐收许可费，还使得自己的商标更为知名，市场得到更大的拓展。

三、商标的商品化

随着商业形态的多样化发展，商标已经不仅仅是识别商品或服务的来源，而是具有重要的财产内涵。在现实生活中，当注册商标中的图案或者文字，不再附随于所指定的商品种类出现，而是将注册商标的图案或文字本身，变成一种商品在贩卖时，这种行为在商标法上的意义为何？如果非商标权人将他人商标中的部分文字或者图案制成商品销售，但没有造成消费者混淆或误认时，依旧会构成侵害商标的行为吗？这种所谓的商标商品化的问题，其实涉及商标的意义，商标权的内涵以及商标权与竞争秩序的关系。

（一）商标商品化的定义

郑成思先生说过，在民法的人身权与著作权、商标权、商誉权之间存在着一个边缘领域。这个领域无论放到人身权或者是著作权、商标权，都无法令人满意，这就是所谓的商品化权（merchandising right）[1]。商标商品化权肇始于美国，不过美国法律对此并没有一个精确的定义。在司法实践中，美国对虚构角色形象和真实人物形象一直分开保护，前

---

[1] 郑成思. 商标化权刍议[J]. 中华商标，1996（2）：4-8.

者被称为"角色权"（rights in character），指涉的是在电影、电视、动画等作品中常出现的人物、动物或机器人等，也包括用语言表现的作品中的虚拟形象；后者则被称为"形象权"（rights of publicity），指涉的是每一个自然人固有的、对其人格标示的商业使用进行控制的权利[1]。而本书所称的商标的商品化（Trademark Merchandising），也是美国法院在20世纪70年代开始使用的术语。适用的情形是，商标权人通过许可或者他人许可，将商标权人所拥有的较为知名的商标使用在各类商品上。例如，诸多美国职业篮球队将其队标印制在各类服装、生活用品上，以增加其营业收入。这些商标商品化的商品，对于球迷而言，相当具有吸引力。纵使此种商品的单价较高，消费者还是愿意购买。然而，在商标权人是否拥有商品化权的问题上，自1970年起就存在诸多争议。

许多反对商标商品化权的学者认为，商标主要的功能是识别商品或服务的来源，传统商标法首要保护的是消费者利益，商标权人的利益是处于第二位的。商标法最终是为了维护公平竞争，使得竞争的利益惠及全体市场主体。而对商标商品化权的保护，无疑是赋予了商标权人对商标拥有一个无限扩展的权利区间，为其创造了一项垄断的权利，将商标法的重点转向了商标权人的利益上。这是与传统商标法的价值追求相违背的。[2] 尽管出现这种反对的声音，美国国会和法院通过引入赞助或者关联混淆，逐渐扩大了对商标商品化权的保护。

从商标商品化权的确立来看，美国国会和法院已经逐渐认可了商标本身作为商标权人重要的无形资产的地位。在过去半个世纪里，商标财产化在美国已经获得了压倒性的胜利，无论是上文我们提及的混淆理论的扩张，抑或是淡化理论的建立，还是商标自由转让与许可，都反映了

---

[1] 吴汉东. 形象的商品化与商品化的形象权 [J]. 法学，2004（10）：77-89.

[2] Calboli, Irene. The Case for a "Limited" Protection of Trademark Merchandising [J]. University of Illinois Law Review, 2011（865）：10-17.

美国商标法逐渐扩大了对商誉以及商标本身的保护，将重点落实在商标权人的财产权上。❶ 这种理念的转换也同时为商标商品化的发展提供了肥沃的土壤。

然而，如同商品化权的定义一样，由于没有立法对此一锤定音。商标商品化的概念也是众说纷纭。美国法院和学界常常交替使用商标商品化（trademark merchandising），促销商品化（promotional merchandising）以及商品化产品（merchandising products）。❷ 尽管缺乏全面、统一的定义，法院和学者常常对其进行简短的描述。有的法院描述为，一些公司试图去让公众接受一个流行的概念、思想或者词汇。❸ 有的法院解释为，在产品上使用知名商标以让消费者识别一个第二性的来源，或者是对消费者的一种赞助或者许可的暗示。❹ 而学者在描述商标商品化的时候，将其称之为，将商标使用在商品上，意图吸引一些对商标原来附着产品之忠实客户。或者说，商标商品化是为了二次开发利用之目的，创造更多的商业价值❺。上述各种定义，都指明了商标商品化的内涵包括了，通过将商标使用在附属产品上进一步开发商标的商誉或者增加其吸引力。例如将球队的队标使用在牛仔裤、夹克、运动服饰上。因此，商标商品化可以定义为，商标所有人将商标使用在不相关和促销商品上，或者通过商标许可合同，允许他人在其他产品上使用商标，进而扩展商品的附加产值。

---

❶ Mark. A. Lemley. The Modern Lanham Act and the Death of Common Sense [J]. The Yale Law Journal, 1999, 108 (7): 1687-1715.

❷ Robert C. Denicola. Institutional Publicity Rights: An Analysis of the Merchandising of Famous Trade Symbols [J]. N. C. L. REV., 1984 (62): 603-631.

❸ Am. Footwear Corp. v. Gen. Footwear Co., 609 F. 2d 655, 660 (2d Cir. 1979).

❹ Univ. Book Store v. Univ. of Wis. Bd. of Regents, 33 U. S. P. Q. 2d (BNA) 1385, 1405 (T. T. A. B. 1994).

❺ Lisa H. Johnston. Drifting Toward Trademark Rights in Gross [J]. Trademark Rep., 1995 (62): 19-29.

(二) 商标商品化的发展

1975年，美国联邦第五巡回法院审理的"波士顿棒球协会诉达拉斯帽子与徽章公司案"（Boston Prof'l Hockey Ass'n. v. Dallas Cap &. Emblem Mfg），开启了对商标商品化权的保护[1]。原告是波士顿曲棍球协会（Boston Professional Hockey Association）。被告为一家名为达拉斯的生产帽子和服饰的公司（Dallas Cap & Emblem Mfg）。案情的缘由是，作为协会内的13支球队的代表，原告将协会球队的队徽独家许可给狮子兄弟公司"Lion Brothers"公司生产相关的服饰、纪念品等，从中获得收益。被告曾经在1968年和1971年试图与原告协商获得其会员的队徽使用权，最后并未成功。被告在没有得到原告许可的前提下，在1972年私自生产了约24603件原告队徽（注意：仅仅是队徽，其并无附着在商品上）在全国范围内销售。原告于是在得克萨斯州北区法院提起商标侵权诉讼。地区法院在审理过程中的争议点在于，与之前的商标案件不同，本案的商标与具体的商品或服务相分离。被告的行为仅仅是复制生产了原告的队徽，并无将其使用在具体的商品或服务上。如果支持原告的诉讼请求，无异于为这些队徽提供类似于著作权的保护，这是与商标法的价值理念不符的。因此，地区法院以本案并无消费者混淆为由，驳回了原告的诉讼。原告不服，上诉至联邦第五巡回法院。

第五巡回法院认为被告的行为侵害了原告的商品化权。原因是：第一，该队徽的巨大商业价值是来源于原告集体的努力获取的；第二，被告曾经试图与原告协商许可使用，证明被告主观上得知其行为并非合法，但其仍然在没有获得许可的前提下使用这些队徽；第三，被告复制

---

[1] Boston Prof'l Hockey Ass'n. v. Dallas Cap &. Emblem Mfg., 510 F.2d 1004（5th Cir. 1975）.

队徽的行为，并将这些队徽在原告所辖的商业领域内进行销售，这些销售活动与原告的经营活动相关联。❶ 并且上诉法院认为，地区法院认为只有对队徽制造商的来源产生混淆才能构成商标侵权的观点是值得商榷的。因为在此案中，球队的队徽具备了无形的财产价值，才激发了被告制造队徽进行销售。被告销售的范围与原告的商业活动范围相关联，有可能令消费者陷入混淆之虞。虽然从判决上看，联邦第五巡回法院并未对案件中的混淆标准、商标使用等传统问题进行详细分析，实际上它是从商标财产化的思路，承认了商标本身是具有财产价值的，所以应该要对商标所有人的商品化权利进行保护。

进入21世纪，商标商品化已经在欧美法院得到广泛的认可。众多知名的球队、乐队或电影公司将队徽、电影名称等印制在各类产品上，并寻求法院的商标保护。据统计，在2010年，美国职业篮球队以及大学篮球队官方许可销售的商品，已经超过100亿美元，这还不包括一些未经许可生产的商品❷。对于一些忠实的球迷而言，这些商品极具吸引力，即便有些商品的单价较高，还是愿意购买。然而，随着相关案件的增多，究竟商标商品化是否构成商标使用？消费者混淆之虞如何认定？这是欧美法院急需解决的问题。

2001年，英国法院审理了"阿森纳足球俱乐部诉马修·里德案"（Arsenal Football Club plc v. Matthew Reed❸）。这个案件的原告是英国著名足球队阿森纳（Arsenal），阿森纳足球俱乐部成立于1886年，俱乐部

---

❶ 原文是：Underlying our decision are three persuasive points. First, the major commercial value of the emblems is derived from the efforts of plaintiffs. Second, defendant sought and ostensibly would have asserted, if obtained, an exclusive right to make and sell the emblems. Third, the sale of a reproduction of the trademark itself on an emblem is an accepted use of such team symbols in connection with the type of activity in which the business of professional sports is engaged.

❷ Calboli, Irene. The Case for a Limited Protection of Trademark Merchandising [J]. University of Illinois Law Review, 2011（865）：10-17.

❸ Arsenal Football Club v. Matthew Reed [2001] 2 C. M. L. R. 23.

每年的营业收入超过 3000 万英镑,其中很大部分是通过销售球队的球衣、纪念品等。1989 年,阿森纳足球俱乐部在英国正式注册了"Arsenal"以及"Arsenal Gunners"商标,并指定于第 25 项分类,有关运动鞋、运动服装以及外套等商品。被告马修·里德(Matthew Reed)是在阿森纳主场外销售运动服饰以及阿森纳相关纪念品的小贩。他从事这项经营已经超过 30 年,所销售的衣服、帽子等都绣有"Arsenal"的字样。在被告销售的商品中,有的是从阿森纳俱乐部授权的经销商中批发,也有部分不是。但被告都会在商品上予以标明,告诉消费者哪些是真品。对此,原告起诉被告,主张被告的行为构成了假冒之诉和商标侵权。被告则抗辩其所销售的商品虽然出现与原告商标相同的字样,目的并非在于表示商品来源,而只是用作表达对阿森纳俱乐部的支持。并且其已经对商品进行了说明,消费者根本不会将商品与原告俱乐部所生产的商品相混淆。因此,被告认为其并不是对商标作为法律上的使用,也不会产生消费者混淆,不构成侵害原告的权利。

在初审中拉蒂(Laddie)法官首先针对原告假冒之诉的指控作出诠释。他认为,假冒之诉的构成必须符合商誉、虚假陈述、损害。本案中,阿森纳俱乐部在世界范围内享有盛誉,其商标具有重要的财产价值,而被告的行为有可能导致原告利益的损失。但是,原告在诉讼中,无法提供证据证明被告对消费者实施了虚假陈述的行为。因此,原告请求的假冒之诉的诉求不予支持。然而,不成立假冒之诉,但能否构成商标侵权呢?拉蒂法官认为,被告商品上虽然使用了原告商标中的"Arsenal"的字样,但是并非出于表示商品来源的目的。这并不是一种商标性的使用,原告无法提供足够的证据证明被告的行为具有混淆消费者的可能性,因此,也并不构成商标侵权。

原告不服，遂寻求欧洲法院的救济❶。本案争议的焦点就是，所谓侵害他人商标权的"使用"，是否包括所有使用商标中的文字图案的行为；还是必须以表彰商品来源为目的，使用他人商标中的文字或图案。由于英国1994年的商标法已经将《欧盟商标指令》（1995 *Trademark Drirective*）纳入其中，换言之，被告的行为是否构成对原告商标权的侵害，就在于其行为是否属于英国商标法第10条第1项❷，亦即《欧盟商标指令》第5条第1项a款所规范的行为❸。就法条的字面意思而言，商标权人有权排除任何人未经统一或授权，将与商标完全相同的符号使用在相同的产品或服务上。

2002年11月12日，欧洲法院对本案作出判决❹。在判决中，欧洲法院也回避了对《欧盟商标指令》第5条第1项a款中"使用"的解释。欧洲法院首先阐明了商标的功能，商标的功能在于确保商品或服务来源的同一性，以使得消费者可以区别不同来源的商品或服务。❺ 商标

---

❶ 欧洲法院是欧洲联盟法院的简称，根据1951年《巴黎条约》设立，设于卢森堡，是欧洲联盟的最高司法机关。主要审理以成员国为当事人的违反欧盟法律的案件。英国成为欧共体成员国后，改变了议会至上地位。就涉及欧洲因素的案件而言，当事人可向欧洲法院提起上诉，欧洲法院为终审法院。任何与欧盟法律相关的案件皆可提交欧洲法院，欧洲法院裁决的效力高于上议院裁决和英国立法。

❷ 英国商标法第10条第1项规定：如果一个人在贸易过程中使用一个与某注册商标相同的标记，并且其商品或服务与注册商标所涉及的商品或服务相同，则此人对该注册商标构成侵权。

❸ 《欧盟商标指令》第5条：There gistered trade mark shall confer on the proprietor exclusive rights there in. The proprietor shall be entitled to prevent all third parties not having his consent from using in the course of trade：(a) any sign which is identical with the trade mark in relation to goods or services which are identical with those for which the trade mark is registered；(b) any sign where, because of its identity with, or similarity to, the trade mark and the identity or similarity of the goods or services covered by the trade mark and the sign, there exists a likelihood of confusion on the part of the public, which includes the likelihood of association between the sign and the trade mark.

❹ Arsenal Football Club Plc v. Matthew Reed (C206/01), [2003] Ch. 454, 2002WL31712.

❺ 原文是：The function of a trademark was to grantee the identy of origin of the marked goods or services by enabling the consumer to distinguish the goods or service from others with a different origin.

还必须保证其所附着的商品的品质是可以得到控制的❶。即使有人使用与商标构成中的文字、图案等相同的符号,只要未影响商标权人的利益,就不能阻止他人使用❷。从这些阐释来看,欧洲法院仍然没有对商标侵权的"使用"进行明确定义。但是,欧洲法院并不认可英国初审法院对于案件事实的认定。欧洲法院认为,被告的行为并非如同初审法院认为那样,而是一种商标性的使用。被告对原告商标字样的使用行为并非是为了表达对阿森纳俱乐部的支持,而是为了表彰其商品的来源或者暗示其商品与阿森纳俱乐部相关。这种行为损害了原告的商业利益,违反了《欧盟商标指令》第 5 条第 1 项 a 款的规定,构成商标侵权。被告对此不服,于是将本案上诉到英国上诉法院。2003 年 5 月 21 日,英国上诉法院接纳了欧洲法院之前的见解,推翻了初审法院之前的判决,认为被告的行为构成对于原告商标权的侵害。❸

---

❶ 原文是:A trademark had to guarantee that all good or services bearing the mark had been manufactured or supplied under the control of a single undertaking which was responsible for the quality of the goods or services.

❷ 原文是:A trademark proprietor could not prohibit the use of a sign identical to his trade mark if the usewould not affect his own interests as the mark's proprietor.

❸ Arsenal Football Club v. Matthew Reed [2003] EWCA Civ 96.

第四章

商标财产化的争议

一、争议之一：美国商标法的宪法命运

在比较法上，美国商标法面临的宪法问题道出了财产化商标的核心本质。商标权虽然与著作权、专利权并列为知识产权。实际上，商标权在性质上与二者有很大的差异，商标立法的宪法基础并不是"知识产权条款"，而是"贸易条款"。著作权及专利权之所以受到保护，是因为他们发明了一些技术或创造了一些作品，这样的发明或者创作对于人类科学文化来说是有所贡献的。基于对这些发明或创造的激励，法律相对给予保护。商标权的保护并不需要以发明或创造为前提，商标法也从未在这些方面有所要求，某一个商标之所以受到法律的保护，仅仅是因为商标具有识别性，而第一次为人注册或是使用于商业活动上即可。从这

个角度而言,商标财产的产生是基于商业贸易的发展,而非是为了推动科学文化进步。

(一) 作为商业工具的宪法

美国独立战争结束后,13 个州于 1781 年批准《邦联条例》(Article of Confederation),以"大陆会议"为形式组成了中央政府。[1] 在这种体制下,大陆会议没有征税权,缺乏全国性的行政和司法机构,国会只能依靠各个州的地方政府(各地政府之间往往缺乏协作)来实施其指定的法律。同时,该中央政府采用一院制立法机构授权进行外交,控制海洋事务和国家货币的铸币业务。当时,无论在国内还是国外,美国货在市场上并无多大竞争力,国内的许多商品需求仍求助于英国的舶来品。为弥补与英国贸易的损失,美国寻求拓展海外市场。然而,中央政府无力推进贸易的改革,使人们不断怀疑它存在的价值。1786 年 9 月,5 个州的行政长官在安那波利斯举行会议,讨论如何修改邦联条例以促进各州之间通商往来。会后他们邀请各州的代表来到费城进一步讨论发展联邦政府的事宜。在激烈的辩论后,邦联国会在 1787 年 2 月 21 日批准了修订邦联条约的方案。除罗得岛州之外的 12 个州都接受了邀请,并派代表参加 1787 年 5 月在费城举行的会议。[2]

1787 年 5 月至 9 月,制宪会议在费城召开,旨在建立一个通过保护财产权利从而推动经济发展的中央政府。最初是为了讨论起草邦联条例的修正案,但是会议最终决定重新起草一部宪法。制宪代表一直讨论至

---

[1] 大陆会议(Continental Congress),1774—1789 年英属北美殖民地 13 州的代表会议,独立战争期间的革命领导机构。共有两届大陆会议。1774 年 9 月在费城召开第一届会议,拟就呈交英王的请愿书,制定抵制英货的法案,但仍希望殖民地与宗主国的冲突和平解决。1775 年 5 月召开的第二届会议,在对英武装冲突已经爆发和群众重大压力下,决定组织军队,任命华盛顿为总司令,从而成为领导独立战争的临时政府。1776 年通过《独立宣言》,1781 年《邦联条例》生效,大陆会议至 1789 年结束。

[2] 廖正胜. 美国宪法导论 [M]. 台北:五南图书出版有限公司,2007:7-10.

同年9月17日，在宪法草案签字者共有39人。邦联会议旋即将宪法草案交由各州批准。❶《美利坚合众国宪法》（The Constitution of the United States of America，以下简称"美国宪法"）第7条规定：本宪法经就各州会议批准后，即于批准本宪法之州内生效。在1787年9月拟定时，美国仍在施行《邦联条例》，该条例第13条规定：本邦联条例非经国会同意并经各州议会批准外，不得修正。但是，制宪代表担心宪法难以获得全部13州议会批准。于是不顾上述规定，不以各州州议会为批准，而以各州特别召集的会议为批准机关，且经过9个州批准即在批准的州生效，不以13州全部批准为要件。实际上，直至1788年6月，已经有德拉瓦州、新泽西州、马里兰州、南卡罗来纳州、新罕布尔州、宾夕法尼亚州、乔治亚州、康涅狄格州、马萨诸塞州等9个州议会批准，美国宪法即在该9州生效。随后，弗吉亚尼亚洲和纽约州批准后，大陆会议随即采取各种措施以筹建联邦政府，进行选举参议院与众议院议员。而北卡罗拉纳州于1789年11月21日批准宪法，罗得岛州于1790年5月20日批准宪法。美国宪法终于获得13个州全体批准。邦联议会随即设置了宪法运作的时间表，在宪法框架内运作的联邦政府终于在1789年3月4日成立。❷

作为世界上第一部成文宪法，美国宪法历经了两百多年的沧桑。诚然，宪法不可能对社会生活各个方面作出无微不至的规定，但它又必须适时调节社会各个利益集团的矛盾。因而其制定之时，制宪者们不是要创造出一部尽善尽美、名垂千古的法典，只是为了寻求一种现实的，能够拯救正在走向失败边缘的美利坚联邦的法律途径。本着这一目的，制宪者们在宪法制定过程中就必须考虑与会各个集团的利益，不断进行讨

---

❶ 王希. 原则与妥协：美国宪法的精神与实践［M］. 北京：北京大学出版社，2000：65-70.

❷ 廖正胜. 美国宪法导论［M］. 台北：五南图书出版有限公司，2007：7-10.

价还价，此即旅美学者王希先生所谓的"妥协的精神"。❶ 过去，美国宪法研究者多从政治史的角度出发，阐述了美国宪法的起源与实质，他们的论述往往就事论事，缺乏对宪法背后决定力量的分析。针对这种研究的弊端，历史学家查尔斯·比尔德（Charles Beard）在1913年出版的《美国宪法的经济观》中强调，法律不是一种抽象的事物，而是有其现实性质；大部分法律涉及人与人之间的财产关系，因而那些强有力的利益集团必然要促使政府制定某种法律，以便它们得以继续其经济活动，从而实现其目的。他认为：美国宪法并非是代表全民的意志，其只不过是利益集团协调下的产物。他还提到，美国制宪者之所以能够跻身世界著名的政治家之列，主要"由于他们承认经济利益在政治上的力量，并且巧妙地加以运用。从而把一个新的政府建立在经济利益基础之上"。❷

根据这种"经济决定论"，比尔德仔细分析了美国开国元勋们制定宪法的动机和他们代表的经济利益。他调查研究了1787年美国经济权力的分配情况，详细列举了制宪会议每个代表拥有的财产利益。根据对美国财政部文献的分析研究，比尔德认为，"至少有六分之五的制宪者对他们在费城的努力结果有紧密的、直接的利害关系，而且由于宪法的通过，他们在不同程度上成为经济上的受益人"。❸ 在《联邦党人文集》中，詹姆斯·麦迪逊赞扬美国宪法，因为它提供了一个能够保障财产权利的政府，他还指出了另一个值得关注的问题。"有产者和无产者在社会上总会形成不同的利益集团。债权人和债务人也有同样的区别。土地占有者集团、制造业集团、商人集团、金融业集团和许多较少的集团，

---

❶ 王希. 原则与妥协：美国宪法的精神与实践 [M]. 北京：北京大学出版社，2000：7.
❷ 查尔斯·A. 比尔德. 美国宪法的经济观 [M]. 何希齐，译. 北京：商务印书馆，1989：2.
❸ 查尔斯·A. 比尔德. 美国宪法的经济观 [M]. 何希齐，译. 北京：商务印书馆，1989：24-30.

在文明国家里必然会形成,从而使他们划分为不同的阶级,受到不同情感和见解的支配。管理这各种各样、又互不相容的利益集团,是现代立法的主要任务。"❶ 对于麦迪逊而言,立法的艺术在于:平衡不同的经济利益方能有效控制它们之间的争斗。

然而,宪法不仅仅是一个经济性文件,它实际上是一个旨在促进经济增长的商业工具。就商业而言,对于政府的终极考验在于:它如何确保人身及财产的安全,以及它所允许的经济自由、稳定的货币、法律制度的效力。许多第三世界国家的经验表明,仅靠照搬美国的成文宪法,哪怕模仿得再像,也不足以保证这些制度的实行。在很大程度上取决于美国独特的民族性因素。这种独特的民族性包括以下要素:家庭结构、宗教、继承而来的道德习惯、教育标准、对于财产和做生意的态度。❷ 其中,明确私有财产的权利和树立起诚信的标准是健康稳定社会的基本特质,也是达成这一目标的手段。在美国建国后的前半个世纪,美国人形成了自己独特的政治和法律文化,它作为一种习俗和理性的综合体,着眼于私人与企业的财产利益,并促进其快速发展。可以说,1787年宪法真正开启美国的强国之路。美国宪法统一了彼此争执不休的13个州,将它们纳入一个共同的市场,随着跨大陆的新州不断加入,这个共同市场得到不断的扩容。美国宪法建立了完善的政治和法律框架,而这种框架为美国商业发展打下了牢固的基础。

(二) 知识产权的宪法条款

审视知识产权在美国的发展史,其并非一开始就受到人们的重视。在殖民地时期,所有殖民地都遵循和沿用英国的普通法。但英国普通法

---

❶ 汉密尔顿,杰伊,麦迪逊. 联邦党人文集 [M]. 程逢如,在汉,舒逊,译. 北京:商务印书馆,1995:41-43.
❷ 王希. 原则与妥协:美国宪法的精神与实践 [M]. 北京:北京大学出版社,2000:1-2.

本身是非常模糊和不明确的。1709 年英国的《安妮法案》是否可以适用各个殖民地更是不甚明了。现实中，也没有任何成文的著作权法在当时的美国真正施行。英国的书籍更是常常在美国得到廉价的出版和发行，并没有任何历史资料显示当时殖民地政府对此行为采取任何的惩罚措施。❶ 在美国独立初期，当时各州所达成的《邦联条例》中，也没有任何有关知识产权的规定。1782 年 5 月，大陆会议通过一项决议，建议各州制定保护著作权的法律，对象限于美国国民，期限是 14 年。❷ 这项决议可以说是美国政府第一次介入知识产权领域。在决议通过前的委员会报告中指出：没有任何东西比一个人的研究成果更适当的被他拥有，而保护与保障文学财产会大大地有益于去鼓励才能、有益于促进有用的发明、艺术、商务的一般发展。❸ 在决议公布 3 年内，除了达拉威州之外的各州都制定了基本的著作权保护法律。

  1787 年，美国制宪者们在宪法第 1 条第 8 款第 8 项规定，"为促进科学和实用技艺的进步，对作家和发明家的著作和发明，在一定期限内给予排他权的保护。"❹ 这个条款也被后世称之为"知识产权条款"。翻阅美国宪法史的资料，可以了解到，在美国立宪过程中，对宪法草

---

❶ Walterscheid E C. To promote the progress of science and useful arts: the background and origin of the intellectual property clause of the United States Constitution [J]. J. Intell. Prop. L., 1994 (2): 1-3.

❷ 决议全文如下：Resolved, that it be recommended to the several States secure to the authors or publishers of any new books not hitherto printed, being citizens of the United States, and to their executors, administrators, and assigns, the copy right of such book for a certain time not less than fourteen years from the first publication…such copy or exclusive right of printing, publishing, and Vending the same, to be secured to the original authors, or publishers, their executors, administrators, and assigns, by such laws and under such restrictions as to the several States may seem proper.

❸ 原文是：Nothing is more properly a man's own than the fruit of his study, and that the protection and security of literary property would greatly tend to encourage genius, to promote useful discoveries and to the general extension of arts and commerce.

❹ 原文是：To promote the progress of science and useful arts, by securing for limited times to authors and inventors the exclusive right to their respective writings and discoveries.

案条文的争议相当多。但知识产权条款却是在没有辩论的情况下被通过，并且没有任何文献资料显示，这个条款是由谁提出？提出的理由为何？更惊讶的是，为什么偏偏这个条款并没有得到更多的讨论或争议？因此，后世学者只能依据极少的资料作出他们的推论。对于知识产权条款之所以会被提出的原因，有学者认为是当时由诺亚·韦伯斯特（Noah Wsbster）所代表的作者利益集团游说的结果。❶ 对于无异议通过的原因，有学者认为是因为争议性不大而有相当的共识，有学者单纯地认为可能是制宪者们讨论到最后都已经疲惫了。❷ 不论学者们如何推测，最终的结果是：知识产权条款无异议的被写进宪法当中，成为现在的条文。

对知识产权条款的字面解释，美国学者的见解可以归纳为四种：其一，知识产权条款中最为重要的部分，就是要给予"排他权的保障"，至于前面的"为促进科学或实用技艺的进步"，并不是排他权的限制。这句话与前言类似，可当做知识产权的目的，但对知识产权却没有限制效果。❸ 其二，知识产权条款中的"为促进科学或实用技艺的进步"，应该是一个限制，若是不能达到科学或实用技艺的进步，政府就不能给予知识产权。其三，也有人认为，在比较知识产权条款与其他条文的关系后，认为，英文中的"to"，应该是对国会的授权，而"by"则是一种限制的手段，限制国会只能用该手段来达到前述授权。所以，"为促进科学或实用技艺的进步"应该是一种授权，而基于给予有限时间的排

---

❶ 诺亚·韦伯斯特（1758年10月16日—1843年5月28日），美国辞典编纂者，拼写改革倡导者，政论家和编辑，被誉为"美国学术和教育之父"。他的蓝皮拼字书教了五代美国儿童怎样拼写，在美国，他的名字等同于"字典"，尤其是首版于1828年的现代《韦氏词典》。

❷ Paul J. Heald & Suzanna Sherry. Implied Limits on the Legislative Power: The Intellectual Property Clause as an Absolute Constraint on Congress [J]. University of Illinois Law Review, 2000 (36): 1146-1166.

❸ NIMMER, MELVILLE B. & DAVID NIMMER. Nimmer on Copyright [M]. Albany: Matthew Bender, 2004: §1.03.

他权保护则是一种限制。❶ 其四，有人认为，应该将该段文字拆解成两部分，一部分是著作权，为了促进科学进步，而给予作者对著作一定期间的保障；另一部分是专利权，为促进使用技艺的进步，而给予发明者对其发明有一定期间的保障。❷

对知识产权条款的运用，美国早期的学者和法官秉持的是一种工具论的立场。有的学者从立法目的出发，认为给予作者或发明者一种独占的权利，使得他们可以通过市场上的独占地位获得经济上的利益，以此弥补创作和发明成本。从而使得他们可以有继续创作或发明的动力，而越多的创作和发明就越能促进知识进步。有的学者从功利主义的角度切入，认为在创作人和发明人所带来对促进知识进步的利益，大于给予创作人和发明人独占对市场经济的损害的时候，创作人和发明人的独占是被允许的。还有的学者从市场失灵的角度来看，认为知识产权具有的公共属性，此种属性容易造成搭便车的现象，需要通过国家给予作者和发明者独占地位来解决。❸ 美国法官早期不将著作权或者专利权当做财产权看待，认为知识产权的重点在维护公益。在美国有关著作权的经典判例"维斯瓦顿诉比德斯案"（Whwaton v. Peters)❹，法院主张：作者依据普通法，对手稿享有财产权，这一点是毋庸置疑的；但这与主张对于其作品未来的出版有永久且独占的财产权是非

---

❶ Oliar D. Making Sense of the Intellectual Property Clause: Promotion of Progress as a Limitation on Congress's Intellectual Property Power [J]. Georgetown L. J., 2006 (94): 1771-1783.

❷ Oliar D. Making Sense of the Intellectual Property Clause: Promotion of Progress as a Limitation on Congress's Intellectual Property Power [J]. Georgetown L. J., 2006 (94): 1771-1783.

❸ Malla Pollack. Dealing with Old Father William, or Moving from Constitutional Text toConstitutional Doctrine: Progress Clause Review of The Copyright Term Extension Act [J]. Loy. L. A. L. Rev., 2002 (36): 337-388.

❹ Wheaton v. Peters, 33 US (8. Pet.) 591 (1834).

常不同的权利。❶ 在"马泽诉斯腾案"（Mazer v. Stein）❷，法院强调：宪法授权国会给予专利权和著作权进行保护，其暗含的经济哲学是，相信以这种给予个人所得的方式去鼓励个体的努力，通过作者与发明者在知识与实用艺术中的天分去促进公共利益最好的方式。❸

不过，工具论的阐释不能满足越来越多权利人的欲望。工具论立场预示着公益而非私益才是知识产权保护的出发点。在专利、著作、商标渐渐和许多商品一样，被赋予了商业价值以后，人们表现出了通过创新创造更多财富的无限热情。如此，人们寄望法律能更多以财产权的角度保护他们的知识产权。而且，将无形的知识产权当做土地、汽车那样的有形财产，不但可以使得社会公众认知到知识产权也是一种神圣的财产权，也更容易让他们觉得对知识产权享受到有形财产的保护待遇是合理和正当的。权利人的这种看法，反映在马萨诸塞州早期的《著作权法》序言中：

> 鉴于知识的发展、文明的进步、社群的公共利益以及人类幸福的提升都极度地依赖在各种艺术与知识上有学士和天分的人的努力；作为让这些人能极度且有益地发挥这些天分的主要鼓励，必须存在将他们研究与勤奋的结果归于法律的保障；而这些保障是人类自然权利的一种，没有任何财产比一个人心智劳动的产品更特别地属于那个人的。❹

---

❶ 原文是：That an author, at common law, has a property in his manuscript...can not be doubted; But this is a very different right from that which asserts a perpetual and exclusive proeprty in the future pubication of the work.

❷ Mazer v. Stein, 347 U. S. 201. 219 (1954).

❸ 原文是：The economic philosophy behind the clause empowering Congress to grant patents and Copyrights is the conviction that encouragement of individual effort by personal gain is the best way to advance public welfare through the talents of authors and inventors in Science and useful Arts.

❹ 原文是：Whereas the improvement of knowledge, the progress of civilization, the public weal of the community, and the advancement of human happiness, greatly depend on the efforts of learned

与此同时，美国学者对知识产权财产化的立场也越发支持。波士顿大学的迪·戈登（Wendy J. Gordon）教授借用霍菲尔德的权利分析理论，认为著作权符合财产权的定义，他还积极主张从自然法的角度认知著作权，并强调著作权的属性符合自然法的性质，赋予著作权以财产权的地位更能使其与言论自由或其他公益相协调。❶ 华盛顿大学的亚当·D. 摩尔（Adam D. Moor）教授则认为，洛克的财产权理论是对知识产权最好的诠释，只要正确运用洛克的理论，就能为知识产权的正当化提供合理的基础。❷ 哥伦比亚大学的简·C. 吉思贝格（Jane C. Ginsberg）教授则指出，美国宪法中，使用的用语是"保护"（secure），意思就是保护原来就存在的权利，这种权利就是财产权。因此，立法者的原意并非去创造（create）而是去再确定（reaffirm）这个权利。❸ 有关知识产权财产化的代表性论述，还可参见美国第七巡回法院的法官，同时兼任芝加哥大学法学院教授的弗兰克·H. 伊斯特布克（Frank H. Easterbook）的观点，他针对专利权的财产属性进行讨论，认为宪法赋予的知识产权并非如人们所言，是为了激励发明或交换所授予的独占权。

专利法赋予（权利人）一个排他性的权利，就像侵权法与不

（接上注）

and ingenious persons inthe various arts and sciences: As the principal encouragement such persons can have to make great and beneficial exertions of this nature, must exist in the legal security of the fruits of their study and industry to themselves; and as such security is one of the natural rights of all men, there being no property more peculiarly a man's own than that which is produced by the labour of his mind.

❶ Wendy J. Gordon. An Inquiry into the Merits of Copyright: The Challenges of Consistency, Consent, and Encouragement Theory [J]. Stanford Law Review, 1989 (46): 1343-1359.

❷ Adam D. Moore. ALockean Theory of Intellectual Property [J]. Hamline Law Review, 1997 (21): 65-78.

❸ Jane C. Ginsberg. Copyright and Control in the Digital Age [J]. Maine Law Review, 2002 (54): 195-222.

动产之间的关系一样。知识产权虽然是无形的，但其具有的排他性权利原则与通用汽车得以排除福特汽车使用其装配线（的权利）并无任何区别……除了极稀少的例外，在法律上，我们应将知识产权等同于有形财产对待。❶

（三）"同父异母"的商标法

1870年，美国国会通过第一部联邦商标法，但该法在1879年被联邦最高法院判决违宪，❷ 因为国会制定该商标法系引用美国宪法的"知识产权条款"。但联邦最高法院认为，商标权的保护基本上与奖励科学及实用技艺的发展无关，其得到普通法保护的缘由系因为经过商标权人一段期间的"使用"而产生的价值，并非突然的发明或创作。❸ 法院认为，国会无权管理纯粹的州内事务，该商标法未明示限于州与州间或外国贸易的行为，超越了国会的立法权限。基于此等理由，最高法院认为该部商标法违宪，国会在1881年另行制定一部商标法典，而这次国会引用的是宪法中的"贸易条款"（commerce clause）。

"贸易条款"指的是，美国宪法第1条第8款第3项规定，美国国会有权调整对外国的、各州之间的贸易和同印第安部落的贸易。对这1条款的解释体现在1824年的"吉本斯诉奥格登案"。在这个案件中，纽

---

❶ 原文是：Patents give a right to exclude, just as the law of trespass does with real property. Intellectual property is intangible, but the tight to exclude is no different in principle from General Motors's right to exclude Ford from using its assembly line…Except in the rarest case, we should treat intellectual and physical property identically in the law. See Frank H. Easterbrook. Intellectual Property is Still Property [J]. Harvard Journal of Law & Pubic Policy, 13, 1990: 108-138.

❷ 这三个案件包括：United States v. Steffens, United States v. Wittemean, and United States v. Johnson, 后世称之为"the Trademark Cases"。

❸ 原文是：The ordinary Trademark has no necessary relation to invention or discovery. The Trademark recognized by common law is generally the growth ofa considerable period of use, rather than a sudden invention.

约州把独家经营航运的执照发给了一方，国会则把同一水域经营航运的执照发给了另一方。在冲突中，究竟是州的权力占上风？还是联邦的权力？

　　负责审理该案的是约翰·马歇尔法官。马歇尔长期担任最高法院首席大法官（1801—1835年），他决心使宪法成为对美国人民有约束力的契约，而不只是在具有主权的各州之间的契约。年轻的时候，他作为一名步枪手参加过革命战争的重大战役。像乔治·华盛顿一样，他对地方政府极度不信任。觉得这些政府往往承诺很多，但在战争中却几乎什么都没做。❶ 马歇尔领导下的联邦最高法院对于美国宪法的解释，对于促进19世纪美国商业的法律环境作出了极大的贡献。从那时开始，法律已经成为促进个人经济自由的一种手段。1808年，约翰·霍尔在《美国杂志与文集汇编》中声称："如果商人对法律很无知，那么每个商人肯定会感到不便和困惑，因为这些法律对他最珍贵也最重要的权利作出了规范。"❷ 在"吉本斯诉奥格登"案中，马歇尔阐明了"贸易条款"赋予联邦政府拥有最高的贸易管理权。马歇尔法官在判决中陈述到：

　　　　此项权力到底是什么？它是管理权，也即制定管理商业的权力。这项权力，像授予国会的其他权力一样，其本身是完整的，可以在最广泛的范围内行使，并且不受除宪法规定之外的其他任何限制。这些都已经被清晰地表述，并且对本案中提出的问题或当庭辩论中提出的问题没有什么影响。如果按照通常的理解，国会之上的权威，虽然被限于特定对象，但对这些对象来讲是绝对的，那么，规制与外国的商业和各州之间的商业的权力，是被绝对地置于国

---

❶ 斯坦利·布德尔. 变化中的资本主义：美国商业发展史 [M]. 郭军, 译. 北京：中信出版社, 2013：58.

❷ 斯坦利·布德尔. 变化中的资本主义：美国商业发展史 [M]. 郭军, 译. 北京：中信出版社, 2013：58.

会，就像置于一个单一制政府中，其宪法中所作的该项权力行使的限制将和在美利坚合众国宪法中的限制别无二致。❶

据此，在"贸易条款"孕育下的美国商标法具有以下特点：首先，商标的财产性体现在商业当中的使用，只有商业中的使用才能产生商标权。这就决定了使用主义在美国商标法中根深蒂固的地位。❷ 美国商标法要求商标所有人在美国使用并且持续使用其注册商标，这有利于促进美国经济和商业的繁荣。换句话说，法律驱使商标所有者把他们的商品或服务投入到市场中，同时商标注册证的派发也是对商标所有人对美国经济建设的参与、贡献的一种认可。商标使用得越多，法律对该商标的保护也就越有力。美国商标法不仅保护了商标所有人的利益，也保护了消费者的利益，而且推动了美国商业和经济的发展。其次，以"贸易条款"为宪法依据，强调了商标权附有一定的社会义务。作为一种私权，商标权的产生是典型的贸易制度的产品。商标所有人通过诚实经营使商标凝聚了良好的商誉，得到消费者的认可，故此希望这一既得利益得到法律的保障，制裁各种假冒行为。从贸易政策角度而言，对商标权给予

---

❶ 北京大学司法研究中心. 宪法的精神：美国最高法院200年经典判例选读［M］. 邓海平，译. 北京：中国方正出版社，2003：63.

❷ 依照美国商标法的规定，必须通过"使用"才可取得商标权。所谓的使用，除了要把商标附加于商品或服务上或相关的商品上，更重要的是，必须具有使用的意思。它的情形如下：第一，须以之作为商标；商标是表彰商品或服务，并籍以与他人商品或服务相区别的标志。认定商标使用时，应考虑使用人是否有使用此标记，以发挥商标识别功能的意思。第二，须为缔结善意的交易；善意的交易（bona fide transaction）可证明使用人有以之作为商标而使用的意思。所谓善意，指一般正常的贸易。不合商业常规的交易（not an arm length transaction）或秘密而不公开的交易，都非善意。如公司内部的交易，对于亲戚或好友所为的名义上或象征性的销售。第三，须非仅仅为取得或维持商标的权利。如果使用人目的不在进行商品或服务的买卖，而只在取得或维持商标的权利，则非以销售的目的而使用。例如，使用商标的目的仅仅在排除他人取得权利，以便自己取得权利，向他人索取商标侵害的赔偿。See MCCARTHY. McCarthy on Trademarks and Unfair Competition［M］. New York：Clark Boardman Callaghan, 2008，§16：1，§16：7.

保护契合了国家贸易政策的需要，对商标权给予保护有利于打击盗用他人商誉的不法行为，强化公平竞争的商业伦理，确认并保障了消费者通过商标选择商品的利益，能有效防止消费者对商品来源的混淆，减少了信息搜索成本。

从上述宪法问题的剖析，可以窥探商标法律制度从来都不是"一面倒"的保护，而是权利人财产利益与社会公益冲突后的协调。一方面，商标权作为一种财产权，具有资本属性，而资本具有趋利性。这种趋利性诱导商标法律制度中有关财产保护的内容不断扩张，使得商标制度有时候出现反竞争的因素，甚至在某些阶段出现背离竞争政策的方向发展。❶ 另一方面，为解决这种悖论的出现，美国最高法院又从国家贸易政策的角度试图防止商标权的过度扩张，让商标权服务于国家贸易政策和维护消费者福祉以及公平有效的市场竞争秩序。

二、争议之二：财产化的商标与人权

近年来，有越来越多关于知识产权与人权间的交集之讨论。❷ 晚近，这样的讨论更转向了商标领域，诸如商标权是人权吗？更唤起诸多争议。下文将试图探索，商标在人权的框架之下是否有合适地位？首先，将检视在人权谱系的演进史上，财产权是如何被纳入的？其次，将检验国际人权条约中，知识产权是如何被涵盖的？以及根据这些条约探察，相对照于著作权和专利权，商标权并不是从人权本身的考量为出发点。最后，依据欧洲人权法院的见解，分析讨论《欧洲人权公约第一议定书》之"财产权条款"对于商标权的适用。依据欧洲人权法院的

---

❶ Mark P. McKenna. The Normative Foundations of Trademark Law [J]. Notre Dame Law Review, 2007, 82 (5): 1839-1915.

❷ 吴汉东. 知识产权的私权与人权属性——以《知识产权协议》与《世界人权公约》为对象 [J]. 法学研究, 2003 (3): 66-88.

判决，商标权符合财产权的要素，并且揭示了商标的注册和申请都属于财产权的一环，受到公约的保护。

(一) 财产权：一种不可忽视的人权

人权的谱系自古至今不停演变，现代人权涵盖的范围可以说是无所不有、千变万化，从个人的生命、财产、地位、尊严，乃至于集体的公民、社会、经济与民族文化，再拓展到全球的环境、和平、发展等。❶人权的概念虽然如此复杂，追本溯源，权利（right）一词则是来自拉丁文"jus"，其意义为某人或某个团体的当得之物或当给予之物。"jus"亦为拉丁文"正义"的字根，意思是，当所有人均以人的身份获得当得之物，当人们的权利得到适当尊重时，就是正义得到实践。❷因此，人权就是关于普遍约束所有人良心的一串基本原则，它不单单是法律的诉求，也是最基本的道德价值。

财产权，在近代以来被视为普世人权观的组成部分，这种观念的确立有赖于启蒙思想家在理论上的贡献与启迪，也受助于许多法律的规定。启蒙运动是继文艺复兴运动之后，欧洲另一场反对教会神权宰制的

---

❶ 讨论世界人权发展最常被用到的是法国学者 Karel Vasak 提出"三代人权"的概念。他用"代"来表示人权的演化与动态的特质，使人权不被拘泥于某种时空范围内，从而建构与社会变迁相呼应的人权保障，并以"三代"来与法国大革命的口号：自由、平等与博爱相呼应。第一代人权为免于被国家侵害的自由权，亦即消极人权，是公民的、政治的权利（civil and political right），用以对抗国家；第二代人权是请求国家作为的权利，强调国家的积极作为以救助社会、经济上的弱势团体，以求社会之平等，认为权利保障奠基在基本经济与社会的平等条件上，是一种积极人权，为社会、经济、文化权（social、economic and cultural rights）；第三代人权是必须建立在社群、集体连带关系（solidaritys）和同胞爱（fraternity）的基础上，透过大家努力方能实现的和平权、环境权、发展权等集体权（collective rights），亦即连带的权利（solidarity）。See Karel, Vasak. Human rights：A thirty-year struggle：The sustained efforts to give force of law to the Universal Declaration of Human Rights [J]. Unesco Courier, 38, 1977：29-32.

❷ 夏勇. 人权概念的起源：权利的历史哲学 [M]. 北京：中国政法大学出版社, 1997：136-141.

思想解放运动，这场运动不仅仅孕育出"天赋人权"的哲学思想，更为现代人权的制度性保障奠定了理论基础。这主要体现在"自然权利说"与"社会权利说"两方面的思想渊源。

首先，自然权利说强调，在国家未形成以前，人类生活在一种没有公共权力支配的自然状态中，这种状态之下既没有政府也没有法律。因此，人人都有相同的自然权利（natural right），以维持自己的安全与生存。然而，在自然状态下，由于人性的自私自利，使得人与人之间处在相互斗争之中，个人的生存权利难以获得保障。人们为了避免死亡与苦难，基于自身的理性，建立了一种自然状态下的秩序。这种秩序就是所谓的自然法。也就是说，人类为了维持自己的生存，确立了人们必须保证彼此的生存权利与生命价值，自然法除了确立人具有追求生存的天赋权利外，亦确立了人们不得为了自己的生存而去伤害他人的生命。自然法不仅维持人类的共存，更确立了生存权、自由权和财产权等作为人权保障的最主要内涵。而其所蕴含的天赋人权思想更使人权成为不可放弃与不可转让的基本权利，任何政府对自然法与自然权利的尊重都成为其获得自身统治合法性的主要来源，政府如有违逆，人们便有权加以反抗。❶ 在这个意义上，可以说，天赋人权思想催生被压迫者反抗专制独裁统治的民主运动，为当代自由民主的发展奠定了基础。洛克在自然法的基础上强调，财产权在人权中占据最为重要的地位。他指出，自然状态的特点是遵守自然法则，该原则规定了个人之间的关系，保护个人的财产权不受侵犯。作为生命权和自由权的基础，财产权并非是来源于君主的赋予或是人们之间的协定，而是基于人们辛勤劳动的基础上产生的。❷ 所以，在洛克看来，财产权是一种与生俱来的天赋人权，公民社

---

❶ 陈林林. 从自然法到自然权利：历史视野中的西方人权 [J]. 浙江大学学报：人文社会科学版，2003（2）：81-87.

❷ 洛克. 政府论：下篇 [M]. 叶启芳，等，译. 北京：商务印书馆，1964：19.

会是为了对财产权提供保护才产生的,政治社会创立的目标便是为财产权提供更好的保护。

其次,就社会权利说来看,最具代表性的是卢梭的社会契约论。他认为,人类在自然状态下的权利系基于本能的需要,并不是真正的权利。人类还必须彼此之间订立契约、组织社会、互相约束,才可以从自然状态下脱离。"然而,人类既不能产生新的力量,而只有靠团结并运用已有的力量;所以,人类便没有别的办法可以自存,除非是集合起来形成一种力量的总和才能克服这种阻力,并且是由于同一个动力把它们发动起来,使它们共同协作。"[1] 基于这种理论,人们放弃了源于自然状态的自然权利,建立了社会并且成为社会的成员,同时从社会中获得了权利。在卢梭看来,这种社会契约得以成立的基本条件是:每个人把自己及其所有的一切权利都转让给全体社会,因为假若每个人都绝对地放弃了个人权利,那对任何人都是相同的条件,因此,谁也不会妨碍他人。[2] 不过,这种转让所具有的唯一特点就是,"集体在接受个人财产时绝不是剥夺个人的财产,而只是使他们得以确保自己对于财产的合法占有,使据有变成为一种真正的权利,使享有变成为所有权。"[3]

不论是自然权利说还是社会权利说,都认为财产权是一种不可忽视的人权,为人权理论的发展起到了奠基作用。启蒙运动所开展的天赋人权打破了君权神授的迷思,确立人们具有不可被剥夺的生命、自由与财产的权利,成为人权发展史上的第一代人权观。影响所及,包括1789年法国的《人权宣言》、1791年美国的《权利法案》以及后续的联合国《人权宣言》《公民权利和政治权利国际公约》《经济、社会与文化权利

---

[1] 卢梭. 社会契约论 [M]. 何兆武,译. 北京:商务印书馆,1963:19.
[2] 卢梭. 社会契约论 [M]. 何兆武,译. 北京:商务印书馆,1963:18-20.
[3] 卢梭. 社会契约论 [M]. 何兆武,译. 北京:商务印书馆,1963:30.

公约》都受到这股思潮的直接洗礼，确立了财产权作为一种基本人权。❶

（二）知识产权与人权的关联

知识产权究竟是不是财产权？这个问题的提出，似乎是学术象牙塔庸人自扰的惯性。❷ 无论知识产权的词源（intellectual property），还是从国内外学者的论述以及国际条约都已经确立了知识产权作为一种财产权。从词源来看，知识产权一词的英文"intellectual property"、法文"proprit intellectuale"、德文"gestiges eigentum"的表述，意旨"知识（财产）所有权"或"智慧（财产）所有权。"❸ 国内学者通过考证，法国学者卡普佐夫在17世纪中最早将一切知识活动领域的权利概括为"知识产权"，比利时学者皮卡承袭并发展了这种理论，将知识产权视

---

❶ 1789年法国《人权宣言》第2条规定：任何政治结合的目的都在于保护人的自然的和不可动摇的权利。这些权利就是自由、财产、安全和反抗压迫。第17条规定，财产是神圣不可侵犯的权利，除非当合法认定的公共需要所显然必需时，且在公平而预先赔偿的条件下，任何人的财产不得受到剥夺。1791年美国的《权利法案》第五修正案规定：无论何人，除非根据大陪审团的报告或起诉，不得受判处死罪或其他不名誉罪行之审判，唯发生在陆、海军中或发生在战时或出现公共危险时服现役的民兵中的案件，不在此限。任何人不得因同一罪行为而两次遭受生命或身体的危害；不得在任何刑事案件中被迫自证其罪；不经正当法律程序，不得被剥夺生命、自由或财产。不给予公平赔偿，私有财产不得充作公用。1976年的《公民权利和政治权利公约》第2条规定：本公约每一缔约国承担尊重和保证在其领土内和受其管辖的一切个人享有本公约所承认的权利，不分种族、肤色、性别、语言、宗教、政治或其他见解、国籍或社会出身、财产、出生或其他身份等任何区别。

❷ 美国学者斯蒂芬·卡特认为，目前对知识产权是否是财产权的讨论仅仅是学者们讨论的话题，其他人根本不在乎。（Every now and then, the rather discrete and insular world of scholars who care about intellectual propert rules turns its collective attention to whether intellectual property is really property at all…Nobody else seems to care.）See. Stephen L. Carter. See Stephen L. Carter. Does it Matter Whether Intellectual Property is Property？［J］. Chi.-Kent L. Rev., 1992（68）：715-735.

❸ 吴汉东. 知识产权本质的多维度解读［J］. 中国法学，2006（5）：97-106.

为一种区别于传统的所有权的权利范畴。❶ 也有学者认为，历史上第一次提出知识产权的概念的是瑞士人杜尔奈森，他在 1738 年的博士论文探讨了知识产权，将之称为"智力创造的财产"❷。美国学者休斯教授则认为，英文的"intellectual property"最早源于美国巡回上诉法院 1845 年的一个判例当中。❸ 而马克·莱姆利教授则认为，知识产权一词滥觞于 1967 年的《成立世界知识产权组织公约》。❹ 从此，知识产权一词即被各国学者和立法机构采纳并广泛运用。

根据我国学者的定义，知识产权是财产权项下的一个分支。❺ 知识产权是民事权利的特殊形态，与物权、债权并列地各自构成不同的民事财产权。❻ 知识产权制度的建立是财产非物质化革命的结果，非物质性的财产主要就是知识财产。❼ 我国台湾地区将知识产权称为智慧财产权，对此定义是，法律对于人类运用精神力之创作成果与相关劳动成果之保护，以及对于产业正当竞争秩序的保障。❽ 而根据美国学者的观点，知识产权一般被形容为无形财产，是人类认知过程的产物，其价值在于其本身的思想或思想的集合。❾ 然而，"知识"被赋予财产的含义

---

❶ 吴汉东. 知识产权本质的多维度解读 [J]. 中国法学, 2006 (5): 97-106.

❷ 郭寿康. 知识产权法 [M]. 北京: 中共中央党校出版社, 2002: 2-3.

❸ Justin Hughes. Copyright and Incomplete Historiographies: Of Piracy, Propertization, and Thomas Jefferson [J]. S. Cal. L. Rev., 2005 (25): 993-1116.

❹ 公约对知识产权所下的定义是：关于文学、艺术和科学作品的权利；关于表演家的演出、录音和广播的权利；关于人们在一切领域的发明的权利；关于科学发现的权利；关于工业设计的权利；关于商标、服务商标、厂商名称和标记的权利；关于制止不正当竞争的权利；以及在工业、科学、文学或艺术领域里的一切来自知识活动的权利。

❺ 郑成思. 财产权、物权与知识产权 [J]. 中国软科学, 1998 (6): 210-227.

❻ 刘春田. 知识财产权解析 [J]. 中国社会科学, 2003 (4): 109-206.

❼ 吴汉东. 财产的非物质化革命与革命的非物质财产法 [J]. 中国社会科学, 2003 (4): 122-207.

❽ 谢铭洋. 智慧财产权法 [M]. 台北: 元照出版社, 2008: 2.

❾ Adam D. Moore. Intellectual Property, Innovation, and Social Progress: The Case Against Incentive Based Arguments [J]. Hamline L. Rev., 2002 (26): 601-620.

后，人们就不可避免地将知识产权与传统的财产权作比较，并越来越多的运用有形财产的理论来适用于知识产权。如马克·莱姆利教授所言，"当知识产权一词涵盖专利权、著作权、商标权外，甚至扩及相邻之商业秘密、形象权、不正当竞争等法律领域时，越来越多的法院与学者们转而以有关有形财产的法学与经济学理论来正当化或修正知识产权的规则。"❶ 1994 年，TRIPS 协定在序言中更是明确宣示"认识到知识产权是私权"❷。在历来达成的众多知识产权国际条约当中，TRIPS 协定是第一次明文规定知识产权的"私权"属性，即以"私权"的形式强调了知识财产私有的法律形式。TRIPS 协定的宣示，一方面强调了知识产权在私法当中的地位，另一方面揭示出国际对知识产权的财产属性的认同。

从国际性的人权公约来看，当我们思考某种权利是否属于人权时，逻辑上自然会想到联合国。自 20 世纪中叶开始，联合国在促进国际人权事业当中扮演了先驱与核心的角色，其创建了一个保护基本人权的全球架构，包括关于人权的多国宣言和多边条约。其中，《世界人权宣言》与《经济、社会与文化权利公约》包含了有关知识产权的条款，并被普遍的引用。❸

《世界人权宣言》第 27 条规定：

(1) 人人有权自由参加社会的文化生活，享受艺术，并分享科学进步及其产生的福利。

---

❶ Mark A. Lemley. Property, intellectual property, and free riding [J]. Tex L. Rev., 2004 (83): 1031-1070.

❷ 原文是：Recognizing that intellectual property rights are private rights.

❸ 《世界人权宣言》是联合国大会于 1948 年 12 月 10 日通过（联合国大会第 217 号决议，A/RES/217）的一份旨在维护人类基本权利的文献。由于该文件是由联合国大会通过的，《世界人权宣言》并非强制的国际公约，但是它为之后的两份具有强制性的联合国人权公约，《公民权利和政治权利国际公约》和《经济、社会及文化权利国际公约》作了铺垫。许多学者、律师和法庭判决书依然经常引述《世界人权宣言》中的一些条款来佐证自己的立场。一些国际法律师认为《世界人权宣言》是一部习惯法，但是对于这一点学界还没有共识。

(2) 人人对由于他所创作的任何科学、文学或美术作品而产生的精神的和物质的利益,有享受保护的权利。❶

上述条款的最初的起草者是联合国人权部部长,加拿大人权律师约翰·汉弗莱(John Humphrey)。在最初的讨论上,第1项中并不包含"自由"一词,这引起代表团成员的反对,他们认为"自由"一词是很重要的,光是强调人人有参加社会文化生活的权利,而没有"自由"的话,不足以保护"自近代以来人们所受的频繁的有害逼迫"。❷ 第2项的规定则较为坎坷,对创作者精神利益的保护并未在第一次草稿中出现,而是在起草委员会进一步地讨论后由法国法学家勒内·卡森(Rene Cassin)修改后的版本中加入。勒内·卡森版的草稿最先是这么规定的:"所有艺术、文学、科学的作者及发明者应该在除了报酬其劳动之外,保有一种对于其作品或发现的精神权利不应消失,即便之后这样的作品或发现应该成为人类的共同财产。"❸ 这个规定藉由"报酬其劳动"的措辞,看起来除了精神利益之外还意味了物质利益。对此,有人认为,最初的约翰·汉弗莱版本的草案藉由其他财产权条款,也能使得知识产权得到保护,而不必专门强调物质利益。❹ 此外,更有代表团

---

❶ 原文是:(1) Everyone has the right freely to participate in the cultural life of the community, to enjoy the arts and to share in scientific advancement and its benefits. (2) Everyone has the right to the protection of the moral and material interests resulting from any scientific, literary or artistic production of which he is the author.

❷ Peter K. Yu. Reconceptualizing Intellectual Property Interests in a Human Rights Framework [J]. U. C. Davis L. Rev., 2007 (40):1039-1050.

❸ 原文是:Authors of all artistic, literary, scientific works and inventors shall retain, in addition to just remuneration for their labour, a moral right on their work and/or discovery which shall not disappear, even after such a work or discovery shall have become the common property of mankind.

❹ Peter K. Yu. Reconceptualizing Intellectual Property Interests in a Human Rights Framework [J]. U. C. Davis L. Rev., 2007 (40):1039-1050.

成员出于对当时苏联与美国核武竞争的担忧，应该在该项中附加"科学发展必须服务于发展和民主的利益，以及国际和平与合作事由"。❶ 不过，此附加的措辞在最终版本中被否决了，某种程度上是因为要精确地定义"民主"是很困难的。虽然草案的条款存在着许多争议，最后在妥协中修改通过，成为现在多数国际条约或地区性人权条约当中的标准用语。

《经济、社会及文化权利国际公约》第15条规定：

一、本公约缔约各国承认人人有权：

（甲）参加文化生活；

（乙）享受科学进步及其应用所产生的利益；

（丙）对其本人的任何科学、文学或艺术作品所产生的精神上和物质上的利益，享受被保护之利。

二、本公约缔约各国为充分实现这一权利而采取的步骤应包括为保存、发展和传播科学和文化所必需的步骤。

三、本公约缔约各国承担尊重进行科学研究和创造性活动所不可缺少的自由。

四、本公约缔约各国认识到鼓励和发展科学与文化方面的国际接触和合作的好处。❷

---

❶ Peter K. Yu. Reconceptualizing Intellectual Property Interests in a Human Rights Framework [J]. U.C. Davis L. Rev., 2007 (40): 1039-1050.

❷ 原文是：1. The States Parties to the present Covenant recognize the right of everyone: (a) To take part in cultural life; (b) To enjoy the benefits of scientific progress and its applications; (c) To benefit from the protection of the moral and material interests resulting from any scientific, literary or artistic production of which he is the author. 2. The steps to be taken by the States Parties to the present Covenant to achieve the full realization of this right shall include those necessary for the conservation, the development and the diffusion of science and culture. 3. The States Parties to the present Covenant undertake to respect the freedom indispensable for scientific research and creative activity. 4. The States Parties to the present Covenant recognize the benefits to be derived from the encouragement and development of international contacts and co-operation in the scientific and cultural fields.

从上述条款的用语，可以看到《经济、社会及文化权利国际公约》延续了《世界人权宣言》的规定。《经济、社会及文化权利国际公约》虽然在1966年12月16日在联合国通过，却迟至1976年1月3日才正式生效。生效后的《经济、社会及文化权利国际公约》与《世界人权宣言》是有本质区别的。《世界人权宣言》属于一种指南或忠告，并没有法律约束力使联合国成员国履行，在此之中的知识产权的未来是不确定的。而从《经济、社会及文化权利国际公约》开始，人权框架下的知识产权对公约的成员国是具有法律拘束力的。该公约成立了"经济、社会及文化权利委员会"负责解释和监控公约的履行。虽无裁决个别控诉的机制，但它定时接收和评议成员国的报告，以评估成员国履行公约的情况。作为对公约进行官方解释的部门，委员会发行了"一般性评论"用以解释特定的公约条文，或特定的人权议题。这种"一般性评论"对成员国履行公约的行为提供了标准的范本。

检视《世界人权宣言》和《经济、社会及文化权利国际公约》的规定，著作权和专利权可以很容易地被纳入这个保护伞中。因为，无论是小说、诗歌、电影、音乐等作品，还是发明、实用新型、外观设计等专利都可以被解释为"参加文化生活""分享科学进步"的权利。至于商标权，则有实质上的不同。商标权完全不是基于科学、文学或艺术的产物，对于人类的科学、文化进步并无实质的贡献。显然，商标权未能在上述的国际人权公约当中找到合适的地位。那么，商标权能否以财产权的形态纳入人权的框架呢？

(三) 欧洲人权法院的启示

2007年，欧洲人权法院对"商标与人权第一案"——"安海斯布斯公司诉葡萄牙政府案"（Anheuser-busch Inc. v. Portugal）作出判决❶，这个判决形成一项先例：基于《欧洲人权公约第一议定书》第1条的财产权条款，除了已经注册的商标外，申请中的商标也属于财产权的一环，得到人权公约的保护。现就"安海斯布斯公司诉葡萄牙政府案"的背景、案情以及法院的判决阐述如下。

1. 案件背景

《欧洲人权公约》于1950年左右开始起草，其后在欧洲委员会的支持下为欧洲各国所签署，于1953年9月3日正式生效。目前所有欧洲委员会的成员国均为该公约的缔约国之一，且新加入的成员也将被要求批准这个公约。由于各国对财产权的理解不同，《欧洲人权公约》在初期并未对财产权保护作出规定。1952年3月20日，《欧洲人权公约第一议定书》正式通过之后，才将财产权纳入欧洲人权保护机制。❷《欧洲人权公约第一议定书》第1条规定："自然人和法人有权和平享有其财产。除非出于公共利益并按法律和国际法普遍原则规定的条件，任何人不得剥夺其财产。"❸自此，财产权与公民自由和政治自由一样被当作《欧洲人权公约》保护的基本人权。当涉及为公共福利之目的而管制私有财产时，欧洲人权法院会有弹性地解释该条款，给予政府宽广空间。过去几年来，法院已将其观点转移至知识产权上，其认为无形财产应像有形财产一样受到保护。❹

《欧洲人权公约》被誉为当今最有成效的国际人权条约，很大部分

---

❶ Anheuser-Busch, Inc. v. Portugal, 45 Eur. Ct. H. R. 830 (Grand Chamber 2007).

❷ 刘永杰, 刘德吉. 财产权与《欧洲人权公约第一议定书》[J]. 社会科学动态, 1998 (12): 20-23.

❸ 原文是: Every natural or legal person is entitled to the peaceful enjoyment of his possessions. No one shall be deprived of his possessions except in the public interest and subject to the conditions provided for by law and by the general principles of international law.

❹ Megan M. Carpenter. Trademarks and Human Rights: Oil and Water-Or Chocolate and Peanut Butter [J]. Trademark Rep., 2009 (99): 892-930.

是因为公约设立了欧洲人权法院，而欧洲人权法院能成为欧洲"王冠上的珠宝"，又主要是因为公约允许个人将成员国列为被告而提起个人申诉案（Individual Applications）。亦即，成员国或个人得以某成员国违反公约为由，以其为被告而提起请求或申诉。欧洲人权法院的判决，主要就是在申诉案中确认有无违反公约的规定，即确认申诉成立或不成立，欧洲人权法院并无直接撤销内国法院裁判的权力。❶ 欧洲人权法院对个人申诉案的判决对提升人权标准的影响重大。在人权标准逐渐国际化与普世化的今天，欧洲人权法院相对先进且稳定的判例法，成为一项重要的指标。

"安海斯布斯公司诉葡萄牙政府案"的原告为美国的安海斯布斯公司公司（以下简称"美国公司"），被告为葡萄牙政府，涉及的第三方为捷克Budweiser-budvar公司（以下简称为"捷克公司"），争议的商标为"Budweiser"（中文译名：百威）。该案争议起源于百威（Budweiser）啤酒品牌的百年之争，作为世界知名的啤酒品牌，很多人提起百威就自然联想到其来自美国。其实，"Budweiser"的德语词汇"Budweis"指的是捷克波西米亚省的一个小城镇。这个小城上居住着大量德裔的居民，自古以来盛产啤酒。1895年，捷克公司的前身——波西米亚啤酒股份公司成立，并从1958年起使用"Budweiser-budvar"名称。而该案的原告，美国公司成立于1857年，创建人为德裔人安海斯。在成立之初，为了借用捷克原产地"Budweis"的商誉，创建人将自身生产的啤酒也命名为"Budweiser"。于是，在当时商标国际保护欠缺的情形下，造成了捷克公司与美国公司共同使用"Budweiser"商标的局面。

---

❶ 任何人只有认为自身权利受到本公约缔约国的侵害时，皆可向欧洲人权法院提起诉讼。法院的判决虽然并非自动具有法律上的拘束力，但法院仍有权力去判定损害赔偿。建立一个保护个人的人权免于受到侵害的法院，对于国际人权公约而言为创新之举，其使个人在国际舞台上（过去只有国家被认为可以参与国际法的形塑）扮演了更积极主动的角色。故可知，本公约不仅为一个国际人权公约，而且其提供个人相当高度的保障。当然，国家亦可在欧洲人权法院对于另一国提起诉讼，不过这种权利至今并不常被使用。参见：吴慧.《欧洲人权公约》实施机制的发展［J］.国际关系学院学报，2001（1）：11-16.

后来，与捷克的老大哥相比，美国的百威啤酒后来居上，并试图吞并捷克百威在欧洲的市场。双方围绕"Budweiser"商标的诉讼大战断断续续打遍了欧洲。❶ 该案的诉因，主要是原告美国公司向葡萄牙政府申请注册"Budweiser"商标，葡萄牙政府因捷克公司的提出的异议而驳回申请，美国公司遂申诉到欧洲人权法院，请求法院依据《欧洲人权公约第一议定书》中有关财产的规定，确认其对"Budweiser"商标的财产权。

2. 案情简介

1981年5月19日，美国公司向葡萄牙工业产权部申请注册"Budweiser"商标，由于捷克公司对此提出异议，认为其已经在葡萄牙在先注册了"Budweiser Bier"作为原产地名称，葡萄牙工业产权部遂以此驳回了美国公司的申请。而后，美国公司与捷克公司进行商讨，不过最终未能达成协议。1989年11月10日，美国公司向里斯本初审法院申请要求注销捷克公司的原产地名称注册。1995年3月8日，里斯本初审法院支持了美国公司的申请，认为"Budweiser Bier"不具有原产地名称或货源标记应有的特征，该注册由此被注销。1995年6月20日，在美国公司的重新申请后，葡萄牙工业产权部批准了美国公司对"Budweiser"商标的注册，并于11月8日予以公告。

---

❶ 美国公司与捷克公司在1913年签订了正式协议，规定美国公司不得用"budweiser"的商标在欧洲市场销售其产品，而在世界其他市场，则允许对方的存在。此后一段时间，"百威"商标权之争一度趋于平静，但美国百威始终没有放弃将捷克老大哥赶出美国市场的努力。1939年，美国公司终于取得重大的胜利，捷克公司不得不完全放弃了在美国使用"Budweiser""Budweis"以及"Bud"等一系列商标的权利，捷克百威最终从美国市场销声匿迹。后来，由于双方关系恶化，早年间的协议也失去了意义。于是美国百威和捷克百威之间的商标争夺大战重又燃起。近年来，美国公司和捷克公司的商标诉讼，双方各有胜负。美国公司被允许在欧洲的11个国家出售带有"Budweiser"商标的百威啤酒，而在德国、奥地利等8个国家，则只能以"american bud"的面目出现。捷克百威虽在德、奥、英等国打赢了官司，但在芬兰、丹麦以及阿根廷、澳大利亚、新西兰、巴西等欧洲以外的国家却遭到美国百威的成功阻击。参见翰宁. "百威"品牌之争[J]. 环球财经，2004（11）：91-92.

  1996年2月8日，捷克公司根据1986年的《葡萄牙共和国政府和捷克斯洛伐克社会主义共和国政府间就保护原产地名称、货源标记或其他地理或类似标记的协议》（以下简称"1986年协议"）就葡萄牙工业产权部的决定向里斯本初审法院申诉。❶ 美国公司作为利益相关的第三方被邀请参加法院的诉讼程序。1998年7月18日，法院作出裁决驳回了捷克公司的诉讼请求。法院认为唯一应该受到葡萄牙法律保护的知识产权是原产地名称"Ceske budejovicky Budvar"，而不是商标"Budweiser"。此外，法院认为，该原产地名称的使用和美国公司的商标不会产生混淆。捷克公司不服，于是向里斯本上诉法院上诉。1999年10月21日，上诉法院的判决完全推翻了初审判决，并要求葡萄牙工业产权部拒绝将"Budweiser"注册为商标，认为这种注册会违反"1986年协议"，并违反葡萄牙《工业产权法》第189条1款j项的规定。

  美国公司对此向葡萄牙最高法院提出上诉，称里斯本上诉法院的判决违反了TRIPS协定，特别是该协定第2条和第24条5款的规定。❷

---

 ❶ "1986年协议"第5条规定：1. 如果本协议项下所保护的名称或称号使用在商业或工业活动中，违反了本协议有关产品的规定，（当事人）可以根据本协定寻求所有可能的司法或行政救济，以防止不正当竞争行为或非法地使用该名称的行为；2. 本条文应适用于上述名称或称号的翻译用语。原文是：Article 5 of the 1986 Agreement provides，1. If a name or designation protected under this Agreement is used in commercial or industrial activities in breach of the provisions of this Agreement for products. all judicial or administrative remedies available under the legislation of the Contracting State in which protection is sought to prevent unfair competition or the use of unlawful designations shall，by virtue of the Agreement，be deployed to restrain such use. 2. The provisions of this Article shall apply even when translations of the said names or designations are used.

 ❷ TRIPS协定第2条规定：1. 关于本协议的第二、三和四部分，缔约方应该遵守巴黎公约（1967）第1—12条和第19条的规定。2. 本协议第一至第四部分中的任何规定都不应取消缔约方相互之间根据巴黎公约、伯尔尼公约、罗马公约和有关集成电路知识产权条约所可能承担的已有义务。第24条第5款规定，在满足下列条件的情况下，即（a）在一个缔约方适用下述第六部分的规定之前；或者（b）在地理标记在其原产国获得保护之前；已经真实地申请或注册了一个商标，或者已经真实地通过使用获得了一个商标，本节所规定的措施应不得因为该商标和一个地理标记相同或相似而影响该商标注册的合格性或有效性，或者影响使用该商标的权利。

"1986年协议"只能保护那些捷克语和葡萄牙语间互相转换的原产地标记，而不能转换为其他的语言。因此，"1986年协议"不能挑战TRIPS协定的适用。同时，美国公司认为"1986年协议"是由政府而非议会通过的，违反了葡萄牙宪法的规定。2001年1月23日，葡萄牙最高法院驳回了美国公司的上诉。最后，美国公司将案件提请欧洲人权法院进行申诉。

美国公司在诉讼中称，根据《欧洲人权公约第一议定书》的"财产"的定义，它拥有对其商标使用和注册的财产权利。根据国际法，这是一种自申请提出之日起应受保护的权利。因此，美国公司不仅享有注册的优先权，而且具有在有偿或无偿的情况下授权他人使用商标的权利。在第三人违法使用该商标时，其有权获得赔偿。从该案来看，捷克公司对原产地标记的使用将会在消费者当中造成混淆，侵害美国公司的商标财产。这种行为无论在国际法还是国内法上都是没有依据的。葡萄牙法院的上述判决错误的解释和适用的法律，以及其对"1986年协议"的解释，违反了国际法的原则。

葡萄牙政府称：美国公司的"Budweiser"商标不属于《欧洲人权公约第一议定书》中的"财产"的范围。根据葡萄牙和欧盟的法律，商标只有注册成功之后才能称为"财产"。在注册成功之前，申请者甚至没有合法的期待利益。美国公司的注册优先权虽然在这种情况下能起到一定的作用，但不能说拥有优先权就可以成功注册。因此，葡萄牙政府的决定和法院作出的判决，并没有侵害到美国公司的财产权。如果有干涉的话，也仅仅是对美国公司财产权的限制，而不是侵害或剥夺。葡萄牙政府和法院的决定是基于司法主权产生的，特别是葡萄牙政府有权根据国内法决定是否给予一个商标注册。

3. 法院判决

在《欧洲人权公约第一议定书》生效后的数十年间，欧洲人权法院一直在努力定义该议定书第 1 条中财产权的人权范围。该条文保护个人和平享受其财产而不受干扰。"财产"的定义不时会受到争论，欧洲人权法院曾经声明该权利仅适用于现有产权，而不适用于取得财产权或取得财产的希望，也曾经解释"财产"一词可以包括"请求权"，即申请人至少具有"合法预期"可获得有效享受之财产权。❶ 再者，个人权利与财产权之界线是微妙的。欧洲人权法院已经肯定"财产"之概念不只受限于有形财产，其他组成资产的某些权利及利益亦可被认定为财产权。❷

在这个案件中，欧洲人权法院认为案件的重点在于对商标的保护进程中，什么时候才能构成《欧洲人权公约第一议定书》中的"财产"。对于已经注册的商标属于财产，这一点得到法院的认同。法院对此重申，财产不限于有形财产，一些其他的权利或利益构成财产的也属于财产权的范围，注册的商标无疑符合《欧洲人权公约第一议定书》的规定，应该受到保护。下一个考量的问题是，美国公司在葡萄牙只是作为商标申请人，申请中的商标是否构成一种"合理的期待利益"，使其成为财产？欧洲人权法院在首次审理中认为，《欧洲人权公约第一议定书》只适用于对已经拥有的财产的保护。"合理期待的未来财产"在确实得到或一定能得到之前不能被认为构成了既有财产。在该案中，美国公司对于商标的注册申请确实具有一种期待，可能会获得这种财产权，但这种权利并不是第一议定书所谓的"财产"，葡萄牙法院适用"1986年协议"的方式不能说构成了对原告公司权利的干涉。总的来说，第一

---

❶ "财产"可能包含未来所有权之利益。欧洲人权法院已认定，未来利益。例如，既定的社会保障、养老金福利以及选择权，可以被包含于财产保护中。See Laurence R. Helfer. The New Innovation Frontier? Intellectual Property and the European Court of Human Rights［J］. Harv. Int'l L. J. 49，2008：1-2.

❷ 原文是：The concept of "possessions" has an "autonomous meaning which is certainly not limited to ownership of physical goods, certain other rights and interests constituting assets can also be regarded as property rights, and thus as "possessions", for the purposes of the Convention. See Gasus Dosier-und Fördertechnik GmbH v. Netherlands, 306-B Eur. Ct. H. R.（Ser. A）at 46（1995）.

议定书的规定在该案中不适用，葡萄牙政府和法院并没有侵犯美国公司的财产权。美国公司于是将案件上诉至欧洲人权法院的大法庭。❶ 大法庭认为，基于本案中商标在国际上的商誉使之具有实质上的财产利益。在许多采取商标注册取得制度的国家，美国公司在前往注册之前，可能已经进行了一些交易，例如，商标许可协议，这些交易可能具有实质的财产价值。❷ 在平衡本案的申请注册商标之条件性质与提出申请后所产生之各种财产利益后，欧洲人权法院大法庭判定美国公司对于申请中的商标有一种"合理的期待利益"，这种利益被包含于《欧洲人权公约第一议定书》的"财产"范围之内，判决葡萄牙政府违反了《欧洲人权公约第一议定书》的规定。

三、争议之三：财产化的商标与言论自由

言论是人类文化交流，传递信息的基本手段。随着现代民主制度的建立，言论自由成为宪法中确认的政府不可剥夺的基本权利，同时也是实现宪法中其他基本权利的保证。❸ 在人类追求民主的进程中，言论自

---

❶ 欧洲人权法院的实际审判机构分为三类：第一类是三人委员会，由3名法官组成；第二类是法庭，一般由7名法官组成；第三类是大法庭，由17名法官组成。三人委员会有权对诉讼申请作出最终裁决，并作出驳回起诉的决定。如果三人委员会未能一致作出驳回起诉的决定，则该案将被移送至法庭审理。如果法庭审理的案件所涉及的问题十分重要，例如案件涉及对公约条款的解释或者未来的判决结果可能与从前类似案件的判决结果相左，法庭将把案件移送大法庭审理。对大法庭作出的裁决则不得提出上诉。

❷ 原文是：In first to-file countries, such as the case at bar, these rights may include entering into transactions such as licensing agreements, and, particularly with regard to a famous mark such as the BUDWEISER mark, those transactions may have "substantial financial value.

❸ 爱默生曾经说明言论自由的价值，他认为言论自由具有四种价值：第一，促成个人的自我实现；第二，作为获取真理的一种手段；第三，作为保证社会成员参与社会的包括政治的决策过程的一种方式；第四，维持社会稳定和变化之间的平衡。参见侯猛. 言论自由及其限度［J］. 北大法律评论, 2000（3）：62-127.

由不仅是一个长期存在的理论问题,而且是一个恒久存在的实践难题。作为一种私人财产,商标权人希望借助商标法律制度排除他人使用;作为一种符号,商标是社会公众传递商品或服务信息的工具。商标的财产属性和社会属性,制造了商标权与言论自由之间的紧张关系。在商标侵权诉讼中,商标戏仿与比较广告是财产化商标与言论自由冲突与协调的例证。

(一)财产化商标的社会属性

与一般意义上的财产不同,商标本身是一种符号,商标法既是规制市场经济秩序的法律,也是一种对市场中符号语言的规范。❶美国学者巴顿·毕比(Barton Beebe)教授直言,如果存在"商品语言"的话,那么商标扮演的角色就是"语法"。❷在如今的全球化时代,商标,特别是驰名商标往往蕴含着特殊的社会属性。

一方面,商标具有文化价值,特定商标的形象成为消费者之间分享的语言及符号。经济学家茅于轼在《商标广告的文化价值》一文中指出,商标广告具有直接和间接的效果。就直接效果而言,商标广告是为生产者和消费者服务的。就间接效果而言,商标广告可以在传递社会价值观方面起作用。在无形中引导社会追求什么,躲避什么,通过广告了解别人的心态,别人的生活水平,这些信息在社会的安定进步中起了非常巨大的作用。❸加拿大学者劳斯玛丽·J.库姆比(Rosemary J. Coombe)教授以后现代性(postmodernity)文化为研究视角❹,从人类

---

❶ 彭学龙. 商标基本范畴的符号学分析 [J]. 法学研究,2007(1):17-31.

❷ Barton, Beebe. Semiotic Analysis of Trademark Law [J]. UCIA l. reV., 51, 2003:621-660.

❸ 茅于轼. 重视商标广告的文化价值 [J]. 中华商标,2000(1):7-8.

❹ 后现代主义(Postmodernism)是一个从理论上难以精准下定论的一种概念,因为后现代主要理论家,均反对以各种约定俗成的形式,来界定或者规范其主义。对于此学说的持续时间有不同说法,其中有一说是指从20世纪70年代到90年代。目前,在建筑学、文学批评、

学角度探讨了商标与模仿行为的关系。他认为:"模仿行为,例如,小孩模仿大人、低度开发者模仿高科技者,都是试图通过模仿以获得原创的力量,这种动机和行为也会延伸到商业性。商标的使用本身就是一种将模仿行为组织起来的方式,让消费大众感觉到商标产品的一致性和商品的标准化。"❶ 但这种模仿总会引起某些相对的变形(alterity)行为,商标法保护了商标权的财产利益的同时,被排斥的他者正是引起变形行为的主体。并且,这种模仿和变形在后现代文化中,可以加速形成不同程度的社会公众之间的文本互涉性(intexuality)❷,但也很有可能成为商标侵权。

此外,美国学者安东尼·D. 金(Anthony D. King)教授从全球化的角度探讨文化和消费问题。他认为,资本与消费全球化的结果是消费文化取代更深厚的文化传统,成为一种以商标符号为主流的全球大众文化。❸ 以商标符号为主流的大众文化,跨越了语言的界限,通过新兴的

(接上注)
心理分析学、法律学、教育学、社会学、人类学、政治学等诸多领域,均就当下的后现代境况,提出了自成体系的论述。他们各自都反对以特定方式来继承固有或者既定的理念。由于它是由多重艺术主义融合而成的派别,因此要为后现代主义进行精辟且公式化的解说是无法完成的。不同于文学批评家,一个严肃的哲学家可能不喜欢使用后现代主义这个术语,因为这个术语过于模糊,后现代主义可能指女性主义、解构主义、后殖民主义中的一个或几种。参见王岳川. 后现代性文化研究[M]. 北京:北京大学出版社,1992:3-14.

❶ COOMBE J. ROSEMARY. The Cultural Life of Intellectual Properties, Authorship, Appropriation, and the Law [M]. Durham: Duke University Press, 1998: 165-168.

❷ "文本互涉性"(Intertexuality),又称为"文本间性"或"互文本性",这一概念首先由法国符号学家、女权主义批评家朱丽娅·克里斯蒂娃在其《符号学》一书中提出:"任何作品的本书都像许多行文的镶嵌品那样构成的,任何本书都是其他本书的吸收和转化。"基本内涵是,每一个文本都是其他文本的镜子,每一文本都是对其他文本的吸收与转化,它们相互参照,彼此牵连,形成一个潜力无限的开放网络,以此构成文本过去、现在、将来的巨大开放体系和文学符号学的演变过程。参见黄念然. 当代西方文论中的互文性理论[J]. 外国文学研究, 1999(1): 15-21.

❸ ANTHONY D. KING. The bungalow: the production of a global culture [M]. London: Routledge & Kegan Paul, 1984: 23-26.

传播手段和全球消费市场的扩张而发展。不过，这种文化力的拥有与控制通常掌握在欧美发达国家的强势企业手中。这些商家通过先进的营销手段和雄厚的资金引导消费文化的走向，从而使得来自西方的奢侈品牌和时尚品牌成为一种象征符号，创造出流行的神话。而对发展中国家或者市场经济较落后国家而言，这无疑相当于一种新的殖民文化。❶ 例如，改革开放以后，随着我国消费力的增加，来自国外的各种连锁店、专卖店及旗舰店陆续开业，越洋而来的商品辅之以良好的广告营销，使得我国的消费文化有相当大的改变。在这股浪潮当中，有一个值得关注的现象，就是消费者对名牌产品的高涨热情，催生了仿冒品市场的扩张。在实体的零售、批发市场，又或者在互联网的线上交易市场上随处可见"Hermes""Gucci""LV"等西方奢侈品牌的仿冒品。虽然明知是仿冒，仍有众多的消费者为之倾倒。可以说，仿冒品复制的已不仅是复制产品的本身，更是在复制文化的想象。

另一方面，商标属于一种"商业言论"。法律在保护商标财产属性的同时，要防止权利人垄断符号语言、压制公众言论空间。❷ 在言论自由的谱系中，商业言论（commercial speech）不仅地位特殊，而且定义也众说纷纭。我国学者认为，商业言论是指经营者为了获取交易机会而提议进行商业交易的言论。❸ 美国学者指出，凡是宣传或推广某种商品或服务的言论，只要其目的是为了直接刺激该项商品或服务的交易，以获取商业利益的，均属于商业言论。❹ 应该注意，商业广告属于

---

❶ CHEN, KUAN-HSING, DAVID MORLEY, eds. Stuart Hall：Critical dialogues in cultural studies [M]. London：Routledge, 1996：56-58.

❷ COOMBE, ROSEMARY J. The Cultural Life of Intellectual Properties，Authorship, Appropriation, and the Law [M]. Durham：Duke University Press, 1998：165-168.

❸ 赵娟，田雷. 论美国商业言论的宪法地位——以宪法第一修正案为中心 [J]. 法学评论, 2005（6）：105-112.

❹ Martin H. Redish. The value of free speech [J]. University of Pennsylvania Law Review, 1982（130）：591-645.

较常见的商业言论，但是并非所有从事商业活动者的言论均为商业言论。因为，有些从事商业活动者仍可能发表政治性或与文艺性有关的言论，也并非所有商业活动者的广告均为商业广告，因其可为政治性或文化性广告。❶ 关于商业言论是否受到《美国宪法第一修正案》所保护❷，一直争议不断。自20世纪40年代的一系列判例来看，美国联邦法院在司法实践中形成一套"双阶理论"，将言论的价值区分为高价值言论（High value speech）与低价值言论（Low value speech）。其中，商业言论被归分为低价值言论的一种。❸ 根据不同的价值的言论实行不同的审查标准。对于商业言论的立场，美国法院也大致经历了从绝对的不保护再到有限制的保护。由于《美国宪法第一修正案》的真谛在于，确保信息的自由流通，以促进大众作出准确的决策。而商业言论可以使个人获得商品或服务的信息，促使其作出合理的经济决定。所以，在当今市场经济中，商业言论自由对于促进信息流通具有重要的价值。

作为一种商业言论，商标的主要作用在于传递有关产品来源或质量信息。商标权人借由广告将商品或服务的质量、价格、功能、特征等信息告知消费者，以吸引消费者的注意。而获得充分商品或服务信息的消费者不仅可以减少其搜索商品或服务的成本，并且可以据此作出明智的购买决定。在当前大多数的商标侵权诉讼当中，判决的焦点多集中在商标的近似、识别商品/服务来源或质量上之争议等，并未要求法官从宪法的角度进行分析。其实，无论是有关近似商标，还是有关识别商品/

---

❶ Martin H. Redish. The value of free speech [J]. University of Pennsylvania Law Review, 1982（130）：591-645.

❷ 《美国宪法第一修正案》规定，禁止美国国会制定任何法律以确立国教；妨碍宗教信仰自由；剥夺言论自由；侵犯新闻自由与集会自由；干扰或禁止向政府请愿的权利。该修正案于1791年12月15日获得通过，是美国权利法案中的一部分。

❸ Cass R. Sunstein. Low Value Speech Revisited [J]. Nw. UL Rev., 1988（83）：555-570.

服务来源或质量的商标使用，都属于商业言论一种。如果商标与另一商标非常近似，又或者可能造成消费者混淆之虞，该商业言论就不能受到宪法的保护。

不过，商标的财产属性意味着商标权人拥有排除他人注册或使用相同、近似商标的权利。这种权利无异于为商标权人独占符号、压制公众言论自由提供了理由。因此，为了保障人们的言论自由，避免商标权人藉由商标保护，形成对语言符号独占的结果，并借此阻止其他竞争者在相类似商品或服务上的竞争。美国《兰哈姆法》和《联邦商标淡化法》都有相关保障商业言论自由的规定。例如，《兰哈姆法》第2条，规定了各种禁止注册的情形。《联邦商标淡化法》，即《兰哈姆法》第43条中亦有相关免责事由的规定。❶

(二) 言论自由对商标权的限制之一：商标戏仿

现代市场经济快速发展，商标所蕴含的财产价值也随着社会经济的发展不断地攀升，商标从一个区别和表彰商品或服务来源的符号演变成为大众文化中的具有丰富含义象征，使得商标（特别是驰名商标）自然而然成为商标戏仿（trademark porady）的对象。❷ "商标戏仿"，即把

---

❶ 《兰哈姆法》第43条（c）款第3项规定，下列情形不可依据本款规定以弱化或污损为由提起诉讼：（A）驰名商标的合理使用，包括指明商标权人的合理使用和叙述性合理使用，或者为了便于作出这些合理使用而实施的行为，但商标使用人不能用于指示他自己商品或服务来源，具体包括下列相关行为：(i) 让消费者能够比较产品或服务的广告或促销；或（ii）确定、滑稽模仿、讽刺、评论驰名商标所有人或驰名商标所有人的商品或服务的行为；(B) 所有形式的新闻报道和新闻评论；(C) 任何对商标的非商业性使用。

❷ 李雨峰. 企业商标权与言论自由的界限——以美国商标法上的戏仿为视角 [J]. 环球法律评论, 2011（4）：18-26.

他人的商标作为批评、调侃对象的行为。❶ 商标戏仿行为是从原商标中撷取材料，以夸张、荒诞的形式加以运用和重新组合，以批判及讽刺原作。所以，商标戏仿既要以原商标为基础或依据，同时戏仿者亦须加入新的素材或在原商标的基础上增加与原商标明显不同的特性或风格，以对原商标所代表的某种社会价值或社会现象进行评论。一种成功且有效的戏仿行为必须同时传达两种对立的信息：消费者当下看到戏仿会认为使用的是原商标，但立即发现该使用是对商标的戏仿性使用，而非原商标本身。换言之，一个真正的商标戏仿者并非是为了将消费者注意力导向戏仿者本身的商品或服务，而是利用商标去评论、批评或讽刺商标权人或其商品、服务。

作为一种幽默或讽刺的手段，商标戏仿和嘲讽漫画、幽默戏剧类似，除了可以起到娱乐作用也具有社会、经济、政治等现象进行评论的功效。美国学者罗贝特·J.萨格尼斯（Robert J. Shaughnessy）教授界定了戏仿的特质：戏仿是从既有物中的特质作出可以辨认既有物的新产品，以嘲弄既有物，达到幽默或挑衅的效果。❷ 例如，环境保护组织就常常以大企业商标为戏仿对象，引起社会大众对这些企业环境污染行为的重视。然而，商标戏仿在其内容及行为模式上内含了相互矛盾的关系。一方面，如果戏仿对原作的使用甚少，根本无法让人将新作与原作联系起来，则不可能实现对原作进行批判和讽刺的目的，也就难以达到戏仿的功用。另一方面，模仿、使用原作内容的行为，又难以

---

❶ 波斯纳将商标戏仿分为三类：第一类是对竞争对手的商标进行戏仿的比较广告，这是一种提供产品信息的有效率的方法，可以免责；第二类是对竞争对手的商标进行戏仿但有造成混淆可能性的行为，该类行为因为增加消费者的搜索成本而应当承担责任；第三类是非竞争对手对他人商标进行戏仿但不会造成消费者混淆的情形。参见理查德·波斯纳. 知识产权法的经济分析 [M]. 北京：北京大学出版社，2005：203-204.

❷ Shaughnessy, Robert J. Trademark Parody, A Fair Use and First Amendment Analysis [J]. Virginia Law Review, 1986 (72): 1079-1117.

避免会涉嫌侵犯原作的商标权。在现代社会中，法院已认知到，家喻户晓的商标不仅是一种财产，更象征一定的社会文化，成为人们思想交流和观点表达的工具。若禁止这些商标进入公共谈话之中，便形同使商标权人得以在公众领域圈地为王、蚕食掉原本属于公众的言论表达范围。

从美国历年的案件来看，并不是所有判例都将商标戏仿视为言论自由。在实践中，美国法院在商标戏仿问题中探索了"可替代的其他充分的传播手段""非商业性言论""合理使用"等标准。❶ 值得注意的是，同一个案件运用不同的标准，会出现截然不同的判决结果。下文拟结合近年来美国商标戏仿的代表性案件，综合分析法官在审理中针对商标戏仿案件的三个判断点，即是否属于商标戏仿？是否造成消费者混淆？是否造成淡化？

判断点一：是否属于商标戏仿？

在判断商标戏仿是否构成商标侵权或者淡化之前，法院首先要解决的问题就是，什么是商标戏仿？对于商标戏仿的定义，美国商标法并没有相关的规定，联邦最高法院也没有进行精确的阐述。根据美国上诉巡回法院的判决，对商标戏仿的定义有如下几种：（1）1987年"比安诉德雷克出版公司案"（L. L. Bean, Inc. v. Drake Publishers, Inc.）❷，法院认为，商标戏仿本质上属于言论自由的内容，无论是作为娱乐或是社会及文学批评的一种形式。商标戏仿行为即使令人讨厌，也是一种传

---

❶ 李雨峰. 企业商标权与言论自由的界限——以美国商标法上的戏仿为视角［J］. 环球法律评论, 2011（4）：18-26.

❷ L. L. Bean, Inc. v. Drake Publishers, Inc., 811 F. 2d 26（1st Cir. 1987）. 案情简介：本案的原告是缅因州一家著名的户外装备及服饰制造商；被告是一家名为 High Society 杂志的出版社。被告杂志内含有原告的驰名商标"L. L. Beam's Back-to-School Sex Catalog"，杂志内文以一种下流方式（描绘裸体模特以色情的姿势）使用原告产品。缅因州地区法院的判决认为，此举可能削弱原告商标的显著性，且已使消费者对原告商标产生负面印象，导致商标本身的价值减损，违反了《联邦商标淡化法》，该判决结果后来被上诉巡回法院推翻。

达信息的方法，我们不要总是将企业与产品形象看得如此严肃。人们拥有嘲笑该商标及商标所联结对象的自由。（2）1989 年"卡里夫诺特公司诉巴塔姆布尔迪戴尔酒吧案"（Cliffs Notes Inc., v. Bantam Doubleday Dell Pub）❶，法院认为，商标戏仿必须同时传达两种同时且对立的信息：它是原创的，但同时它又不是原创的，而是一种戏仿。如果模仿行为只是表达了原作品的信息，就很有可能造成消费者混淆、商标淡化，这种模仿行为就非商标的合理使用。（3）1989 年"罗杰斯诉格里马尔迪"（Rogers v. Grimaldi）❷，法院提出一项言论自由与商标戏仿平衡标准，该标准以"避免混淆的公共利益"与"自由表达的公共利益"为天秤的两端。要求未经授权的商标戏仿行为须与表达性作品具有最低程度的关联，以确保表达性作品是真正的文化贡献，而不是一个商业的搭便车行为。（4）2007 年的"路易斯威登诉玩具狗公司案"（Louis Vuitton Malletier S. A. v. Haute Diggiy Dog LLC）❸，法院认为，商标戏仿就是将被模仿的原商标与模仿后的商标进行对比后，传达出一种讽刺、嘲笑、玩笑或娱乐的信息。

从上述法院的见解可见，商标戏仿的要件包括两个：首先，从主观上而言，商标戏仿者并无将他人商标作为"商标使用"的意图。商标戏仿者使用原商标的目的并非为了混淆、淡化原来的商标，而是想通过

---

❶ 原文是：A parody must convey two simultaneous—and contradictory—messages: that it is the original, but also that it is not the original and is instead a parody. This second message must not only differentiate the alleged parody from the original but must also communicate some articulable element of satire, ridicule, joking, or amusement. See Cliffs Notes Inc., v. Bantam Doubleday Dell Pub. Group, 886 F. 2d 490, 494 (2d Cir. 1989).

❷ Rogers v. Grimaldi, 875 F. 2d 994, 997 (2d Cir. 1989). 案情简介："Ginger and Fred"是一部意大利的歌舞电影，由两位夜总会舞者 Pippo 与 Amelia 主演，在影片中两位主演模仿了著名舞蹈演员 Fred Astaire 和 Ginger Rogers 的演出。通过这种模仿表演，使她们分别得到"Ginger"和"Fred"的绰号，而该电影也以该绰号为名称。于是，遭到模仿的舞蹈演员向法院起诉电影公司，主张错误标示与侵害她所拥有的形象权。

❸ Louis Vuitton Malletier S. A. v. Haute Diggity Dog, LLC, 507 F. 3d 252 (4th Cir. 2007).

原来的商标传达某种思想或理念。其次，从客观上来说，商标戏仿行为能够向公众传达某种"弦外之音"。例如，环保组织通过戏仿大企业的商标向公众传达保护环境的思想。最后，从利益平衡上，法律保护商标的来源识别功能，只有当避免消费者混淆的公众利益超过自由表达的公众利益时，法院才能以商标法规范艺术创作。

判断点二：是否造成消费者混淆？

通过判断点一后，法院在下一步必须以消费者混淆之虞标准进行检测，以判定商标戏仿行为是否构成商标侵权。在司法实践中，法院曾经要求在进行混淆之虞判断前，先确认该商标戏仿是否属于商业性使用。❶ 不过，划分何种行为属于商业性，何种行为属于非商业性，在现实中是十分困难的。2007年"路易斯威登诉玩具狗公司案"，法院对商标戏仿是否造成消费者混淆之虞的判定进行分析。

在这个案件中，原告是法国著名高档奢侈品路易斯威登（以下简称"LV"）的商标持有人。LV创立于1854年，近百年来以生产卓越品质、杰出创意和精湛工艺的皮套享誉世界。2002年，LV跨界生产了一批限量版、价格不菲的宠物狗的链子和项圈。被告为生产狗玩具的公司，则是以生产模仿名牌的精品厂家，制造销售一系列供宠物狗使用的玩具皮包、饰品，其单价几乎不超过20美元。原告提出的诉讼理由在于，被告模仿当时最受欢迎的LV包包的样式，设计了一款狗的咀嚼玩具，并以类似的读音"Chewy Vuiton"命名（见下图）。原告认为，被告的模仿行为侵害了其商标权，被告则以商标戏仿抗辩。

---

❶ 李雨峰. 企业商标权与言论自由的界限——以美国商标法上的戏仿为视角 [J]. 环球法律评论，2011（4）：18-26.

LV皮包　　　　　　　　　　狗玩具包

　　法院在针对被告的商标戏仿行为是否造成消费者混淆之虞的判断，援引了美国联邦第四巡回法院在 1984 年"比萨欧诺公司诉特姆普拉公司案"（Pizzeria Uno Corp. v. Temple）[1]，即（1）原告商标的强度或者显著性；（2）两个商标之间的相似度；（3）双方商品或服务的相似度；（4）双方在各自商业上使用情况的相似度；（5）双方广告方式的相似度；（6）被告的主观要件；（7）实际混淆[2]。

　　根据混淆之虞的要件，法院认为：第一，原告的商标无疑具有强大的显著性，但是在商标戏仿中，显著性越大的商标往往越不容易造成消费者混淆。被告的商标戏仿行为制造的宠物狗玩具不可能被消费者误认为是原告的产品。第二，就商标的相似度而言，被告的商标包含了"Vuiton"以及与原告类似的商品图案、颜色。从这一点看，双

---

[1] Pizzeria Uno Corp. v. Temple, 747 F. 2d 1522, 1527 (4th Cir. 1984).

[2] 原文是：(1) the strength or distinctiveness of the plaintiff's mark; (2) the similarity of the two marks; (3) the similarity of the goods or services the marks identify; (4) the similarity of the facilities the two parties use in their businesses; (5) the similarity of the advertising used by the two parties; (6) the defendant's intent; and (7) actual confusion.

方的商标是十分相似的，被告对此也并不否认。但是，商标戏仿是基于对原告商标的模仿行为，戏仿本身难免会与他人商标相似。只不过，商标戏仿必须同时向消费者传达两种对立的信息：它是原创的，但同时它又不是原创的，而是一种戏仿。就本案的情况而言，被告的商标戏仿行为是符合这个要素的。第三，就商品和广告的相似度而言，虽然原告也生产宠物用的玩具，不过原告与被告的产品在外观上显然不相同。原告的商品仅仅在其经营的高级专卖店销售且价格高昂。在广告宣传上使用的都是时尚明星。而被告的商品则属于大众消费且价格低廉。在这方面而言，消费者显然不会混淆。第四，在被告的主观要件判断上，虽然被告主张其并非营利为目的，而仅仅是为了揶揄和评论社会上的奢侈现象。不过，这种观点没有获得法院的认同，作为商家的被告在此戏仿行为中显然获利。只不过，被告尽管有获利的企图，但并不足以构成一种恶意。第五，双方当事人都并未提出实际混淆的证据。法院在判决中认为，无论从价格上还是从双方商标的读音上，并不会让消费者对于双方的商品来源产生混淆。因此，综合上述因素，法院认为双方当事人的商标并无致消费者混淆之虞的可能性，判定商标侵权不成立。

判断点三：是否造成淡化？

在梳理商标戏仿案件中发现，戏仿者使用的对象往往是驰名商标，何谓"驰名商标"，各国对其有不同的定义。一般认为驰名商标较一般商标而言，显著性更强。戏仿者挑选这一类型的商标作为客体，无非是因为驰名商标在现实中更容易在公众中产生强烈的共鸣和对比感，更可能达到一种娱乐、嘲讽等效果。如果戏仿的是一般商标，则难以符合法院对商标戏仿的判断，极易造成商标侵权。《联邦商标淡化法》，即《兰哈姆法》第43条中规定了商标淡化的免责事由，包括比较广告、新闻报道、非商业性使用。从上述法条中，我们并没有看到"商标戏仿"的影踪。而在商标淡化诉讼中，法院对商标戏仿是否使用上述免责事由有不同的看法。

在第一类案件中，法官并未就商标戏仿是否属于上述免责事由进行分析。而是从宪法言论自由的规定入手，强调言论自由的重要性。法院在分析了驰名商标与商标戏仿的关系后，认为商标戏仿除了嘲讽该驰名商标外，并未有其他不当的行为，这样不仅没有造成驰名商标的淡化，反而加强了该驰名商标的显著性。例如，在"荷美尔食品公司诉吉姆汉森案"（Hormel Foods Corp. v. Jim Henson Prods）案件中❶，原告荷美尔（Hormel）食品公司是坐落于美国明尼苏达州的一家为消费者提供高质量的品牌食品和肉类产品的跨国生产商和经销商，拥有"SPAM"商标。被告在1996年制作了一部以木偶为主角的电影。这些木偶的名字来自一些很熟悉的人物、商品的名称。在电影中有这么一个场景：一个野猪部落中邪恶的大祭司名为"SPAAM"，十分崇拜着女王。电影导演希望通过这个场景使得人们能将荷美尔生产的猪肉与电影幽默联系起来。不过，荷美尔公司却一点也笑不起来。他们认为，被告的行为将其商标与"邪恶"等画面联系，淡化了商标的显著性。法院在判决中认为，没有明显的证据表明被告的行为将会对原告造成不利，被告也并非是原告的直接竞争者，被告的商标戏仿行为属于其表达言论的一种方式。

在第二类案件中，法官为商标戏仿引入"非商业性使用"免责事由。在"美泰公司诉行山公司案"（Mattel v. Walking Mountain Prods）❷，法院认为，商标戏仿本身属于言论自由的一种，戏仿者的主要目的是为了评论该驰名商标权人或者其生产的商品或服务，即使戏仿者本身是商人或者这些戏仿行为对其商品或服务的销量造成了影响，该戏仿行

---

❶ Hormel Foods Corp. v. Jim Henson Prods., 73 F.3d 497 (2d Cir. 1996).
❷ Mattel v. Walking Mountain Prods., 353 F.3d 792 (9th Cir. 2003).

为仍然可以被认为是非商业性使用。这时，法官通过对"非商业性使用"免责事由的扩大解释，不再将"非商业性使用"局限在完全不带任何商业色彩的使用，使得商标戏仿行为可以纳入淡化法的免责事由当中。但事实上，清楚区分商业性与非商业性相当困难。商标戏仿经常同时伴有嘲讽性评价和贩卖商品的目的，例如上文提到的 LV 与玩具狗案件。这时候，要在两者之间清晰的划清界限是不大可能的，虽然法院引用"非商业性使用"为商标戏仿辩护，但正如美国第九巡回上诉法院在"霍夫曼诉首都城市公司案"（Hoffman v. Capital Cities/ABC，Inc.）❶，判断同时具有社论式评论与商业目的之商标戏仿，应该从整体性进行评价。非商业性言论，如政治、文学、艺术等，是为了鼓励大众对公共议题的探讨，即使言论虚伪不实或具有误导性仍然可以获得宪法的保障；商业性言论，即要受到严格的限制，从社会公众的利益出发，商业性言论必须是真实及不具有误导性的，否则不能受到宪法的保障。

（三）言论自由对商标权的限制之二：比较广告

随着产业竞争激烈，厂商为促销其商品或服务，常以比较广告作为营销手法。比较广告，指的是广告主在广告中，以明示或暗示方法表示某特定竞争者的身份或者该竞争者的商品或服务，藉此促销自己的商品或服务的广告。❷ 广告学上认为，比较广告是一种创意的手法，是企业经营者基于商业目的藉由广告宣传其商品或服务所用的言论，亦可称为"商业言论"❸。采用比较广告的方式，一方面，可为消费者提供更多的选购信息，具有促进市场竞争的正面功能。另一方面，

---

❶ Hoffman v. Capital Cities/ABC, Inc., 255 F. 3d 1180 (9th Cir. 2001).

❷ 邓宏光. 论商标权与言论自由的冲突 [J]. 内蒙古社会科学，2006（1）：24-29.

❸ Frederick Schauer. Commercial Speech and the Architecture of the First Amendment [J]. U. Cin. L. Rev., 1987（56）：1181-1213.

商标法既已赋予商标权人禁止他人使用相同或近似商标之排他权利，比较广告中提及或影射竞争同行的商品或服务时，难免会使用他人之商标，此等行为是属于一种"商业言论"还是侵害他人商标权，实有争议。

在美国，一般认为，比较广告有利于消费者选购商品或服务，本身属于言论自由的内容，除非是实际操作不当才会构成商标侵权。美国有关比较广告的管制，主要包括《兰哈姆法》第 43 条（a）款及 2006 年的《联邦商标淡化法》❶。《兰哈姆法》第 43 条（a）款在 1988 年经过修订，并于 1989 年正式生效。在修正案之前，对《兰哈姆法》的适用范围，美国法院有许多争议。有的法院认为，不仅可以适用于导致消费者混淆的商标侵权行为，也可以用来处理比较广告的侵权问题。有的法院则认为，《兰哈姆法》只能适用于有关消费者混淆的商标侵权行为。❷ 在 1989 年修正的条文中，明确地将有关自己或他人所有商品或服务的虚伪不实的广告与商品的贬损（product disparagement）纳入现行《兰哈姆法》中。事实上，在 1989 年修法之前，"威廉姆斯诉巴利制造公司案"（Williams Elecs., Inc. v. Bally Mfg. Corp.）❸，美国法院曾经针对比较广告适用《兰哈姆法》的问题提出以下几项准则：

1. 被告必须在广告中对于自身商品有虚假陈述的事实；
2. 这些广告内容必须有虚假文字，假如没有，也必须有欺骗该广告所针对的消费者的事实或可能性。简而言之，如果广告中有

---

❶ 《兰哈姆法》第 43 条（a）款规定在商业广告或促销活动中错误表示自己或他人商品、服务或商业活动的性质、特征、质量或产地来源。应在任何认为自己由此受到或可能受到的损害的主体提起民事诉讼中承担法律责任。

❷ Andrew A. Gallo. False and comparative advertising under section 43（a）of the Lanham Trademark Act [J]. Comm. & L., 1986（8）: 3-40.

❸ Williams Elecs., Inc. v. Bally Mfg. Corp., 568 F. Supp. 1274. 1282（N.D. Ill. 1983）.

明确的虚伪文字，法院即使未考量该广告对于消费者的影响，也会给予救济；

　　3. 该欺诈对于消费者购买绝对有重要的影响力；

　　4. 该广告商品必须已经进入州际市场；

　　5. 原告必须因为该广告遭受损害，有可能是直接地销售损失或是损害其商品的商誉。❶

　　从上述法院的见解来看，只要比较广告没有在现实中造成消费者混淆或不实之词影响到消费者的购买决定，商标权人无论多么不情愿也不能阻止比较广告。典型的例子是在"必胜客诉啪啪约翰国际公司案"（Pizza Hut, Inc. v. Papa John's International, Inc.），被告公司在比萨广告中，使用广告标语"更好的食材、更好的比萨"（Better Ingredients, Better Pizza.），而原告公司则认为被告公司的广告向消费者传达了虚伪的事实，侵犯被告的商标权。法院则认为，被告的广告语只是一种吹嘘、自夸，理性的消费者不会依赖该标语来判断，或是得出被告的产品一定优于原告商品的判断，被告的做法仅仅是一种意见的表达，不构成商标侵权。❷

　　2006年，美国国会通过《联邦商标淡化法修正案》第2条规定："（1）在不违反公平原则之下，驰名商标的权利人，应被赋予禁令以对抗其他于该所有权人的商标变得有名后，开始在商业上使用某一商标或商号，造成因弱化而淡化（dilution by blurring）或因污损导致的淡化

---

❶ 原文是：1. Defendant must have made false statement of fact about its own products in its advertisement; 2. Those advertisements actually deceived or have the tendency to deceive a substantial segment of their audience; 3. This deception musthave been material ininfluencing purchasing decision; 4. Defendant must have caused it falsely advertised good to enter interstate commerce; and 5. Plaintiff must have been injured through the advertisements either by loss of sales directed or by detriment to the goodwill of its products in the eyes of the consumer.

❷ Pizza Hut, Inc. v. Papa John's Intern., Inc., 227 F. 3d 489 (5th Cir. 2000).

(dilution by tarnishment)的可能性,不管是否存在实际混淆或混淆之虞,或是有实际的经济损害。"从条文可以看出,淡化包括两种形式:弱化和污损。根据美国学者夏洛特 J. 罗马诺(Charlotte J. Romano)教授总结[1],在比较广告中构成商标淡化的情形主要有以下两种:第一,当消费者即使知道竞争者没有该项广告产品,但是依旧因为观看该比较广告有关竞争者商标的内容,将该广告主的商品与竞争者的商标产生联想时,广告中使用竞争者的商标为弱化而造成的淡化;第二,由于比较广告中使用原告的驰名商标,这种使用减少了该驰名商标的正面价值,构成污损的淡化。例如,在"迪尔公司诉 MTD 制造公司案"(Deere & Co v. MTD Products Inc.)[2],原告商标中的"小鹿"因为看到被告在广告中宣传的功能强劲的"拖拉机"而惊吓地到处乱跑。这种形式的比较广告虽然不会造成消费者混淆,但是原告的商业形象无疑受到了污损,法院也最后认定被告的行为构成了商标淡化。淡化理论的诠释,看似会危及比较广告的存在。但是,由于《兰哈姆法》在第 43 条第(c)项第 3 款中明确规定了下述免责事由,"……(i)让消费者能够比较产品或服务的广告或促销",使得广告主能够得以运用该条款排除侵害商标权的可能。

在欧盟,有关比较广告的规制体现在《欧盟商标指令》及《不实广告指令》当中。1988 年《欧盟关于与商标有关法律之第 89/104 号指令》(*First Council Directive 89/104/EEC of 21 December 1988 to approximate the laws of the Member States relating to trade marks*)第 5 条第 1 项规定:"注册商标赋予商标权人专用权。商标所有人有权能排除第三人未经同意而于以下交易过程使用商标:(a)任何与注册商标相同之标志且使用与注

---

[1] Charlotte J. Romano. Comparative Advertising in The United States and in France [J]. NW. J. INT'L L. & BUS, 2005(25): 371-385.

[2] Deere & Co v. MTD Products Inc. 41 f. 3d 3942 (2d cir. 1994).

册商标相关之商品或服务；（b）任何与注册商标相同或近似之标志，使用与注册商标相对或类似之商品或服务，致相关消费者产生混淆误认。"❶ 有鉴于此，任何人若未经同意而使用他人的注册商标，商标所有权人可以排除其使用。但第89/104号指令第6条第1项对于商标所有权人的权利限制，"商标权人不得禁止第三人以下交易过程使用商标：（a）他自己的名称或地址；（b）当商标作为表示商品或服务的种类、质量、数量、用途、价值、地理来源、产品制造或提供服务的时间，或是其他特性；（c）为表示商品或服务之预定目的，而有使用他人商标之必要者，特别于零组件商品，然该使用应符合商业诚信惯例。"❷ 因此，如符合第6条第1项各款情形之一者，可主张合理使用，不属于商标侵权。

欧盟《不实广告指令》，最初为1984年制定的《不实及引人错误广告之第84/450号指令》（Council Directive 84/450/EEC of 10 September 1984 concerning misleading and comparative advertising），之后于1997年以第97/55号指令（Directive 97/55/EC of the European Parliament and of the Council of 6 October 1997）修订第84/450指令，并加入比较广告之规范。依据这个指令，比较广告，系指"任何明示或暗示竞争者或竞争者

---

❶ 原文是：The registered trade mark shall confer on the proprietor exclusive rights therein. The proprietor shall be entitled to prevent all third parties not having his consent from using the course of trade：(a) any sign which is identical with the trade mark in relation to goods or services which are identical with those for which the trade mark is registered；(b) any sign where, because of its identity with, or similarity to, the trade mark and the identical or similarity of the goods or services covered by the trade mark and sign, there exists a likelihood of confusion on the part of the public, which includes the likelihood of association between the sign and the trade mark.

❷ 原文是：The trade mark shall not entitle the proprietor to prohibit a third party from using, in the course of trades：(a) his own name or address；(b) indications concerning the kind, quality, quantity, intended purpose, value, geographical origin, the time of production of goods or of rendering of the services, or other characteristics of goods or services；(c) the trade mark where it is necessary to indicate the intended purpose of a product or services, in particular as accessories or spare parts.

所提供之商品或服务之广告"。该指令"前言"第 13 点至第 15 点明确指出,第 89/104 指令固然赋予商标权人排除他人使用相同或近似商标于相同或类似商品之权利,然于比较广告中,为指出竞争者之商品或服务,不可避免地会使用他竞争者之商标或商号,如其使用符合本指令所列之要件,则不成立商标侵害。依该指令第 3 条规定,比较广告须符合 8 项合法要件:❶

1. 根据该指令第 2(2)、3 及第 7(1)条规定,并未造成误导;

2. 对于达成相同需求或目的之商品或服务予以比较;

3. 针对一个或多个重要的、有相关性、可验证性及代表性之商品或服务之特性,例如价格,予以比较;

4. 于广告者及竞争者之间,或广告者及竞争者之商标、商号、或其他可资区别之标志、商品或服务间,未致混淆者;

5. 并未损害或玷污竞争者之商标、商号或其他可资区别之标志、商品、服务或活动;

---

❶ 原文是:Comparative advertising shall, as far as the comparison is concerned, be permitted when the following conditions are met:(a) it is not misleading according to Articles 2 (2), 3 and 7 (1);(b) it compares goods or services meeting the same needs or intended for the same purpose;(c) it objectively compares one or more material, relevant, verifiable and representative features of those goods and services, which may include price;(d) it dose not create confusion in the market place between the advertiser and a competitor or between the advertiser's trade marks, trade names, other distinguishing marks, goods or services and those of a competitor;(e) it does not discredit or denigrate the trade marks, trade names, other distinguishing marks, goods, services, activities, or circumstances of a competitor;(f) for products with designation of origin, it relates in with case to products with the same designation;(g) it does not take unfair advantage of the reputation of a trade mark, trade name or other distinguishing marks of a competitor or of the designation of origin of competing products;(h) it does not present goods or services as imitations or replies of goods or services bearing a protected trade mark or trade name.

6. 对于指示原产地来源之商品，与相同原产地之商品加以比较；

7. 并未不当利用竞争者商标、商号或其他可资区别之标志之信誉；

8. 不得使人就所广告之商品或服务，认其系该等受保护之商标或商号之商品或服务之替代品。

至于司法实践的见解，以欧洲法院近年来的两个判决："O2诉哈特赤森3G公司案"（O2 v. Hutchison 3G）及"欧莱雅诉贝尔鲁尔案"（L'Oreal v. Bellure）为范例。❶ 在前一个案件中，欧洲法院认为，第三人将与注册商标近似的标识，使用在与注册商标指定使用商品或服务同一或类似商品或服务的比较广告上，若该使用不致造成公众混淆之虞的时候，商标权人不得禁止。不论该比较广告是否符合比较广告指令第3条a款第1项的要件。换言之，只要不造成公众混淆之虞，不论是否具有竞争法的要件，均属于合理使用。是否造成公众混淆之虞，则以是否影响商标来源功能来判断。在后一个案中，欧洲法院对于驰名商标有更深入的保护：首先，法院在判断比较广告是否侵害商标权的功能的时候，不仅考虑来源功能，更考虑到其他功能，纵使第三人的使用未损及商标指示商品或服务来源的基本功能，但会影响商标其他功能，特别是确保商品或服务的品质以及沟通、投资或广告功能，商标权人即有权禁止。其次，对驰名商标，除了考虑竞争法上比较广告的要求外，还要考虑比较广告是否由驰名商标获取不正当

---

❶ O2 Holdings Limited & O2 (UK) Limited v. Hutchison 3G UK Limited (Case No: HC04C02776 & HC04C03779); L'oreal S. A (2) Lancome parfums et beaute & CIE (3) Laboratoire Garnier & CIE v. (1) Bellure NV (2) North West Cosmetics Limited (3) HMC Cosmetics Limited (4) Malaika Investments Limited (5) Shure Enterprises Limited (6) Saveonmakeup. Co. UK (7) Starion International Limited (Case No: HC 03 C04344).

的利益。因此，在比较广告中使用他人驰名商标以促销自己商品者，即使未构成消费者混淆之虞或损及商标指示来源功能，但只要有影响驰名商标的其他功能、广告主籍由驰名商标的商誉获取不正当利益或促使消费者混淆所提供的商品系他人商标之假冒，即属于商标侵权。

第五章

商标财产化的反思

一、反省：商标与商誉

商标与商誉，独立或共存？这是我们厘清商标财产本质的前提。从商标的财产化进程中，商标财产图景的描画，就是这二者之间的互相交织。在布莱克斯通思想占据主流的19世纪及以前，财产被描述为对"物"的一种绝对控制。受此局限，法官在商标案件审理中，虽开始承认商标是一种财产，但对财产的本质始终难以自圆其说：是有形财产的附属物？是附属物的话，那只要保护该有形财产就可以，为何要限制他人在相同产品上使用？财产是商标的本身？那为何要限制商标权人的自由转让？于是，防止欺诈，成为这个时代法官将商标作为"物"进行保护的最佳借口。19世纪下半叶，布莱克斯通的理论开始让法官感到迷惑,因为他们发现,财产并非仅限于"物",许多非物质的具有重大财产价值的利益也应该受到保护。理论家们也逐渐意识到,财产并非是对物的绝对控制。受此影响,普通法法官将"商誉"引入商标领域,化解了商标作为"物"的尴尬之同时,也迎合了他们秉持的"劳动创造财产"之价值观。而后,"商标本身不是财产,商标的财产价值体现在商誉"的观念成为人们对商标财产观认识的最强音。将看不到、摸不着、闻不到的"商誉"引入商标法后,商标的保护也随即在"财产"的道路上渐行渐远。直到后来,商标转让限制的松动,让人们意识到商标似乎又可以脱离商誉存在;商标的商品化,则让人们领略到商标本身可以作为一项产品出售。于是乎,难道商标本身也是财产?再次引起人们的反思。

商标本身是财产吗?对此,学者们批评居多。法律现实主义学者的菲利克斯·科恩(Felix Cohen)是最早意识到问题本质的人之一。他将这种现象描述为,"物化的财产"(thingification of property),亦即,在商标案件中,法官常常通过自己的价值判断反复运用"财产"的语言去论证他们的合理性。❶按照菲利克斯·科恩的阐释,商标财产化进路就是"法院将某些本来没有价值的东西(抽象的词汇或者符号)转换成有价值的东西,并在此之上设立一组法律的权利,即授予一种排他性的使用权。"斯蒂芬·卡特(Stephen L. Carter)教授则认为,在知识产权法的语境下,将商标本身作为一种财产,无疑将商标保护向著作权、专利权方向迈进。即把商标也作为"心灵的知识产品"(intellectual products of mind)❷。根据这个进路预示着,"某人拥有商标权的缘由在于,这个商标是他首先想出来的,而不是因为他在商业中进行识别商品

---

❶ Felix S. Cohen. Transcendental Nonsense and the Functional Approach [J]. Colum. L. Rev., 1935 (35): 809-819.

❷ Stephen L. Carter. Does it Matter Whether Intellectual Property is Property? [J]. Chi.-Kent L. Rev., 1993 (68): 715-725.

的使用。"❶ 斯蒂芬·卡特还在文章中对《兰哈姆法》在 20 世纪 80 年代末引入的"意图使用"进行强烈批评:"意图使用"引入商标注册制度后,即使商标还未使用在任何商品或服务上都能进行注册,这无形中授予商标权人一种预留的权利,潜在的逻辑就是之所以取得商标注册,是因为他首先想出来的。彼得·卡罗尔(Peter J. Karol)则是从符号学进行分析,认为将商标作为财产,在某些程度上授予商标"能指"的法律保护,将会割裂了商标与相关商品或服务的联系❷。将商标本身视为一种财产真会割裂了商标与相关商品或服务的联系吗?或许,"信息说"理论能帮助我们一探究竟。

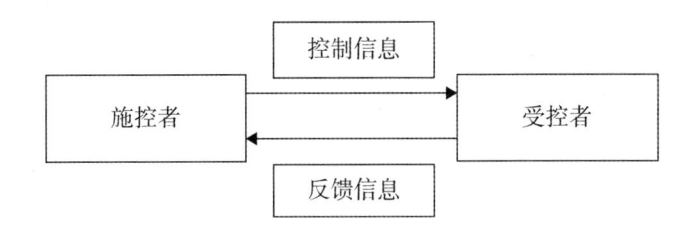

依照"信息说"理论,知识产权法保护的对象为信息,不是信息的事物必定不属于知识产权的对象❸。知识产权的信息说,建基在美国数学家诺伯特·维纳(Norbert Wiener)的信息控制论(见上图)。在维纳的信息控制论当中,存在的双方是施控者,即信息的发出方;受控者,即信息的接收方。他对于"控制"的认定是:为了改善某个或某些受控对象的功能或发展,需要获得并使用信息,以这种信息为基础而

---

❶ 原文是:A's ownership rights in a mark come because she has thought it up and not because she has used it to distinguish her goods in commerce.

❷ Karol P J. The Constitutional Limitation on Trademark Propertization [J]. Available at SSRN 2358506, 2013:1-13.

❸ 张玉敏. 知识产权法 [M]. 北京:中国人民大学出版社,2010:39.

选出、加于对象的作用。❶ 据此可以看出，在诺伯特·维纳的控制论中，控制的基础是信息，一切信息都是为了控制，而任何控制又都有赖于受控者的信息反馈来实现。信息反馈是控制论一个至为关键的概念。简单而言，信息反馈就是指由施控者将信息输送出去，受控者接收该信息后，又把其作用结果返送回来，并对信息的下次输出发生影响，起到控制的作用，以达到预定的目的❷。

依照"信息说"的进路，在商标的运行之中，施控者，即商标使用人；受控者，即消费者，信息的主要传播媒介是商标。在商标初始使用阶段，商标使用人通过在商品或服务上贴附商标，以此向消费者传达他的商品或服务显著性的特征。消费者在购买商品或服务后，会对商品或服务进行好的或不好的评价，并反馈回信息者。商标使用者接收到反馈信息后，不断对商品或服务进行改良，并反复将这些信息持续地通过商标传向消费者，而消费者又再次进行反馈信息，如此循环不断。由此观之，将商标本身作为财产的见解，就等于认可了商标法保护的是信息的传播媒介，而不是信息。这种观念明显违背了知识产权信息说的基本理念。相比之下，商标的财产本质是商誉，与信息说的理论较为吻合。商誉，亦即消费者对商品或服务的良好评价，这种好感是通过"反馈信息"来实现的，并且反馈的对象不限于商标使用人，消费者之间还会共享这种美好的信息。于是，当商标使用人接收到这种反馈信息，并再次向市场发售商品时，凭借"商誉"此种有价值的信息，可以获得更多的消费者青睐。

不过，将商标财产的本质界定为商誉，并不是没有问题的。作为一种"无色、无味、无形"的信息，商誉的存在依靠他人感知，而且这种感知的强度会随着时间的流逝而改变，或者越来越强，或者越来

---

❶ 诺伯特·维纳. 控制论 [M]. 郝季仁, 译. 北京：科学出版社, 1962：136.
❷ 诺伯特·维纳. 控制论 [M]. 郝季仁, 译. 北京：科学出版社, 1962：138.

越弱。

商誉作为财产面临的第一个问题,就是定义的困难。《布莱克法律词典》将商誉(goodwill)解释为,企业的声誉、顾客的偏好与其他无形资产,主要在该公司被购买时进行评价;也是一种获取超出公司依其资产而被期待所能获取利益的能力。❶《元照英美法词典》对商誉的解释是,商事主体因其个体特色、技术水平、可信度、经营者位置或附随经营的其他条件,从而吸引顾客或保有固定客户进而获得声望或公众偏爱,构成无形资产。其价值表现在经营的转让价格之中。高于该主体其他净资产价值总合的售价部分即为商誉价值。❷ 不仅词典对此认识不一,法官在判决中也各有自己的见解,早期的英国法院"老顾客光顾老地方的可能性",后来的美国联邦最高法院"企业所取得的优势或利益,不仅是资本、股票、资金或财产的价值,而是由于忠心或习惯的顾客因其地理位置、公众名流、技术声誉、丰富、准确或从其他偶然的环境或需要,甚至从自古以来的偏好或偏袒而取得的社会大众偏好与鼓励。"❸ 似乎都难以对商誉进行精确的定义。综合上述的意见,从商标法的层面而言,商誉可以简单描述为:消费者对商品或服务的一种好意,消费者通过商誉这种信息,以此辨明商品或服务的品质。

商誉作为财产面临的第二个问题是,与传统的有形财产或者知识产权相比,其更具"非确定性"。首先,存在时间的非确定性。一般而言,知识产权仅仅在法定的时间内受到保护。但商誉的存在期限是不确定,凭借企业的营业时间,甚至企业营业消亡以后,商誉仍然存在于世。商誉的此种特性,也可以解释,为什么在知识产权大家庭中,只允许商标权续展。因为,只要经营者持续不断的提供良好的商品或服务,

---

❶ Black's Law Dictionary [M]. 7th. London: Cambridge University Press, 2000: 557.
❷ 薛波. 元照英美法词典 [M]. 北京:法律出版社, 2003: 607.
❸ Metropolitan Bank v. St. Louis Dispatch Co. 149 U. S. 436 (1893).

商誉就会不断的增加，财产价值也就越大，越需要对其进行保护。其次，存在地域的非确定性。通常来说，基于国家主权原则，知识产权或者其他财产权，都依据一国的立法而产生，并在其依法产生的国境内生效。而商誉则随着营业者的商业活动范围，乃至消费者之间的信息交流范围的扩大而扩大。如上文所述的法国马克西姆餐厅（Maxim's），❶ 虽然其营业范围只限于法国，但商誉范围却传播至整个欧洲，基于此判断，英国法院禁止本国的商人假冒。最后，存在价值的非确定性。与传统的财产权或知识产权不一样，商誉的价值植根于消费者的偏好，而消费者又是口味难调的。当商誉的存在价值依靠消费者的感知时，不难想象，随着消费者的认知变化，商誉也随之起起落落。

商誉作为财产面临的第三个问题是，商标与商誉常常是重叠、交织。可以说，商标的财产本质是商誉，但商誉不等于商标，甚至意味着更多。技术上来说，商标是由文字、图形以及其他显著性的符号构成的，用来识别商品或服务的来源。通过对商标的使用，这种符号本身包含着经营者部分的商誉，成为这部分商誉的载体。然而，随着现代市场营销策略的推广，消费者对经营者的认识也更加充分，商誉的载体也不仅限于商标，还包括经营者的个人名声、企业的内部管理结构等。从这个角度而言，可以说，商标的财产价值离不开商誉，商誉的财产价值却不限于商标。

二、反驳：商标法的目的

对于商标法目的的讨论，国内外不绝于耳。❷ 晚近，商标法目的之

---

❶ Maxim's in Maxims Ltd. v. Dye [1977] FSR 364.

❷ 我国学者对商标立法目的之讨论，批判的主要对象是商标法的"加强商标管理"，认为这样的规定违背了商标法的私法属性。详见邓宏光. 从公法到私法：我国《商标法》的应然转向 [J]. 知识产权，2010（5）：24-31.

争论延伸至商标财产化领域。学者们对商标财产化之批判就是：商标财产化违背了商标法的立法目的。他们认为，商标法是为了保护消费者的利益和促进公平竞争的，财产化的商标等于割裂标记与商品或服务的联系，无异于欺诈消费者。并且，商标财产化会造成商标的垄断，阻碍了公平竞争。❶ 马克·莱姆利教授直言，商标的保护目的只有一个：便于公众识别商品来源。将商标作为一种财产，并赋予其某些有形财产的特征（自由转让等）将会撼动商标保护的目的。❷ 也有学者对此持不同意见，马克·麦肯纳教授直言，商标法应该从消费者保护的美梦中醒来，传统商标法只针对生产者的保护，以避免他们被不合法的转移贸易。❸ 塞萨尔·拉米雷斯·蒙特斯（Cesar Ramirez Montes）采取折中的观点，认为商标法一直兼顾消费者与商标权人利益，无孰轻孰重之问题。❹ 这些争论提醒我们，思考商标财产化是否具有正当性，要先解决之问题就是，商标法究竟是为了什么而立？为了谁而立？

在展开商标立法目的探讨前，我们必须厘清一组概念：宗旨与目的。宗旨，是宏观的、长远的、相对静态不变的；例如，中国共产党的宗旨是全心全意为人民服务。目的，是具体的、可以变化和调整的。又如，中国政府要在2020年前建设小康社会。而说到商标法的宗旨与目的，出现频率最高的无疑是"商标权""消费者""公平竞争"。辨清这三者之间的关系，是我们认识商标法的宗旨与目的之前提。默察商标法

---

❶ Lunney Jr G S. Trademark monopolies [J]. Emory LJ., 1999 (48): 26-35.

❷ Mark A. Lemley. The Modern Lanham Act and the Death of Common Sense [J]. The Yale Law Journal, 1999, 108 (7): 1687-1715.

❸ Mark P. McKenna. The Normative Foundations of Trademark Law [J]. Notre Dame Law Review, 2007, 82 (5): 1839-1915.

❹ Cesar Ramirez-Montes. Re-Examination of the Original Foundations of Anglo-American Trademark Law [J]. Marq. Intell. Prop. L. Rev., 2010 (14): 91-120.

的发展史,维护"公平竞争"是商标法恒久不变的宗旨❶。保护"商标权"与"消费者利益"则是一体两面之目的。

"公平"是民法的基本原则,要义就是在社会成员之间公平地分配利益和损害,以实现社会的正义。作为道德法律化的产物,公平原则具有授权法官进行能动司法,克服法律局限性的功能❷。"竞争"源自生物学概念,当所需的资源相同或相近之时,生物彼此便会展开竞争。作为一个抽象的法律概念,公平竞争指的是法律不仅使得竞争成为可能,并在平衡各方利益下塑造其形式与强度。就市场关系而言,商标法发挥着两个基本功能:第一,构建功能。商标法确认了商标权人的权利与义务。有了这些权利的保障,商标权人才能预估交易和行为过程中的成本与收益。如此,商标法提高了商标权人生产和服务的积极性,也创造了使得竞争得以繁荣的动力。这种积极的权利,也是商标法与反不正当竞争法最重要的区别。反不正当竞争法以维护公平竞争为己任,但它不赋予当事人积极的权利,而是通过对违反诚实信任或其他公认的商业道德行为的禁止来体现❸。从这个角度而言,商标法应视为特别法,反不正当竞争法则对商标法起补充作用。第二,植入功能。植入功能的概念,指法律为市场规定了行为标准,使得市场参与者、被市场影响的人都与市场发生了关联。从这些标准中,我们可以看出一个群体对那些会影响其成员的行为持何种主张,即法律提供了一种方法,使受到他人行为影响的人可以反过来影响行为者❹。商标的财产价值体现商誉,商誉的存

---

❶ 张玉敏. 维护公平竞争是商标法的根本宗旨——以《商标法》修改为视角 [J]. 法学论坛, 2008 (3): 30-36.

❷ 张玉敏. 商标法基本原则论纲 [J]. 西南知识产权评论(第一辑), 196-214.

❸ 王先林. 商标法与公平竞争——兼析《商标法》第三次修改中的相关条款 [J]. 中国工商管理, 2013 (10): 11-14.

❹ 戴维·格伯尔. 全球竞争:法律、市场和全球化 [M]. 陈若鸿, 译. 北京:中国法制出版社, 2012: 4.

在靠消费者的感知。而且，一般来说，商标权人仅能排除他人在相同或类似商品或服务上使用与其相同或近似的商标，使得商标权不仅是一种私权，它在行使的过程中还与其他竞争者、消费者等其他群体发生了关联。因此，商标法在制定和修正过程中必须调和各种不同的利益，满足各种群体的需求与期望。

回顾历史，"公平竞争"一直贯穿商标法之中。有学者将商标法与反不正当竞争法的源头追溯至1618年的Southern v. How案❶，原告制造的布料因品质优良广受青睐，而被告则擅自将原告的标记贴附在自家的产品中，导致了原告遭受了利益损害。还有学者将商标与反不正当竞争法的来源回溯至1584年的"JG诉山姆福特案"，同样是涉及服装行业竞争者之间的标记使用❷。在早期的英美法书籍中也随处可见到商标法与反不正当竞争法的亲密关联。《丹尼尔的衡平法实践》一书中提到，法院通过颁布禁令去制止专利侵权、盗版、侵犯商标、商号的行为，去防止贸易当中的不正当竞争行为❸。到了近代，商标注册制度的建立，使得商标被置于公共事务的视野下，为国家通过公共手段维护公平竞争秩序提供了一种机制。美国法院在解释《兰哈姆法》的立法宗旨时，也将鼓励市场竞争纳入其中❹。而现在，"公平竞争"不仅为国内法所强调，也已成为国际立法趋势。《巴黎公约》第10条规定，"本联盟国

---

❶ Dawson N, English. Trade Mark Law in the Eighteenth Century: Blanchard v. Hill Revisited-Another Case of Monopolies [J]. Journal of Legal History, 2003, 24 (2): 111-142.

❷ BAKER J H. An Introduction to English Legal History [M]. London: Butterworths, 1979: 385.

❸ WADLOW CHRISTOPHER. The Law of Passing-Off: Mainwork: Unfair Competition by Misrepresentation [M]. London: Sweet & Maxwell, 2011: 2-4.

❹ 原文是：The Lanham Act purports to promote three competing policies: (1) to prevent consumer confusion, (2) to protect the goodwill of businesses, and (3) to promote competition within the market. See Fara S. Sunderji, "Protecting Online Auction Sites From The Contributory Trademark Liability Storm: A Legislative Solution To The Tiffany Inc. v. eBay Inc. Problem" [J]. Fordham L. Rev., 2005 (74): 909-918.

家有义务对各该国国民保证基于制止不正当竞争的有效保护。"❶ TRIPS 协定在第 16 条规定驰名商标保护时,其所注重的就是维护市场的公平竞争秩序❷。

　　商标权与消费者利益之保护是现代商标法的双重目的。商标法固然是私法,私法的核心当然是保护私权。然而,与一般的财产权不同,商标权的财产价值体现在商誉,而商誉的存在又依靠消费者的认知强度。因此,保护商标权与消费者利益是水乳交融的关系。从经济学上来说,一切生产都是为了消费。商标的价值在于,通过其传递的品牌(或者生产该品牌的公司)信息或承载品牌的商誉,降低消费者的搜索成本❸。而创造这些商誉需要对产品质量、服务、广告等持续不断的投资。一旦创造了商誉,公司会获得更多的利润,也因为消费者愿意为更低的搜寻成本和更高的持续质量保证付更高的价格。从信息学来说,商标如同一种沟通中介,商标权人(施控者)不断向消费者(受控者)诉说着产品的信息,藉此获得消费者的反馈。而消费者的反馈也为商标权人改善下一次的沟通提供了建议。可以说,没有消费者,商标的存在是没有意义的;而没有商标,消费者则是孤独苦闷的。

　　不过,商标法对于商标权人与消费者利益的保护并非是起头并进的,而是根据不同的社会背景有所调整。在商标还未被认识为财产的年

---

❶ 《巴黎公约》第 10 条第 2 款规定,(1) 本联盟国家有义务对各该国国民保证给予制止不正当竞争的有效保护。(2) 凡在工商业事务中违反诚实的习惯做法的竞争行为构成不正当竞争的行为。(3) 下列各项特别应予以禁止:1. 具有不择手段地对竞争者的营业所、商品或工商业活动造成混乱性质的一切行为;2. 在经营商业中,具有损害竞争者的营业所、商品或工商业活动商誉性质的虚伪说法;3. 在经营商业中使用会使公众对商品的性质、制造方法、特点、用途或数量易于产生误解的表示或说法。

❷ Fulkerson B. Theft by Territorialism: A Case for Revising TRIPS to Protect Trademarks from National Market Foreclosure [J]. Mich. J. Int'l L., 1995 (17): 801-830.

❸ William M. Landes, Richard A. Posner. Trademark law: an economic perspective [J]. JL & Econ., 1987 (30): 265-309.

代,消费者受到"欺诈"是法院审理假冒案件的唯一标准。1742年的"布兰查德诉希尔安案"❶,汉德韦克法官认为,虽然被告使用与原告相同的标记,由于不能证明被告的行为构成欺诈,于是驳回了原告的诉讼请求。1783年的"辛格尔顿诉博尔顿案"❷。曼斯菲尔德法官驳回了原告禁止被告使用其标记的请求。理由同样在于,没有任何证据显示被告的行为具有欺诈了消费者。到了商标逐渐被认可为财产的年代,欺诈从"唯一标准"降格为"标准",法院逐步将焦点转向商标权人的财产利益。1863年的"霍尔诉巴罗斯案"❸,以及"皮革布料公司诉AM皮革布料公司案"❹,韦斯特布里法官对以"欺诈为基础"的判案思路进行批评,他强调,商人在特定的商品上使用商标,从而获得一项排他权,这种排他权便是财产。法院对假冒行为的惩处是为了保护商标权人的财产,至于消费者是否受到混淆,则是测试被告行为是否侵权的标准。到了《兰哈姆法》的年代,美国国会的立法目的有两个,一是为了保护公众利益,使其能够通过商标,购买到想要的商品;二是保护商标所有人在将商品向公众展示过程中的精力、时间和资金上的投资,避免其他人通过欺骗和盗用方式来使用该商标❺。麦卡锡教授说到,讨论消费者利益和商标财产权孰重孰轻是过分简单化了,不管从历史上看还是从现代看,《兰哈姆法》都兼具两个目标:保护消费者不受欺诈与混淆、保

---

❶ Blanchard v. Hill, (1742) 2 Atk. 484, 26 Eng. Rep. 692 (Ch.).
❷ Singleton v. Bolton, (1783) 3 Dougl. 293, 99 Eng. Rep. 661 (K.B.).
❸ Hall v. Barrows. (1863) 4 De G. J. & S. 150.
❹ Leather Cloth Co. v. Am. Leather Cloth Co., (1863).
❺ 原文是: One goal is to protect the public so it may be confident that, in purchasing a product bearing a particular trademark which it favorably knows, it will get the product which it asks for and wants to get. The other goal is to protect a trademark owner's investment of energy, time and money in presenting to the public the product from the mark's misappropriation by pirates and cheats. See 8 Senate Rep. No. 79-1333 at 3, 5 (1946).

护商标财产权。❶ 不过，消费者利益与商标权保护并驾齐驱的地位，在商标财产化的时代渐渐受到挑战。当美国通过淡化法后，消费者是否混淆已非侵权的判断标准；而转让与许可的限制松动后，商标法的保护重点又再次向商标权人倾斜。如上观之，商标权与消费者利益是商标法的两大目的，只是，这两者之间的保护力度会随着社会现实条件的需要而发生变化。

三、反应：商标侵权责任

检视各国法律规定，商标侵权的救济方式包括民事、行政和刑事三种。就本书的讨论范围而言，仅限于"民事救济"。美国《兰哈姆法》主要规定了禁令及损害赔偿，其中损害赔偿包括请求被告因侵权行为所得之利益、原告所受损害、例外情形可请求诉讼费用、律师费用。❷ 英国《商标法》第14条规定了禁令、损害赔偿、提出计算账目或其他有关侵害其财产权所得获得之所有救济。❸ 日本《商标法》则规定了停止侵害、损坏赔偿以及信誉回复措施等❹。我国台湾地区的则规定了损害赔偿、排除侵害或防止妨害请求权、销毁或其他必要处置之请求❺判、

---

❶ 原文是：To select as paramount either protection of the trademark property or protection of consumers would be to oversimplify the dual goals of trademark law, both historical and modern: the protection of both consumers from deception and confusion and the protection of the trademark as property. See MCCARTHY. McCarthy on Trademarks and Unfair Competition [M]. New York: Clark Boardman Callaghan, 2008, §5: 2.

❷ 15U. S. C. §1116; 15U. S. C. §1117.

❸ 英国《商标法》第14条规定，(1) 注册商标之专用权人得对侵害注册商标之行为提起诉讼；(2) 在侵害商标之诉讼中，可请求诸如损害赔偿、禁制令、提出计算账目或其他有关侵害其他财产权所能获得之所有救济方法。

❹ 日本《商标法》在第39条规定，商标侵权中可以推用其《专利法》第103条（过失的推定）、第105条（文件的提出）及第106条（信用恢复的措施）的规定。

❺ 我国台湾地区"商标法"第61条规定，商标专用权人对于侵害其商标专用权者，得

决书内容之登载❶。从各个国家和地区的规定来看，对作为财产权的商标权进行的救济，主要以财产责任为主。而且，基于商标财产的本质在于商誉的特殊性，许多国家和地区在商标侵权中还加入有关商誉恢复的救济。

在美国对商标侵权的损害赔偿中，有一种专门为弥补原告商誉损失的费用，称之为"更正广告"（corrective advertising）。这种广告又称治愈性广告，意在矫正混淆或修复原告商誉，法院可在适当的情况下判给原告更正广告的费用。费用的计算方式通常依据被告广告支出的某个百分比而计算。一般来说，相较于原告仅是在诉讼中寻求预计更正广告费用的补偿案例，当原告在诉讼时已经投入大量的金额更正广告时，法院也会判给较多的修复费用。❷ 在日本和我国台湾地区，都有信誉恢复措施的规定。即将有关侵害商标权胜诉之判决书内容全部或一部分登载在报纸上公告，以恢复商标权人的商誉并使得败诉方接受舆论的制裁。❸

反观我国，商标侵权民事责任体现在《民法通则》第 118 条，包括了停止侵害、消除影响、赔偿损失。❹ 最高人民法院在此基础上，认为商标侵权责任主要有：停止侵害、排除妨碍、消除危险、赔偿损失、消除影响。❺ 不过近年来，审判实践中，商标侵权纠纷中有部分法院将"赔礼道歉"也纳入其中。例如，广东省高级人民法院认为，商标侵权

（接上注）

请求损害赔偿，并得请求排除其侵害；有侵害之虞者，得请求防止之。前项商标专用权人得请求将用以或足以从事侵害行为之商标及有关文书予以销毁。

❶ 我国台湾地区"商标法"第 65 条规定，商标专用权人得请求由侵害商标专用权者负担费用，将依本章认定侵害商标专用权情事之判决书内容全部或一部登载新闻纸。

❷ Brunswick Corp. v. Spinit Reel Co., 832 F. 2d 513, 523 (10th Cir. 1987).

❸ 曾陈明汝. 商标法原理 [M]. 北京：中国人民大学，2003: 97.

❹ 依据我国《民法通则》第 118 条规定，公民、法人的著作权（版权）、专利权、商标专用权、发现权、发明权和其他科技成果权受到剽窃、篡改、假冒等侵害的，有权要求停止侵害，消除影响，赔偿损失。

❺ 见《最高人民法院关于审理商标民事纠纷案件适用法律若干问题的解释》法释 [2002] 32 号。

行为应承担的民事责任主要有：（1）停止侵害；（2）赔偿损失；（3）消除影响、恢复名誉；（4）赔礼道歉。并且认为，"前述第（3）、（4）项民事责任主要是用于侵权行为给商标权人造成了商誉损失，且这种损失是显而易见的、持久的，不判令侵权人承担此等责任不足以弥补权利人的精神损失的情形。"❶ 以此解释的指导，广州中级人民法院在"报喜鸟集团有限公司诉广州市报吉鸟服装有限公司商标侵权及不正当竞争纠纷案"判决❷，被告停止侵权、赔偿原告经济损失 30 万元，并在《广州日报》和《中国工商报》上刊登赔礼道歉启示。他们的理由是，原告的行为造成了被告商誉的损害。

从广东省高级人民法院和广州市中级人民法院的见解来看，在商标侵权中适用赔礼道歉的合理性在于对商誉的弥补。此种看法，显然误读了"赔礼道歉"在中国的特殊语境。按照大众朴素的见解，"赔礼道歉"是在日常交往中损害或者妨碍了他人利益之后，行为人认识到自己的错误，向对方表示抱歉并请求对方原谅的一种情感表达。通过这种情感表达，可以弥补受害人心灵和精神上的创伤的同时，侵权人也进行自我反省。所以，赔礼道歉本质上只是一种道德的话语。1986 年《民法通则》将赔礼道歉纳入，从而建构了这种具有中国特色的民事责任体系。❸ 按照主流观点，赔礼道歉一般只适用在人身权领域。❹ 例如，我国《著作

---

❶ 见《广东省高级人民法院关于审理商标纠纷案件若干问题的暂行规定》粤高法 [2000] 25 号。

❷ 见广东省广州市中级人民法院（2003）穗中法民三初字第 256 号民事判决书。

❸ 《民法通则》第 134 条规定："承担民事责任的方式主要有：（一）停止侵害；（二）排除妨碍；（三）消除危险；（四）返还财产；（五）恢复原状；（六）修理、重作、更换；（七）赔偿损失；（八）支付违约金；（九）消除影响、恢复名誉；（十）赔礼道歉。以上承担民事责任的方式，可以单独适用，也可以合并适用。"

❹ 《民法通则》第 120 条规定："公民的姓名权、肖像权、名誉权、荣誉权受到侵害的，有权要求停止侵害，恢复名誉，消除影响，赔礼道歉，并可以要求赔偿损失。法人的名称权、名誉权、荣誉权受到侵害的，适用前款规定。"

权法》规定❶，在侵犯著作人身权的情况下，原告提起赔礼道歉的诉求。至于商标侵权领域，广东省高院和广州市中级人民法院的主要理由在于，商标侵权中，因为原告的商誉受到了损害，所以要适用赔礼道歉。该见解的合理性在于，认知到了商标的财产本质在于商誉，而商誉确在一定程度上具有人身权的属性。但是在商标侵权案件中适用赔礼道歉却有诸多不妥。

首先，商标权不具有人身权的内容。我们在判断一项权利是否具有人身属性的时候，首要考虑的就是法律如何规定。从我国商标法的全文来看，其并未规定任何人身权的内容。虽然，商誉作为人们对商家的良好评价，与"法人的名誉权"有一定的重叠和交织。不过，"作为法人经济能力的社会评价，商誉已经演化为具有价值形态的财产利益，因而从表现为一般人身利益的名誉中分离出来，受到法律的特别保护。"❷

其次，从对象上看，商标权人一般为法人，法人在遭受商标权侵害时，其并无"精神损害"也无需"精神抚慰"。这一点可从《最高人民法院关于确定民事侵权精神损害赔偿责任若干问题的解释》中得到佐证。该解释第5条规定，"法院或者其他组织以人格权权利遭受侵害为由，向人民法院起诉请求赔偿精神损害的，人民法院不予受理。"❸ 从解释可以看出，最高人民法院并不认可法人或其他组织在遭受人格权侵害时，其"精神"也受到了损害。显然，最高人民法院对赔礼道歉适用于法人或者其他组织是持反对意见的。

---

❶ 根据《著作权法》第48条规定，侵权人应当根据情况，承担停止侵害、消除影响、赔礼道歉、赔偿损失等民事责任；同时损害公共利益的，可以由著作权行政管理部门责令停止侵权行为，没收违法所得，没收、销毁侵权复制品，并可处以罚款；情节严重的，著作权行政管理部门还可以没收主要用于制作侵权复制品的材料、工具、设备等；构成犯罪的，依法追究刑事责任。

❷ 吴汉东. 论商誉权［J］. 中国法学，2001（3）：91-98.

❸ 见《最高人民法院关于确定民事侵权精神损害赔偿责任若干问题的解释》法释［2001］7号。

最后，从功效上看，"赔礼道歉"一方面是为了受害人的精神、心灵得到抚慰；另一方面也让侵害人发自内心的真诚反思。然而，当一个处心积虑假冒他人注册商标进行不法活动的人，在受到法院判罚时，或许"倒霉"比"悔过"，更能表现出他的心情。如此，即便法院强制侵权人赔礼道歉，也不可能很好地发挥赔礼道歉引导侵权人真诚悔过的道德功能。

相比赔礼道歉的局限性，"消除影响"似乎更契合商标侵权案件的需要。鉴于，商标的财产属性体现在商誉，故在商标侵权行为中，不仅对商标权人的财产造成了损失，同时也往往对商标权人的商誉造成了不好的影响。判决侵权人承担"消除影响"更具有现实意义。具体方式可以参考日本《商标法》和我国台湾地区相关规定的信誉恢复措施，即，判决侵权人刊登更正广告，或者将有关判决书部分内容登载在报纸上，以使社会公众通晓案件的真实情况，也让侵权人受到社会舆论的监督。

结　　语

　　商标为什么是财产？这是一个看似非常简单的问题，有人可能会说，向国家行政机关申请，核准注册之后，商标就是财产了。也有人可能会说，经营者在商业活动中使用，凝聚了商誉，商标就是财产了。然而，如此解释，仍使人不甚明了。进一步追问：财产指的是商标本身，还是商誉？如果是商标本身，那它不就是一种有形财产吗？为何要纳入知识产权的大家庭之中？如果财产是商誉，那么商誉又是什么？这个问题看似简单，实则难以道出个究竟。中国人历来信奉读史可以明智，也信奉他山之石，可以攻玉。对于商标财产化问题的探讨，我们不得不从作为现代商标法起源的西方国家中寻找答案。根据对西方国家（主要是英美）商标法史的梳理，商标财产化的发展大致分为以下三个阶段：从1860年到1927年；从1927年到1996年；从1996年到未来（见下图）。理解商标财产化的这三个阶段及其背后的变革动因，有助于我们观察、解读和研判新世纪后商标法的发展。

```
|―――――――――――|―――――――――――|―――――――――――|――――――――▶
1860年        1927年        1996年        未来
```

1. 阶段一：从 1860 年到 1927 年

工业革命的开展，彻底改变了西方国家的商业面貌。传统手工业行会在机械化生产浪潮的冲击下，逐步瓦解。运输业的发展为商人们提供了更广阔的市场。商业快速发展的同时，为谋求不法利益，假冒也随之增多。在大西洋彼岸的英国，谢菲尔德商会于 1860 年请求政府进行商标立法，确定商标的财产地位，并允许其自由转让。或许，谢菲尔德的商人不是第一个对国家提出商标立法建议的团体，但他们对商标进行财产保护的意见无疑在商标财产化史上烙下了深深的印记。同时代的法官也开始思考，商标是否可以作为财产保护？1863 年，韦斯特布里法官强调，消费者受到欺诈只是假冒之诉的判案标准，保护商标财产才是判案基础。然而，在当时占据主流思想的布莱克斯通财产观的统治下，财产被称为是对"物"的绝对控制，而商标怎可如同物？到了 1915 年，帕克法官将"商誉"概念引入，在商标财产化史上具有划时代的意义。在太平洋彼岸的美国，纽约的律师弗朗西斯·厄普顿在 1860 年出版了英美商标法史上第一本专著——《论商标法》。书中说到，商标是财产，但财产不是标记本身，并且财产不能独立于商品或脱离其实际使用而存在。1870 年，美国国会通过第一部联邦商标法。然而，这部法案在 1879 年被联邦最高法院判决违宪。违宪的原因，一是商标法的立法基础援引的是"知识产权条款"，但商标权与专利权、著作权不同，它并非是创造或者发明。二是因为国会无权对纯粹的州内事务进行干预，商标法超越了国会的立法权限。基于此，美国国会在 1881 年引用另一宪法条款——"贸易条款"，制定了新的商标法。美国商标法的坎坷命运提醒我们，虽然同在知识产权大家族，但商标对人类科学文明并无多大贡献,其实质是商业的产物。建立在贸易条款的宪法基础,也告诉我们,国家进行商标立法的宗旨就是维护公平竞争,调节贸易秩序。美国商标法的经验,反映在1883年的《巴黎公约》中,在这部"商标国际保护大宪章"中,商标权被纳入"工业产权"的范围,从此拉开了商标权国际保护的大幕。

2. 阶段二:从1927年到1996年

20世纪初开始,美国取代了日不落帝国的经济霸主地位。市场经济的活跃,人们逐渐将一些大商人称为企业家。企业家掌控的公司是多元化的,为了让消费者知道新产品是属于本公司开发的,将已经积聚商誉的原商标使用在新产品上进行推广,便是最佳的捷径。此外,在激烈的市场中占有一席之地,广告的投入是必不可少的。为了维持藉由广告投入而建立的商誉不被削弱,企业家们要求在更大程度上强化对商标的保护。刚从哥伦比亚大学获得博士学位的斯凯特,于1927年在《哈佛法律评论》上发表的《商标法的理性基础》一文中,提出商标的功能已经不局限在识别商品的特定来源上,而是品质的保证与商品的推广。在此意义上,他呼吁扩张商标的保护范围,即使是"非竞争性"的产品也可以得到商标法的保护。斯凯特也因该文被誉为"商标淡化理论之父"。1934年,《巴黎公约》在伦敦修订,将驰名商标的范围扩展到未授权的商标翻译,并放开了商标许可的限制,从而推动了驰名商标的跨国保护和商标财产的扩张。1942年,美国联邦最高法院认为,商标的"商业魅力"应作为一种财产权作为保护。响应联邦最高法院的号召,美国联邦第二巡回上诉法院随后在1955年和1975年,相继引入"售前混淆"与"售后混淆"标准,混淆标准的扩张对传统的混淆理论造成了颠覆性的作用,法院判案的焦点已逐渐转移到商标财产权人。1994年,TRIPS协定清晰明白地说明,无论是否连同所属企业,商标均可以单独转让。这一规定的潜在意思就是,承认商标是具有独立财产价值的，商标功能已经不仅仅局限在商品或服务来源的识别。

3. 阶段三：从 1996 年到未来

20 世纪 90 年代以来，一股积蓄已久的全球化浪潮伴随着冷战的结束席卷世界，电子商务的兴起则让商品服务和品牌的国际化也达到了一个新的阶段。1996 年，斯凯特的理想终于在克林顿总统签署《联邦商标反淡化法》的那一刻实现。商标反淡化立法的实施，使得商标财产化倾向进一步扩大。不仅在真实世界，虚拟空间中也可看到反淡化的力量。1998 年，美国联邦第九巡回上诉法院将反淡化法适用于域名抢注，则进一步说明了法院关注的焦点并不在于商标与特定商品来源之间的对应关系，而是商标的财产价值。在认可了商标的财产价值之后，人们对财产化商标带来的争议也升华到财产化的商标与人权、言论自由等人类最基本权利的讨论。2007 年，欧洲人权法院在判例中承认，商标权适用于《欧洲人权公约第一议定书》之"财产权条款"，并且揭示了商标的注册和申请都属于财产权的一环，受到公约的保护。美国法院也以财产化商标可能对言论自由的妨碍，而包容商标戏仿、比较广告等方式对商标的使用。

参考文献

一、中文类参考文献

（一）著作类

[1] 张玉敏. 知识产权法 [M]. 北京：中国人民大学出版社，2009.

[2] 郑成思. 知识产权法 [M]. 北京：人民出版社，2005.

[3] 刘春田. 知识产权法 [M]. 北京：高等教育出版社，2010.

[4] 吴汉东. 知识产权总论 [M]. 北京：中国人民大学出版社，2013.

[5] 吴汉东. 无形财产权基本问题研究 [M]. 北京：中国人民大学出版社，2013.

[6] 陶鑫良. 知识产权基础 [M]. 北京：知识产权出版社，2011.

[7] 孔祥俊. 商标与不正当竞争法：原理和判例 [M]. 北京：法律出版社，2009.

[8] 孔祥俊. 商标法适用的基本问题 [M]. 北京：中国法制出版社，2012.

[9] 李明德. 美国知识产权法 [M]. 北京：法律出版社，2003.

[10] 李明德. 欧盟知识产权法 [M]. 北京：法律出版社，2010.

[11] 李雨峰. 枪口下的法律：中国版权史研究 [M]. 北京：知识产权出版社，2006.

[12] 张耕. 私权沉思录 [M]. 北京: 法律出版社, 2009.

[13] 李杨. 知识产权法总论 [M]. 北京: 中国人民大学出版社, 2008.

[14] 冯晓青, 杨利华. 中国商标法研究与立法实践 [M]. 北京: 中国政法大学出版社, 2013.

[15] 郭禾. 商标法教程 [M]. 北京: 知识产权出版社, 2004.

[16] 彭学龙. 商标法的符号学分析 [M]. 北京: 法律出版社, 2007.

[17] 邓宏光. 商标法的理论基础——以商标显著性为中心 [M]. 北京: 法律出版社, 2009.

[18] 王迁. 知识产权法教程 [M]. 北京: 中国人民大学出版社, 2011.

[19] 黄武双. 知识产权法研究 [M]. 北京: 知识产权出版社, 2013.

[20] 齐爱民. 现代知识产权法学 [M]. 苏州: 苏州大学出版社, 2005.

[21] 齐爱民. 知识产权法总论 [M]. 北京: 北京大学出版社, 2010.

[22] 胡开忠. 商标法学教程 [M]. 北京: 中国人民大学出版社, 2008.

[23] 张今, 郭斯伦. 电子商务中的商标使用及侵权责任研究 [M]. 北京: 知识产权出版社, 2014.

[24] 黄晖. 商标法 [M]. 北京: 法律出版社, 2004.

[25] 黄晖. 驰名商标和著名商标的法律保护 [M]. 北京: 法律出版社, 2005.

[26] 王莲峰. 商标法 [M]. 北京: 法律出版社, 2003.

[27] 王莲峰. 商业标识立法体系化研究 [M]. 北京: 北京大学出版社, 2009.

[28] 金海军. 知识产权私权论 [M]. 北京: 中国人民大学出版社, 2004.

[29] 魏森. 商标侵权认定标准研究 [M]. 北京: 中国社会科学出版社, 2008.

[30] 范长军. 德国商标法: 德国商标与其他标记保护法 [M]. 北京: 知识产权出版社, 2013.

[31] 李小武. 商标反淡化研究 [M]. 杭州: 浙江大学出版社, 2011.

[32] 左旭初. 中国商标法律史 [M]. 北京：知识产权出版社，2005.

[33] 文学. 商标使用与商标保护研究 [M]. 北京：法律出版社，2008.

[34] 安青虎. 驰名商标和中国的驰名商标保护制度 [M]. 北京：商务印书馆，2009.

[35] 曾陈明汝. 商标法原理 [M]. 北京：中国人民大学，2003.

[36] 美国商标法 [M]. 杜颖，译. 北京：知识产权出版社，2013.

[37] 杜颖. 社会进步与商标观念：商标法律制度的过去、现在和未来 [M]. 北京：北京大学出版社，2012.

[38] 董炳和. 商标法体系化判解研究 [M]. 武汉：武汉大学出版社，2013.

[39] 余俊. 商标法律进化论 [M]. 武汉：华中科技大学出版社，2011.

[40] 黄海峰. 知识产权的话语与现实 [M]. 武汉：华中科技大学出版社，2011.

[41] 俞江. 近代中国民法学中的私权理论 [M]. 北京：北京大学出版社，2003.

[42] 许明月，胡光志. 财产登记法律制度研究 [M]. 北京：中国社会科学出版社，2002.

[43] 程汉大，李培峰. 英国司法制度史 [M]. 北京：清华大学出版社，2007.

[44] 屈文生. 普通法令状制度研究 [M]. 北京：商务印书馆，2011.

[45] 钱弘道. 英美法讲座 [M]. 北京：清华大学出版社，2004.

[46] 黄仁宇. 资本主义与二十一世纪 [M]. 上海：三联书店，2012.

[47] 黄仁宇. 中国大历史 [M]. 上海：三联书店，2012.

[48] 马万利. 世界历史与文化 [M]. 合肥：合肥工业大学出版社，2004.

[49] 张文显. 二十世纪西方法哲学思潮研究 [M]. 北京：法律出版社，2006.

[50] 史尚宽. 债法总论 [M]. 北京：中国政法大学出版社，2000.

[51] 张新宝. 中国侵权行为法研究 [M]. 北京：中国社会科学出版社，1998.

[52] 陆普舜. 各国商标法律与实务 [M]. 北京：中国工商出版社，2006.

[53] 赵立行. 商人阶层的形成与西欧社会转型 [M]. 北京：中国社会科学出版社，2004.

[54] 夏勇. 人权概念的起源：权利的历史哲学 [M]. 北京：中国政法大学出版社，2001.

[55] 王希. 原则与妥协：美国宪法的精神与实践 [M]. 北京：北京大学出版社，2000.

[56] 郭建. 中国财产法史稿 [M]. 北京：中国政法大学出版社，2005.

[57] 廖正胜. 美国宪法导论 [M]. 台北：五南图书出版有限公司，2007.

[58] 布拉德·谢尔曼，莱昂内尔·本特利. 现代知识产权法的演进：英国历程（1760—1911）[M]. 金海军，译. 北京：北京大学出版社，2006.

[59] 克鲁泡特金. 互助论 [M]. 李平沤，译. 北京：商务印书馆，1963.

[60] S. F. C. 密尔松. 普通法的历史基础 [M]. 李显冬，等，译. 北京：中国大百科全书出版社，1999.

[61] 梅特兰. 普通法的诉讼形式 [M]. 王云霞，等，译. 北京：商务印书馆，2010.

[62] 小奥利弗·温德尔·霍姆斯. 普通法 [M]. 冉昊，姚中秋，译. 北京：中国政法大学出版社，2006.

[63] 马克思·韦伯. 新教伦理与资本主义精神 [M]. 李修建，张云江，译. 北京：中国社会科学出版社，2011.

[64] 斯坦利·I. 库特勒. 最高法院与宪法——美国宪法史上重要判例选读 [M]. 朱曾汶，等，译. 北京：商务印书馆，2006.

[65] 彭道敦，李雪菁. 普通法视角下的知识产权 [M]. 谢琳，译. 北京：法律出版社，2010.

[66] 洛克. 政府论：下篇 [M]. 叶启芳，等，译. 北京：商务印书

馆，1964.

[67] 卢梭. 社会契约论［M］. 何兆武，译. 北京：商务印书馆，1963.

[68] 柯提斯·J. 米尔霍普，卡塔琳娜·皮斯托. 法律与资本主义［M］. 北京：北京大学出版社，2010.

[69] 斯坦利·布德尔. 变化中的资本主义：美国商业发展史［M］. 郭军，译. 北京：中信出版社，2013.

[70] 丹尼斯·劳埃德. 法理学［M］. 许章润，译. 北京：法律出版社，2007.

[71] 卡尔威因，帕尔德森. 美国宪法释义［M］. 北京：华夏出版社，1989.

[72] 布莱恩·蒂尔尼，西德尼·佩因特. 西欧中世纪史［M］. 袁传伟，译. 北京：北京大学出版社，2011.

[73] 亨利·皮雷纳. 中世纪的城市［M］. 陈国樑，译. 北京：商务印书馆，2006.

[74] 尼科·斯特尔. 知识社会［M］. 殷晓蓉，译. 上海：上海译文出版社，1998.

[75] 罗素. 人类的知识［M］. 张金言，译. 北京：商务印书馆，1983.

[76] 马克思·舍勒. 知识社会学问题［M］. 艾彦，译. 北京：华夏出版社，2000.

[77] 威廉·M. 兰德斯，理查德·A. 波斯纳. 知识产权法的经济结构［M］. 金海军，译. 北京：北京大学出版社，2005.

[78] 劳伦斯·莱斯格. 代码［M］. 李旭，等，译. 北京：中信出版社，2004.

[79] 约翰·R. 康芒斯. 资本主义的法律基础［M］. 寿勉成，译. 北京：商务印书馆，2003.

[80] R. 科斯. 财产权利与制度变迁——产权学派与新制度经济学派译文集［M］. 上海：三联书店出版社，1991.

[81] 汉密尔顿, 杰伊, 麦迪逊. 联邦党人文集 [M]. 程逢如, 在汉, 舒逊, 译. 北京: 商务印书馆, 1995.

[82] 皮尔·弗里斯. 从北京回望曼彻斯特: 英国, 工业革命和中国 [M]. 苗婧, 译. 杭州: 浙江大学出版社, 2009.

[83] 费雷德里克·L. 努斯鲍姆. 现代欧洲经济制度史 [M]. 罗礼平, 秦传安, 译. 上海: 上海财经大学出版社, 2012.

[84] 乔纳森·休斯, 路易斯·凯恩. 美国经济史 [M]. 杨宇光, 吴元中, 杨炯, 童新耕, 译. 上海: 人民出版社, 2013.

[85] 汤普逊. 中世纪经济社会史（下）[M]. 耿淡如, 译. 北京: 商务印书馆, 1997.

[86] 罗郎斯·丰丹. 欧洲商贩史 [M]. 殷亚迪, 译. 北京: 北京大学出版社, 2011.

[87] 彼得·德霍斯. 知识财产法哲学 [M]. 周林, 译. 北京: 商务印书馆, 2008.

[88] 戴维·格伯尔. 全球竞争: 法律、市场和全球化 [M]. 陈若鸿, 译. 北京: 中国法制出版社, 2012.

[89] 柯提思·J. 米尔霍普, 卡塔琳娜·皮斯托. 法律与资本主义 [M]. 罗培新, 译. 北京: 北京大学出版社, 2010.

[90] 安东尼·刘易斯. 言论的边界——美国宪法第一修正案简史 [M]. 徐爽, 译. 北京: 法律出版社, 2010.

[91] 查尔斯·A. 比尔德. 美国宪法的经济观 [M]. 何希齐, 译. 北京: 商务印书馆, 1989.

[92] 罗纳德·德沃金. 自由的法: 对美国宪法的道德解读 [M]. 刘丽君, 译. 上海: 人民出版社, 2013.

[93] 斯蒂芬·芒泽. 财产理论 [M]. 郭锐, 译. 北京: 北京大学出版社, 2006.

[94] 克里斯特曼. 财产的神话 [M]. 张绍宗, 译. 南宁: 广西师范大学

出版社，2004.

[95] 约翰·E 克里贝特．财产法：案例与材料［M］．齐东祥，陈刚，译．北京：中国政法大学，2003.

[96] F. H. 劳森，伯纳德·冉得．英国财产法导论［M］．曹培，译．北京：法律出版社，2009.

[97] 约翰·G. 斯普兰克林．美国财产法精解［M］．钟书峰，译．北京：北京大学出版社，2009.

[98] 格奥尔格·耶利内克．《人权与公民权利宣言》：现代宪法史论［M］．李锦辉，译．北京：商务印书馆，2012.

[99] 艾森伯格．普通法的本质［M］．张曙光，等，译．北京：法律出版社，2004.

[100] 马特斯尔斯·W. 斯达切尔．网络广告：互联网上的不正当竞争和商标［M］．孙秋宁，译．北京：中国政法大学出版社，2004.

(二) 论文类

[1] 张玉敏．论使用在商标制度构建中的作用［J］．知识产权，2011 (9).

[2] 张玉敏．诚实信用原则之于商标法［J］．知识产权，2012 (7).

[3] 张玉敏．知识产权的概念和法律特征［J］．现代法学，2001 (5).

[4] 李雨峰．重塑商标侵权的认定标准［J］．现代法学，2010 (5).

[5] 李雨峰．企业商标权与言论自由的界限——以美国商标法上的戏仿为视角［J］．环球法律评论，2011 (4).

[6] 张耕．试论"第二含义"商标［J］．现代法学，1997 (5).

[7] 邓宏光．我们凭什么取得商标权——商标权取得模式的中间道路［J］．环球法律评论，2009 (5).

[8] 邓宏光．中国经济体制转型与《商标法第三次修改》［J］．现代法学，2010 (2).

[9] 邓宏光．我国驰名商标反淡化制度应当缓行［J］．法学，2010 (2).

[10] 郑成思. 知识产权、财产权与物权 [J]. 中国软科学, 1998 (6).

[11] 郑成思. 侵权责任、损害赔偿责任与知识产权保护 [J]. 环球法律评论, 2003 (4).

[12] 郑成思. 商标化权刍议 [J]. 中华商标, 1996 (2).

[13] 刘春田. 知识财产权解析 [J]. 中国社会科学, 2003 (4).

[14] 刘春田. 民法原则与商标立法 [J]. 知识产权, 2010 (1).

[15] 刘春田. 商标与商标权辨析 [J]. 知识产权, 1998 (1).

[16] 吴汉东. 财产的非物质化革命与革命的非物质财产法 [J]. 中国社会科学, 2003 (4).

[17] 吴汉东. 知识产权的私权与人权属性——以《知识产权协议》与《世界人权公约》为对象 [J]. 法学研究, 2003 (3).

[18] 吴汉东. 形象的商品化与商品化的形象权 [J]. 法学, 2004 (10).

[19] 孔祥俊. 我国现行商标法律制度若干问题的探讨 [J]. 知识产权, 2010 (1).

[20] 孔祥俊. 论商业外观的法律保护 [J]. 人民司法, 2005 (4).

[21] 李明德. 美国形象权法研究 [J]. 环球法律评论, 2003 (4).

[22] 李明德. 驰名商标是对商誉的保护 [J]. 电子知识产权, 2009 (8).

[23] 冯晓青, 刘友华. 从"老干妈"一案反思我国商标注册与保护制度 [J]. 法学, 2001 (10).

[24] 冯晓青. 商标的财产化及商标权人的"准作者化"——商标权扩张理论透视 [J]. 中华商标, 2004 (7).

[25] 齐爱民. 论二元知识产权体系 [J]. 法商研究, 2010 (2).

[26] 彭学龙. 论"混淆可能性"——兼评《中华人民共和国商标法修改草稿（征求意见稿）》[J]. 法律科学, 2008 (1).

[27] 彭学龙. 商标混淆类型分析与我国商标侵权制度的完善 [J]. 法学, 2008 (5).

[28] 彭学龙. 商标转让的理论建构与制度设计 [J]. 法律科学, 2011 (3).

[29] 谢晓尧. 论商誉 [J]. 武汉大学学报：社会科学版, 2001 (5).

[30] 张今. 对驰名商标特殊保护的若干思考 [J]. 政法论坛, 2000 (2).

[31] 王春燕. 商标保护法律框架的比较研究 [J]. 法商研究, 2001 (4).

[32] 杜颖. 商标淡化理论及其应用 [J]. 法学研究, 2007 (6).

[33] 杜颖. 商标纠纷中的消费者问卷调查证据 [J]. 环球法律评论, 2008 (1).

[34] 李友根. "淡化理论"在商标案件裁判中的影响分析——对 100 份驰名商标案件判决书的整理与研究 [J]. 法商研究, 2008 (3).

[35] 李扬. 注册商标不使用撤销制度中的"商标使用"界定——中国与日本相关立法、司法之比较 [J]. 法学, 2009 (10).

[36] 刘春霖. 论网络环境下的商标使用行为 [J]. 现代法学, 2008 (6).

[37] 郑友德, 万志前. 论商标法和反不正当竞争法对商标权益的平行保护 [J]. 法商研究, 2009 (6).

[38] 李琛. 对"商标俗称"恶意注册案的程序法思考 [J]. 知识产权, 2010 (5).

[39] 金多才. 我国商标侵权民事责任归责规则研究 [J]. 法学, 2002 (2).

[40] 何炼红. 论动态商标的法律保护 [J]. 政治与法律, 2009 (4).

[41] 程玟玟. 从商标权财产化角度论商标专用权人资格等相关问题 [J]. 法学家, 2001 (5).

[42] 张惠彬. 中国商标立法：成就、问题与走向 [J]. 湖北社会科学, 2012 (12).

[43] 张惠彬. 论商标权边境保护制度——兼评 ACTA 之相关规定 [J]. 国际经贸探索, 2013 (11).

[44] 张惠彬. 后 TRIPS 时代知识产权国际保护新趋势——以《反假冒贸易协定》为探讨中心 [J]. 国际商务, 2013 (6).

[45] 德全英. 城市·市场·法律——西方法律史中的城市法考察 [J]. 法律科学, 2000 (2).

[46] 叶秋华. 资本主义民商法的摇篮——中世纪城市法、商法与海商法 [J]. 中国人民大学学报, 2000 (1).

[47] 郑云端. 英国普通法的令状制度 [J]. 中外法学, 1992 (6).

[48] 项焱, 张烁. 英国法治的基石——令状制度 [J]. 法学评论, 2004 (1).

[49] 沈宗灵. 论普通法和衡平法的历史发展和现状 [J]. 北京大学学报: 哲学社会科学版, 1986 (3).

[50] 王泽鉴. 人格权保护的课题与展望——人格权性质及构造: 精神利益与财产利益的保护 [J]. 人大法律评论, 2009 年卷。

[51] 马俊驹, 梅夏英. 无形财产的理论和立法问题 [J]. 中国法学, 2011 (2).

[52] 马俊驹, 梅夏英. 财产权制度的历史评析和现实思考 [J]. 中国社会科学, 1999 (1).

[53] 易继明. 评财产权劳动学说 [J]. 法学研究, 2000 (3).

[54] 王涌. 寻找法律概念的"最小公分母"——霍菲尔德法律概念分析思想研究 [J]. 比较法研究, 1998 (2).

[55] 沈宗灵. 对霍菲尔德法律概念学说的比较研究 [J]. 中国社会科学, 1990 (1).

[56] 梁晓杰. 洛克财产权利的宗教伦理维度 [J]. 中国社会科学, 2006 (3).

[57] 胡云乔. 洛克和卢梭的契约政府理论比较 [J]. 北京大学学报: 哲学社会科学版, 2001 (6).

[58] 霍伟岸. 洛克与现代民主理论 [J]. 中国人民大学学报, 2011 (1).

[59] 李伯超. 洛克《政府论》宪政思想述评 [J]. 求索, 2005 (2).

[60] 崔国斌. 知识产权法官造法批判 [J]. 中国法学, 2006 (1).

[61] 孙世彦. 欧洲人权制度中的"自由判断余地原则"述评 [J]. 环球法律评论, 2005 (3).

[62] 朱晓青. 欧洲一体化进程中人权法律地位的演变 [J]. 法学研究, 2002 (5).

[63] 胜雅律，宗玉琨．在联合国人权理事会中的瑞士、欧洲国家和中国 [J]．比较法研究，2013（1）．

[64] 周静．试论人权的法制度——学说史意义 [J]．法律科学，2003（3）．

[65] 董志勇．人的所有制与人权概念 [J]．现代哲学，2006（6）．

[66] 李强．财产权二元体系新论——以排他性财产权与非排他性财产权的区分为视角 [J]．现代法学，2009（2）．

[67] 易继明，李辉凤．财产权及其哲学基础 [J]．政法论坛，2000（3）．

[68] 易继明．评财产权劳动学说 [J]．法学研究，2000（3）．

[69] 易继明．财产权的三维价值——论财产之于人生的幸福 [J]．法学研究，2011（4）．

[70] 张翔．财产权的社会义务 [J]．中国社会科学，2012（9）．

[71] 张盾．财产权批判的政治观念与历史方法 [J]．哲学研究，2011（8）．

[72] 高全喜．财富、财产权与宪法 [J]．法制与社会发展，2011（5）．

[73] 陈小君．财产权侵权赔偿责任规范解析 [J]．法商研究，2010（6）．

[74] 刘引玲．论知识产权中的财产权作为继承客体的特殊性 [J]．法商研究，2002（3）．

[75] 张俊浩．民法知识体系应当围绕人身权与财产权来构建 [J]．法学研究，2011（6）．

[76] 冉昊．比较法视野下的英美财产法基本构造 [J]．吉林大学社会科学学报，2005（6）．

[77] 刘景华，张松韬．用"勤勉革命"替代"工业革命"？——西方研究工业革命的一个新动向 [J]．史学理论研究，2012（2）．

[78] 刘霞辉．从马尔萨斯到索洛：工业革命理论综述 [J]．经济研究，2006（10）．

[79] 侯建新．工业革命前英国农业生产与消费再评析 [J]．世界历史，2006（4）．

[80] 郭家宏．工业革命与英国贫困观念的变化 [J]．史学月刊，2009（7）．

[81] 舒小昀．工业革命定义之争［J］．史学理论研究，2006（3）.

[82] 贾根良．第三次工业革命与新型工业化道路的新思维——来自演化经济学和经济史的视角［J］．中国人民大学学报，2013（2）.

[83] 杜潮．关于美国工业革命的开始阶段［J］．世界历史，1981（4）.

[84] 王莹，李荣健．美国的"拿来主义"与早期工业革命［J］．武汉大学学报：人文科学版，2007（1）.

[85] 潘润涵，张执中．工业革命与英国社会的近代化［J］．历史研究，1983（6）.

[86] 李红海．普通法的历史之维［J］．环球法律评论，2009（2）.

[87] 李红海．"水和油"抑或"水与乳"：论英国普通法与制定法的关系［J］．中外法学，2011（2）.

[88] 梁治平．英国普通法中的罗马法因素［J］．比较法研究，1990（1）.

[89] 李红海．亨利二世改革与英国普通法［J］．中外法学，1996（6）.

[90] 萧瀚．读《普通法的历史基础》［J］．比较法研究，2000（4）.

[91] 曾尔恕，郭琛．本土法与外来法：美国的经验［J］．政法论坛，2000（2）.

二、英文类参考文献

（一）著作类

[1] MCCARTHY. McCarthy on Trademarks and Unfair Competition［M］. New York：Clark Boardman Callaghan，2008.

[2] F. I. SCHECHTER. The Historical Foundations of the Law Relating to Trademarks［M］. Columbia：Columbia University Press，1925.

[3] LIONEL B，BRAD S. Intellectual Property Law［M］. London：Oxford University Press，2001.

[4] MAY，CHRISTOPHER & SUSAN K. SELL. Intellectual Property Rights：a

Critical History [M]. Boulder, CO: Lynne Rienner Publishers, 2006.

[5] MARK D. JANIS, MARK A. LEMLEY. IP and Antitrust: An Analysis of Antitrust Principles Applied to Intellectual Property Law [M]. Aspen Publishers Online, 2008.

[6] BELSON J. Certification Marks: Special Report [M]. London: Sweet & Maxwell, 2002.

[7] ARLIDGE A. Arlidge & Parry on Fraud [M]. London: Sweet & Maxwell, 1996.

[8] JONATHAN FENDY. Piracy and the Public: Forgery, Theft, and Exploitation [M]. London: Frederick Muller Limited, 1983.

[9] BAKER J H. An Introduction to English Legal History [M]. London: Butterworths, 1979.

[10] WADLOW. C. The Law of Passing-Off: Unfair Competition by Misrepresentation [M]. Lodon: Sweet & Maxwell, 2011.

[11] DAVISON M J, MONOTTI A L, WISEMAN L. Australian Intellectual Property Law [M]. London: Cambridge University Press, 2008.

[12] DAVID KITCHIN et al. Kerly's Law of Trade Marks and Trade Names [M]. London: Sweet & Maxwell, 2005.

[13] ROGIER W. Towards a European Unfair Competition Law: A Clash Between Legal Families: German and Dutch Law in Light of Existing European and International Legal Instruments [M]. Leiden: Brill, 2006.

[14] CARTY H. An Analysis of the Economic Torts [M]. New York: Oxford University Press, 2010.

[15] JOHN G. SPRANKLING. Understanding Property Law [M]. London: Lexis Publishing, 2013.

[16] SHELDON. W. HALPERN et al. Fundamentals of United States Intellectual Property Law: Copyright, Patent, and Trademark [M]. Kluwer Law

International, 2006.

[17] KENNETH O. MORGAN. The Oxford Illustrated History of Britain [M]. Oxford: Oxford University Press, 1984.

[18] C. B. MACPHERSON. The Life and Times of Liberal Democracy [M]. Oxford: Oxford University Press, 1977.

[19] FISHER IRVING, EUGENE LYMAN FISK. How to Live: Rules for Healthful Living Based on Modern Science [M]. New York: Funk and Wagnalls Company, 1919.

[20] PETER MAYER, ALAN PEMBERTON. A Short History of Land Registration in England and Wales [M]. London: HM Land Registry, 2000.

[21] COOMBE J. ROSEMARY. The Cultural Life of Intellectual Properties, Authorship, Appropriation, and the Law [M]. Durham: Duke University Press, 1998.

[22] ANTHONY D. KING. The Bungalow: the Production of a Global Culture [M]. London: Routledge & Kegan Paul, 1984.

[23] CHEN, KUAN-HSING, DAVID MORLEY, eds. Stuart Hall: Critical Dialogues in Cultural Studies [M]. London: Routledge, 1996.

(二) 论文类

[1] Gerald Ruston. On the Origin of Trademarks [J]. Trademark Rep., 1955 (45).

[2] Sidney A. Diamond. The Historical Development of Trademarks [J]. Trademark Rep., 1983 (73).

[3] Curtiss. W. David. State of Mind Fact or Fancy [J]. Cornell LQ, 1947 (33).

[4] Nachbar, Thomas B. Monopoly, Mercantilism & the Politics of Regulation [J]. VA. L. REv., 2005 (91).

[5] Rembert Meyer Rochow. Passing Off: Past, Pesent and Future [J]. Trademark Rep., 1994 (84).

[6] Naresh, Suman. Passing-Off, Goodwill and False Advertising: New Wine in Old Bottles [J]. Cambridge LJ., 1986 (45).

[7] Morison, W. L. Unfair Competition and Passing-off-The Flexibility of a Formula [J]. Sydney L. Rev., 1956 (2).

[8] Mills. Own Label Products and the "Lookalike" Phenomenon: A Lack of Trade Dress and Unfair Competition Protection? [J]. EIPR, 1995 (20).

[9] Kenneth J. Vandevelde. New Property of the Nineteenth Century: The Development of the Modern Concept of Property [J]. The. Buff. L. Rev., 1980 (29).

[10] Robert G. Bone. Hunting Goodwill: A History of the Concept of Goodwill in Trademark Law [J]. B. U. L. REV., 2006 (86).

[11] Pattishall B W. Constitutional Foundations of American Trademark Law [J]. Trademark Rep., 1988 (78).

[12] Mark P. McKenna. The Normative Foundations of Trademark Law [J]. Notre Dame Law Review, 2007, 82 (5).

[13] Justin Hughes. Locke's 1694 Memorandum and More Incomplete Copyright Historiographies [J]. Cardozo Arts & Ent. LJ., 2009 (27).

[14] Hamilton W H. Property. According to Locke [J]. The Yale Law Journal, 1932, 41 (6).

[15] Moore A. A Lockean Theory of Intellectual Property [J]. Hamline Law Review, 1997 (21).

[16] Frank I. Schechter. The Rational Basis of Trademark Protection [J]. HARV. L. REV., 1927 (40).

[17] Bone R. Schechter's Ideas in Historical Context and Dilution's Rocky Road [J]. Santa Clara Computer and High Technology Law Journal, 2008 (24).

[18] Rothman. Jennifer. Initial Interest Confusion: Standing at the Crossroads of Trademark Law [J]. Cardozo Law Review, 2005 (27).

[19] Mark D. Janis. Tale of the Apocryphal Axe: Repair, Reconstruction, and the Implied License in Intellectual Property Law [J]. A. Md. L. Rev., 1999 (58).

[20] Calboli, Irene. The Case for a Limited Protection of Trademark Merchandising [J]. University of Illinois Law Review, 2011 (865).

[21] Mark A. Lemley. The Modern Lanham Act and the Death of Common Sense [J]. The Yale Law Journal, 1999, 108 (7).

[22] Robert C. Denicola. Institutional Publicity Rights: An Analysis of the Merchandising of Famous Trade Symbols [J]. N. C. L. REV., 1984 (62).

[23] Roger Fisher. The Constitution Right of Freedom of Speech [J]. edited in Talks on American Law by Harold J. Berman, Vintage Books, 1971.

[24] W. N. Hohfeld. Some Fundament at Legal Conceptions as Applied in Judicial Reasoning [J]. Yale Law Journal, 1913 (16).

[25] W. N. Hohfeld. Some Fundament at Legal Conceptions as Applied in Judicial Reasoning [J]. Yale Law Journal, 1917 (26).

[26] N. R. Platt. Good Will Enduring: How to Ensure That Trademark Priority Will Not Be Destroyed by the Sale of a Business [J]. Trademark Rep., 2009 (99).

[27] Walterscheid E C. To Promote the Progress of Science and Useful Arts: the Background and Origin of the Intellectual Property Clause of the United States Constitution [J]. J. Intell. Prop. L., 1994 (2).

[28] Paul J. Heald & Suzanna Sherry. Implied Limits ont he Legislative Power: The Intellectual Property Clause as an Absolute Constraint on Congress [J]. University of Illinois Law Review, 2000 (36).

[29] Oliar D. Making Sense of the Intellectual Property Clause: Promotion of Progress as a Limitation on Congress's Intellectual Property Power [J]. Georgetown L. J., 2006 (94).

[30] Malla Pollack. Dealing with Old Father William, or Moving from Constitutional Text toConstitutional Doctrine: Progress Clause Review of The Copyright Term Extension Act [J]. Loy. L. A. L. Rev., 2002 (36).

[31] Jane C. Ginsberg. CopyrightandControl in the Digital Age [J]. Maine Law Review, 2002 (54).

[32] Adam D. Moore. ALockean Theory of Intellectual Property [J]. Hamline Law Review, 1997 (21).

[33] Karel, Vasak. Human rights: A Thirty-year Struggle: The Sustained Efforts to Give Force of Law to the Universal Declaration of Human Rights [J]. Unesco Courier, 38, 1977.

[34] Justin Hughes. Copyright and Incomplete Historiographies: Of Piracy, Propertization, and Thomas Jefferson [J]. S. Cal. L. Rev., 2005 (25).

[35] Adam D. Moore. Intellectual Property, Innovation, and Social Progress: The Case Against Incentive Based Arguments [J]. Hamline L. Rev., 2002 (26).

[36] Mark A. Lemley. . Property, Intellectual Property, and Free Riding [J]. Tex L. Rev., 2004 (83).

[37] Peter K. Yu. . Reconceptualizing Intellectual Property Interests in a Human Rights Framework [J]. U. C. Davis L. Rev., 2007 (40).

[38] Laurence R. Helfer. The New Innovation Frontier? Intellectual Property and the European Court of Human Rights [J]. Harv. Int'l L. J. 49, 2008.

[39] Barton, Beebe. Semiotic Analysis of Trademark Law [J]. UClA l. REV., 51, 2003.

[40] Martin H. Redish. The Value of Free Speech [J]. University of Pennsylvania Law Review, 1982 (130).

[41] Cass R. Sunstein. Low Value Speech Revisited [J]. Nw. UL Rev., 1988 (83).

[42] Shaughnessy. Robert J. Trademark Parody, A Fair Use and First Amendment Analysis [J]. Virginia Law Review, 1986 (72).

[43] Frederick Schauer. Commercial Speech and the Architecture of the First Amendment [J]. U. Cin. L. Rev., 1987 (56).

[44] Andrew A. Gallo. False and Comparative Advertising under Section 43 (a) of the Lanham Trademark Act [J]. Comm. & L., 1986 (8).

[45] Charlotte J. Romano. Comparative Advertising in The United States and in France [J]. NW. J. INT'L L. & BUS, 2005 (25).

[46] Aoki K. Authors. Inventors and Trademark Owners: Private Intellectual Property and the Public Domain [J]. Colum. -VLA JL & Arts, 18, 1993.

[47] Lunney Jr G S. Trademark Monopolies [J]. Emory LJ., 1999 (48).

[48] Felix S. Cohen. Transcendental Nonsense and the Functional Approach [J]. Colum. L. Rev., 1995 (35).

[49] Stephen L. Carter. Does it Matter Whether Intellectual Property is Property? [J]. Chi. -Kent L. Rev., 1993 (68).

[50] Dratler J. Trademark Protection for Industrial Designs [J]. University of Illinois Law Review, 1988 (35).

[51] Goldman E. Deregulating Relevancy in Internet Trademark Law [J]. Emory LJ., 2005 (54).

[52] Dogan S L, Lemley M A. Grounding Trademark Law Through Trademark Use [J]. Iowa L. Rev., 2006 (92).

[53] Dinwoodie G B. Confusion Over Use: Contextualism in Trademark Law [J]. Iowa Law Review, 2007 (92).

[54] Dogan S L, Lemley M A. What the Right of Publicity Can Learn from Trademark Law [J]. Stanford Law Review, 2006 (18).

[55] Dueker K S. Trademark Law Lost in Cyberspace: Trademark Protection for Internet Addresses [J]. Harv. JL & Tech., 9, 1996.

[56] Tushnet R. Gone in Sixty Milliseconds: Trademark Law and Cognitive Science [J]. Tex. L. Rev., 2007 (86).

[57] Leaffer M A. New World of International Trademark Law [J]. Marq. Intell. Prop. L. Rev., 1998 (2).

[58] Dinwoodie G B. Trademarks and Territory: Detaching Trademark Law from the Nation-State [J]. Houston Law Review, 2004 (41).

[59] Dinwoodie G B. Death of Ontology: A Teleological Approach to Trademark Law [J]. Iowa L. Rev., 1998 (84).

[60] Port K L. Congressional Expansion of American Trademark Law: A Civil Law System in the Making [J]. Wake Forest L. Rev., 2000 (35).

[61] Tushnet R. Trademark Law as Commercial Speech Regulation [J]. South Carolina Law Review, 2007 (58).

[62] Samuels J M. Changing Landscape of International Trademark Law [J]. Geo. Wash. J. Int'lL. & Econ., 1993 (27).

(三) 案例类

[1] Blanchard v. Hill, (1742) 2 Atk. 484, 26 Eng. Rep. 692 (Ch.).

[2] Singleton v. Bolton, (1783) 3 Dougl. 293, 99 Eng. Rep. 661 (K. B.).

[3] Sykes v. Sykes, (1824) 3 B. & C. 541, 543, 107 Eng. Rep. 834, 835 (K. B.).

[4] Millington v. Fox, (1838). 3. My. & Cr. 338, 40 Eng. Rep. 956 (Ch.).

[5] Perry v. Truefitt, 49 ER 749 (1842).

[6] Edelsten v. Edelsten. (1863) 1 De G. J. & S. 185.

[7] Hall v. Barrows. (1863) 4 De G. J. & S. 150.

[8] Leather Cloth Co. v. Am. Leather Cloth Co., (1863).

[9] G. E. Trade Mark [1973] RPC297.

[10] AG Spalding and Bros v. AW Gamage Ltd., (1915) 84 LJ Ch 449.

[11] Osgood v. Allen, Fed. Cas. No. 10, 603. (1872).

[12] A. L. A. Schechter Poultry Corp. v. United States, 295 U. S. 495 (1935).

[13] Goodyear's Rubber Mfg. Co. v. Goodyear Rubber Co., 128 U. S. 598 (1888).

[14] Reckitt & Colman Products Ltd. v. Borden Inc. [1990] 1 All E. R. 873.

[15] AG Spalding and Bros v. AW Gamage Ltd., (1915) 84 LJ Ch 449.

[16] Reckitt & Colman Products Ltd. v. Borden Inc. [1990] 1 All E. R. 873.

[17] Bollinger v. Costa Brava Wine Co Ltd. [1961] 1 WLR 277.

[18] John Walker & Sons v. Douglas McGibbon 1972 SLT 128.

[19] Vine Products Ltd. v. Mackenzie & Co Ltd. [1969] RPC 1.

[20] Erven Warnink BV v. J Townend & Sons (Hull) Ltd. [1979] AC 731.

[21] Helan Laboratories, Inc. v. Topps Chewing Gum, Inc., 202 F. 2d 866 (2d Cir. 1953).

[22] Edmund Irvine & Tidswell Ltd. v. Talksport Ltd. [2002] 2 All ER 414.

[23] Bristol Conservatories v. Conservatories Custom Built [1989] RPC 455.

[24] Reddaway v. Banham [1896] AC 199.

[25] Bile Bean Manufacturing Co v. Davidson (1906) 8F 1181.

[26] Kinnell v. Ballantine 1910 SC 246.

[27] Salon Services (Hairdressing Supplies) Ltd. v. Direct Salon Services Ltd. 1988 SLT 417.

[28] Camel hair (for belts) in Reddaway v. Banham [1896] AC 199.

[29] Office Cleaning Services Ltd. v. Westminster Window and General Cleaning Cleaners Ltd. (1946) 63 RPC 39.

[30] Walter v. Ashton [1902] 2 Ch 282.

[31] Maxim's in Maxims Ltd. v. Dye [1977] FSR 364.

[32] Reckitt & Colman Products Ltd. v. Borden Inc. [1990] 1 All E. R. 873.

[33] My Kinda Town v. Soll [1983] RPC 407.

[34] EasyJet v. Dainty [2002] FSR 111.

[35] British Telecommunications plc v. One in a Million Ltd. [1999] 1 WLR 903 (CA).

[36] Erven Warnink BV v. J Townend & Sons (Hull). Ltd. [1979] AC 731.

[37] Cryttwell v. Lye, 17Ves. 335. 346. 34. Eng. Rep. 129, 134 (1810).

[38] Adams Express Co. v. Ohio State Auditor. 166 U. S. 185 (1897).

[39] IRC v. Muller & Co's Margarine. Ltd. [1901] AC 217.

[40] Richard S. Miller & Sons, Inc. v. United States, 537 F. 2d 446, 210 Cl. Ct. 431 (1976).

[41] Newark Morning Ledger v. United States, 507 U. S. 546 (1993).

[42] AG Spalding and Bros v. AW Gamage Ltd., (1915) 84 LJ Ch 449.

[43] Star Industrial Company Ltd. v. Yap Kwee Kor (1976) FSR 256.

[44] T. Oertli AG v. E. J. Bowman (London) Ltd. and Others [1957] 16. R. P. C. 388.

[45] Dental Manufacturing Company Limited v. C. de Trey & Co. [1912] 3 KB76.

[46] Annabel's (Berkeley Square) Ltd. v. Shock [1972] RPC 838.

[47] Taittinger SA v. Allbev Ltd. [1993] FSR 641.

[48] Edmund Irvine & Tidswell Ltd. v. Talksport Ltd. [2002] 2 All ER 414.

[49] Arsenal FC plc v. Matthew Reed [2003] RPC 39.

[50] Erven Warnink BV v. J Townend & Sons (Hull) Ltd. [1979] AC 731.

[51] United Biscuits (UK) Limited v. Asda Stores Limited [1997] RPC 513.

[52] Millington v. Fox, (1838) 3 My. & Cr. 338, 40 Eng. Rep. 956 (Ch.).

[53] Taylor v. Carpenter, 23 Fed. Cas. 742, 744 (C. C. D. Mass. 1844).

[54] Millington v. Fox, (1838). 3. My. & Cr. 338, 40 Eng. Rep. 956 (Ch.).

[55] AG Spalding and Bros v. AW Gamage Ltd., (1915) 84 LJ Ch 449.

[56] Peabody v. Norfolk, 98 Mass. 452 (1868).

[57] Millar v. Taylor (1769) 4 Burr. 2303, 98 ER 201.

[58] Croft v. Day, (1843). 7 Beav. 84 (ch.).

[59] Taylor v. Carpenter (1846), 23 F. Cas. 744.

[60] Hilton v. Hilton, 104 A. 375, 376 (N. J. 1918).

[61] Mishawaka Rubber & Woolen Mfg. Co. v. S. S. Kresge Co., 316 U. S.

203, 205 (1942).

[62] James Burrough Ltd. v. Sign of the Beefeater, Inc., 540 F. 2d 266, 274 & n. 16 (7th Cir. 1976).

[63] Polaroid Corp. v. Polarad Electronics Corp., 287 F. 2d 492, 495 (2d Cir. 1961).

[64] Grotrian, Helfferich, Sehulz, Th. Steinweg Nachf v. Steinway & Sons. 523 F. 2d 1331 (2d Cir. 1975).

[65] Brookfield Communications, Inc. v. West Coast Entertainment Corporation. 174. F. 3d 1036 (9th Cir. 1999).

[66] Nissan Motor Co. v. Nissan Computer Corp., 378F. 3d1002 (9th Cir. 2004).

[67] Mastercrafters Clock & Radio Co v. Vacheron & Constantin Le CoultreWatches, Inc., 221F. 2d 464, 466 (2d Cir. 1955).

[68] Lois Sportswear, U. S. A., Inc. v. Levi Strauss & Co., 799 F. 2d 867, 871, 872-73 (2d Cir. 1986).

[69] Hermes Int'l v. Lederer de Paris Fifth Ave., Inc., 219 F. 3d 104, 107 (2d Cir. 2000).

[70] State Dilution Law Subcommittee (October 2004).

[71] Moseley v. Secret Catalogue, Inc., 123 S. Ct. 1115, 1124 (2003).

[72] Anavision International v. Toeppen 141 F. 3d 1316 (9th cir. 1998).

[73] Macmahan Pharmacal Co. v. Denver. Chem. Mfg. Co., 113 F. 468, 474-75 (8th Cir. 1901).

[74] Sugar Busters LLC v. Brennan, 50 U. S. P. Q. 1821, 1825 (1999).

[75] Clark & Freeman Corp. v. Heartland Co. Ltd., 811 F. Supp. 137, 139 (1993).

[76] Taco Cabana Int'l Inc. v. Two Pesos Inc., 932 F. 2d 1113 (5th Cir. 1991).

[77] Dawn Donut Co. v. Hart's Food Stores, Inc., 267 F. 2d 358 (2d Cir. 1959).

[78] Barcamerica International USA Trust v. Tyfield Importers Inc., 289 F. 3d

589 (9th Cir. 2002).

[79] Wcvb-Tv v. Boston Athletic Association, 926 F. 2d 42 (1st Cir. 1991).

[80] Freeman v. National Association of Realtors, 64 USPQ2d 1700 (TTAB 2002).

[81] Am. Footwear Corp. v. Gen. Footwear Co., 609 F. 2d 655, 660 (2d Cir. 1979).

[82] Univ. Book Store v. Univ. of Wis. Bd. of Regents, 33 U. S. P. Q. 2d (BNA) 1385, 1405 (T. T. A. B. 1994).

[83] Boston Prof'l Hockey Ass'n. v. Dallas Cap &. Emblem Mfg., 510 F. 2d 1004 (5th Cir. 1975).

[84] Arsenal Football Club v. Matthew Reed [2001] 2 C. M. L. R. 23.

[85] Arsenal Football Club Plc v. Matthew Reed (C206/01), [2003] Ch. 454, 2002 WL 31712.

[86] Arsenal Football Club v. Matthew Reed [2003] EWCA Civ 96.

[87] Clark & Freeman Corp. v. Heartland Co. Ltd., 811 F. Supp. 137, 139 (1993).

[88] Taco Cabana Int'l Inc. v. Two Pesos Inc., 932 F. 2d 1113 (5th Cir. 1991).

[89] Dawn Donut Co. v. Hart's Food Stores, Inc., 267 F. 2d 358 (2d Cir. 1959).

[90] Wcvb-Tv v. Boston Athletic Association, 926 F. 2d 42 (1st Cir. 1991).

[91] Am. Footwear Corp. v. Gen. Footwear Co., 609 F. 2d 655, 660 (2d Cir. 1979).

[92] Univ. Book Store v. Univ. of Wis. Bd. of Regents, 33 U. S. P. Q. 2d (BNA) 1385, 1405 (T. T. A. B. 1994).

[93] L. L. Bean, Inc. v. Drake Publishers, Inc., 811 F. 2d 26 (1st Cir. 1987).

[94] Rogers v. Grimaldi, 875 F. 2d 994, 997 (2d Cir. 1989).

[95] Williams Elecs., Inc. v. Bally Mfg. Corp., 568 F. Supp. 1274. 1282 (N. D. Ill. 1983).

[96] Pizza Hut, Inc. v. Papa John's Intern., Inc., 227 F. 3d 489 (5th Cir. 2000).

[97] Brunswick Corp. v. Spinit Reel Co., 832 F. 2d 513, 523 (10th Cir. 1987).

[98] Barcamerica International USA Trust v. Tyfield Importers Inc., 289 F. 3d 589 (9th Cir. 2002).

[99] Wcvb-Tv v. Boston Athletic Association, 926 F. 2d 42 (1st Cir. 1991).

[100] Anheuser-Busch, Inc. v. Portugal, 45 Eur. Ct. H. R. 830 (Grand Chamber 2007).

后　　记

　　三年前,我在博士论文后记中写到,论文写完后"心中并没有成就感,却徒添几分歉疚,几分惆怅。总觉得某些文字的表达不够精确,某些部分的论述不够严谨"。想着答辩结束一定要好好修改。没想到,答辩结束三个月后,中国知网给了我一个意想不到的惊喜。三年来,我一直憧憬着这本博士论文在何时以何种姿态现身,也一直想着把商标财产化这个主题写深,把囿于时间未能在博士论文中表达的观点阐释清楚。无数次打开论文电子文件,又无数次关上,打开——关上,重复很多次,始终无法动笔,因为我发觉改论文比写论文难太多了,有些灵感一旦错过了,就不再来了。况且现在看,本书也没有想象得不堪,基本反映了我在自己所及范围对商标财产化的思考,所谓的"歉疚"也释然了。

　　"博士三年,生活其实很简单。每天周而复始地往返于敬业楼与北园之间,读书、写字。单调的生活如同一场场循环的演出,而我只是一个安静的演员。"后记中提到的生活令人回味,已不复在。读书时,常常觉得大学老师过得悠闲、安逸,羡慕老师们在课堂上的热情洋溢与挥洒自如。留校后,生活很简单,却一点儿也不悠闲。

每天周而复始地往返于家与三教、四教，备课、上课、下课，仍是一出出循环的表演，观众变成了教过的那25个班级，1800位学生。身份的转换，让自己对大学老师这个群体有了新的感悟。读书那些年看过的挥洒自如的老师，其背后是多少个日日夜夜的备课，是多少个上课情节的精妙设计，才会有那样的效果。我也深信，每一位成名教授背后基本都有一段投稿被拒、课题不中的辛酸经历。

  博士论文的"谢幕"拉开了我从教的"序幕"，我必须感激一些人，是他们助我走上了教学与研究的舞台。感恩王玫黎老师，让我九年前有机会得以从广州到重庆，投奔您门下学习国际法。师恩如母，铭记于心。感恩李雨峰老师，正因为您的接纳，才使我完成了从知识产权门外汉到知识产权研究者的蜕变。您的学术水平让我难以望其项背，唯有期待健身效果比您好即可。感恩张玉敏老师，有幸跟随先生到北京、广州、深圳等地调研，让我深刻感受到先生"老实做人、认真做事、严于律己、与人为善"的人生哲言。还要感谢家人及好友对我无微不至的关怀和照顾，支持我在这又痛又享受的学术之路上继续前行。

  知识产权，让我们互相折磨到白头！